Gut versichert

Isabell Pohlmann

Gut versichert

Wie man für sich selbst und die Familie vorsorgt

Inhaltsverzeichnis

18
Welche Versicherungen müssen sein? Ein Überblick

187
Rechte und Pflichten: Worauf Sie als Kunde achten sollten

81
Wie Sie sich als Kassenpatient weitreichende Leistungen sichern können

118

Mit diesen Verträgen
sichern Sie Ihr Traumhaus ab

27

Job, Haus, Kind:
Wann Sie Ihren Schutz
anpassen sollten

159

Das bieten die Versicherer für
die Altersvorsorge an

Was wollen Sie wissen?

Versicherungen – muss das sein? Preise vergleichen, Vertragsbedingungen lesen, sich mit dem Versicherer über einen Schaden streiten: All das möchten viele gerne weit von sich schieben. Doch ganz ohne Versicherungen geht es im Alltag eben doch nicht.

> **Für Versicherungen gebe ich über 2 000 Euro im Jahr aus. Kann das sein?**

Ja, das kann gut sein. Damit liegen Sie im Durchschnitt aller Bundesbürger, wie Statistiken belegen. Durchschnittlich gibt jeder hierzulande rund 2 200 Euro jährlich aus (siehe Grafik „Schutz in Zahlen", S. 15).
Eine Garantie, dass Sie gut versichert sind, haben Sie deshalb aber noch lange nicht. Die Tabelle „Versicherungsbedarf prüfen" auf Seite 18 zeigt Ihnen, welche Verträge wirklich notwendig sind und welche etwas weiter hinten auf der Bedarfsliste stehen.

Aber Achtung: Der Bedarf ändert sich im Lauf des Lebens. Als Familienvater benötigen Sie beispielsweise mehr Verträge als als Single. Deshalb stellen wir Ihnen ab S. 27 vor, welche Versicherungen Sie je nach Lebenssituation benötigen. In den darauffolgenden Kapiteln finden Sie Informationen zu den unterschiedlichen Versicherungsarten und dazu, was die Verträge jeweils bieten sollten. So können Sie unnötige Versicherungen kündigen und Ihr Geld für die ausgeben, die Sie wirklich brauchen.

Mein Freund ist auf mein Handy getreten, unsere Versicherung zahlt nicht. Zu Recht?

Wenn Sie und Ihr Partner über denselben Vertrag geschützt sind, muss Ihre Privathaftpflichtversicherung tatsächlich nicht für den Schaden aufkommen. Gegenseitige Schadenersatzansprüche sind dann ausgeschlossen, wie Sie im Kapitel „Schäden bei anderen" ab S. 59 nachlesen können.

Dennoch ist die Privathaftpflichtversicherung unbedingt zu empfehlen – sie steht ganz oben auf der Liste der Verträge, die in keinem Haushalt fehlen sollten.

Denn Sie haften für jeden Schaden, den Sie einer anderen Person zufügen. Ein kaputtes Handy könnten Sie sicher häufig noch aus eigenen Mitteln ersetzen, doch was ist, wenn Sie beispielsweise als Rad- oder Skifahrer aus Versehen jemanden verletzen?

Müssen Sie für Behandlung, Reha oder sogar für eine Rente des Geschädigten aufkommen, werden Sie froh sein, wenn der Haftpflichtversicherer das für Sie übernimmt.

Wir ziehen um. Was bedeutet das für unsere Versicherungen?

Informieren Sie all Ihre Versicherer über die neue Adresse. Das hat nicht nur organisatorische Gründe, sondern kann zum Beispiel beim Hausrat auch weitere Auswirkungen haben: Der Versicherungsbeitrag hängt unter anderem vom Wohnort ab, sodass der Versicherer Bescheid wissen muss (siehe „Für ein wohnliches Zuhause", S. 127). Ziehen Sie ins Eigenheim, benötigen Sie eine Wohngebäudeversicherung (siehe „Bloß nicht ohne", S. 118). Außerdem sollten Sie eventuell auch die Privathaftpflichtversicherung überprüfen, etwa wenn Sie neuerdings eine Ölheizung haben (siehe „Zusätzlicher Haftpflichtschutz", S. 66).

Die Berufsunfähigkeitsversicherung ist mir zu teuer. Wie kann ich sie loswerden?

Am besten gar nicht, wenn Sie von Ihrem Arbeitseinkommen leben. Dann ist diese Versicherung eine der wichtigsten für Sie. Aus der gesetzlichen Rentenversicherung werden Sie kaum Leistungen erhalten, die hoch genug sind, um davon weiter Ihren Lebensunterhalt zu bestreiten. Andere private Versicherungen wie zum Beispiel eine Unfall- oder Erwerbsunfähigkeitsversicherung bieten nicht denselben Leistungsumfang (siehe „Alternativen mit Schwächen", S. 106).

Falls Sie trotzdem kündigen wollen: Sie können den Vertrag jederzeit zum Ende der laufenden Versicherungsperiode – bei Ratenzahlung auch zum Ende jedes Zahlungsabschnitts – kündigen, jedoch frühestens zum Ende des ersten Versicherungsjahres. Ist der Berufsunfähigkeitsschutz an eine andere Versicherung, etwa an eine Risikolebensversicherung, gekoppelt, klären Sie mit dem Versicherer, ob und bis wann eine separate Kündigung möglich ist.

Unser Versicherungsmakler will mit uns sprechen, weil wir ein Kind erwarten. Ist das nötig?

Es ist tatsächlich sinnvoll, dass Sie sich um Ihren Versicherungsschutz kümmern, wenn sich Nachwuchs ankündigt. Ob Sie das mithilfe eines Maklers tun oder sich auf eigene Faust kümmern, ist natürlich Ihre Entscheidung.
Grundsätzlich gilt aber: Mit Kindern ändert sich der Versicherungsbedarf (siehe

„Sicherheit für Kind und Eltern", S. 50). Spätestens dann sollten Sie sich beispielsweise um eine Risikolebensversicherung kümmern, damit auch die Kleinen finanziell ausreichend abgesichert sind, wenn Vater oder Mutter etwas passiert (siehe „Risikolebensversicherung", S. 174).

Unser Sohn will für ein Jahr nach Australien. Welchen Schutz braucht er?

Wenn er gesetzlich krankenversichert ist, sollte er sich unbedingt um eine private Auslandsreise-Krankenversicherung kümmern. Die gesetzliche Kasse übernimmt Behandlungskosten in Australien nicht (siehe „Abgesichert auf Reisen", S. 150). Ist er in Deutschland privat versichert, sollte er vor der Reise in seinen Vertrag schauen oder direkt mit dem Versicherer klären, ob dieser etwa für den Rücktransport aufkommen würde.

Ansonsten gilt: Auch bei einem Auslandsaufenthalt von einem Jahr hat Ihr Sohn den Schutz vieler Versicherungen von zuhause im Gepäck, zum Beispiel den einer privaten Unfallversicherung. Beim Haftpflichtschutz sollten Sie aufpassen: Kinder sind in der Regel bis zum Ende der ersten Ausbildung über den elterlichen Vertrag gesichert. Klären Sie mit dem Versicherer, ob der Auslandsaufenthalt darauf einen Einfluss hat.

Mit Mitte 60 zahlt mir die Lebensversicherung 50 000 Euro. Soll ich sie in eine Sofortrente stecken?

Das kommt auf Ihre finanzielle Situation an. Wenn Sie davon ausgehen, dass Sie im Ruhestand noch eine regelmäßige sichere Einnahme brauchen werden, um Ihren Lebensunterhalt bestreiten zu können, ist die Sofortrente aus einer privaten Versicherung häufig eine gute Wahl. Sie müssen aber natürlich nicht die gesamte Summe in die Sofortrente

investieren: Am besten rechnen Sie sich vor Vertragsabschluss aus, welche sichere Zusatzeinnahme Sie benötigen, und zahlen dann nur dementsprechend in den Vertrag ein. Denn die private Rentenversicherung hat einige Nachteile, wie Sie im Kapitel „Finanziell vorsorgen" ab S. 159 sehen können. Dort stellen wir auch Anlagealternativen vor.

Muss ich als Neurentner alle Versicherungen umstellen?

Nein, nur weil Sie neuerdings im Ruhestand sind, heißt das nicht, dass sich an Ihrem privaten Versicherungsbedarf plötzlich alles ändert. Eine Hausrat- oder Haftpflichtversicherung läuft beispielsweise weiter wie bisher. Hier kann es sich allerdings lohnen, dass Sie sich die Spezialtarife für Rentner ansehen, die die Versicherer häufig im Angebot haben.

Eventuell können Sie damit Beiträge sparen – büßen aber unter Umständen auch Leistungen ein (siehe „Gut geschützt im Rentenalter", S. 54).
Doch auch wenn es nicht verpflichtend ist: Insgesamt bietet der Rentenbeginn sicherlich eine gute Gelegenheit, den Versicherungsschutz zu prüfen und an die neue Situation anzupassen.

Die Angebote übers Internet sind so günstig! Also schließe ich meine Verträge nur noch online ab?

Es stimmt, die Angebote im Internet sind zum Teil tatsächlich deutlich günstiger als die von Versicherern, die Ansprechpartner vor Ort haben. Trotzdem sollten Sie sich gut überlegen, welche Verträge Sie tatsächlich online abschließen. Bei einer Kfz- oder der Privathaftpflichtversicherung kommt der Online-Abschluss sicher infrage – vorher sollten Sie sich allerdings gut über die jeweiligen Leistungen informiert haben. Aber

sind Sie auch bereit, etwa beim Abschluss einer Berufsunfähigkeitsversicherung sehr persönliche Daten zum Gesundheitszustand online preiszugeben? Bei solch komplexen Verträgen kann es sich außerdem auszahlen, einen direkten Ansprechpartner zu haben, der Sie zum Beispiel ausführlich zu den Bedingungen berät. Ab S. 179 stellen wir unter „Rund um den Vertrag" vor, was Sie beim Vertragsabschluss beachten sollten.

> ## Ich denke, ich habe die passenden Verträge. Dann kann ja eigentlich nichts mehr schiefgehen?

Wenn Sie alle wichtigen und empfehlenswerten Verträge haben, sind Sie erst einmal für Notfälle gewappnet.

Vergessen Sie aber nicht: Kommt es zu einem Schaden oder einer Erkrankung, sodass Sie Leistungen der Versicherer in Anspruch nehmen wollen, gelten auch für Sie als Kunde einige Regeln, an die Sie sich halten müssen – sonst stehen Sie am Ende trotz passendem Schutz womöglich mit leeren Händen da.

Wichtig ist zum Beispiel, dass Sie den Versicherer möglichst zeitnah über einen Schadensfall informieren. Häufig steht in den Vertragsbedingungen das Wort „unverzüglich". Um späteren Streit zu vermeiden, sollten Sie also keine Zeit verlieren, wenn Sie etwa im Ausland krank werden oder einen Rohrbruch in Ihrem Haus feststellen. Manchmal setzen die Versicherer auch ganz konkrete Zeitvorgaben, etwa wenn jemand bei einem Unfall stirbt (siehe „Ihre Pflichten als Kunde", S. 187).

Sollte sich der Versicherer weigern zu zahlen, obwohl Sie sicher sind, alles richtig gemacht zu haben, können Sie sich immer noch wehren, zum Beispiel mit einem Verfahren beim Ombudsmann (siehe S. 190). Und letztlich gilt: Sie müssen keinen Vertrag ewig durchhalten – wenn Sie sich ärgern, können Sie kündigen und zu einem anderen Anbieter wechseln. Wann und wie das möglich ist, zeigen wir unter „Raus aus dem Vertrag" ab S. 193.

Das richtige Maß an Schutz

Welche Verträge brauche ich? Welche Leistungen sollte die jeweilige Versicherung bieten? Und was kann ich mir sparen? Hier ein erster Überblick, damit Sie mit Ihren Beiträgen tatsächlich die nötige Absicherung erhalten.

Geht es im Gespräch mit Freunden und Kollegen um das Thema Versicherungen, zeigen sich häufig Unsicherheit, zum Teil auch Unzufriedenheit. Welcher Versicherungsschutz ist eigentlich unbedingt nötig? Wem kann ich vertrauen, wenn ich eine Versicherung abschließen möchte? Soll ich mir die Mühe machen und den Anbieter wechseln, weil ich mit dem Service nicht zufrieden bin oder weil schon wieder die Beiträge erhöht werden?

Die Versicherungsverträge und vor allem die dazugehörenden Vertragsbedingungen sind keine leichte Kost. Kein Wunder, dass sich viele auf das verlassen, was ihnen zum Beispiel der Vermittler vor Ort, ihr Makler oder die Werbung anpreisen. Das ist bequem, doch leider bezahlen sie dadurch häufig mehr Geld als nötig, und es kommt dabei auch nicht automatisch der optimale Schutz heraus:

Gut möglich, dass die Kunden ein Angebot erhalten, das vor allem für den Versicherungsvermittler aufgrund einer ansehnlichen Provision attraktiv ist. Oder sie entscheiden sich für Verträge, die vielleicht sinnvoll sind, aber nicht an erster Stelle des Bedarfs stehen. Wichtigere Policen bleiben dafür – auch aus finanziellen Gründen – auf der Strecke.

Damit Sie als Kunde die richtigen Prioritäten setzen, stellen wir in den folgenden

Kapiteln ausführlich dar, welcher Schutz tatsächlich unverzichtbar und welcher sinnvoll ist – und wovon Sie die Finger lassen können. Diese Übersicht hilft Ihnen, Ihren Schutz zu optimieren und häufig auch Beiträge zu sparen.

Immerhin geben die Menschen hierzulande im Schnitt über 2 200 Euro im Jahr für ihren Versicherungsschutz aus, zirka 10 Prozent ihres verfügbaren Einkommens. Damit sind sie allerdings nicht der Spitzenreiter in Europa, wie die Grafik „Schutz in Zahlen" zeigt.

→ **Gleiche Beiträge für Männer und Frauen**

Für die Höhe von Versicherungsbeiträgen spielen verschiedene Faktoren eine Rolle, etwa das Alter des Kunden oder sein Wohnort. Das Geschlecht darf seit dem 21. Dezember 2012 für Neuverträge keine Rolle spielen: Seither müssen die Versicherer Unisex-Tarife anbieten (EuGH, C-236/09). Für Kunden mit älteren Verträgen kann es aber weiter Beitragsunterschiede je nach Geschlecht geben.

Ohne Absicherung geht es nicht

Einige Versicherungen braucht jeder: Sonst können Krankheiten, Wetterkapriolen oder kleine Missgeschicke zum finanziellen Härtetest werden. Es kommt aber auf das richtige Maß an.

→ **Berichte über Versicherungskunden,** die im Schadensfall nicht die erhoffte Leistung erhalten oder gerade bei großen Schadenssummen womöglich jahrelang mit anwaltlicher Unterstützung dafür kämpfen müssen, machen skeptisch: Bringt mir der Versicherungsvertrag überhaupt etwas? Doch bei aller Skepsis gilt: Ganz ohne Versicherungen geht es nicht.

Wenn Sie auf den passenden Schutz verzichten, riskieren Sie, dass Sie allein auf den finanziellen Folgen eines Schadens sitzen bleiben.

Die Angebotspalette der Versicherungsgesellschaften ist umfangreich: Es gibt Versicherungen zum Schutz bei Krankheiten, Pflegebedürftigkeit und Invalidität, zur Absicherung der Angehörigen, für Hab und

Schutz in Zahlen

Die Menschen in Europa geben jedes Jahr einen erheblichen Teil ihres Einkommens für Versicherungen aus. Dabei gibt es aber große Unterschiede.

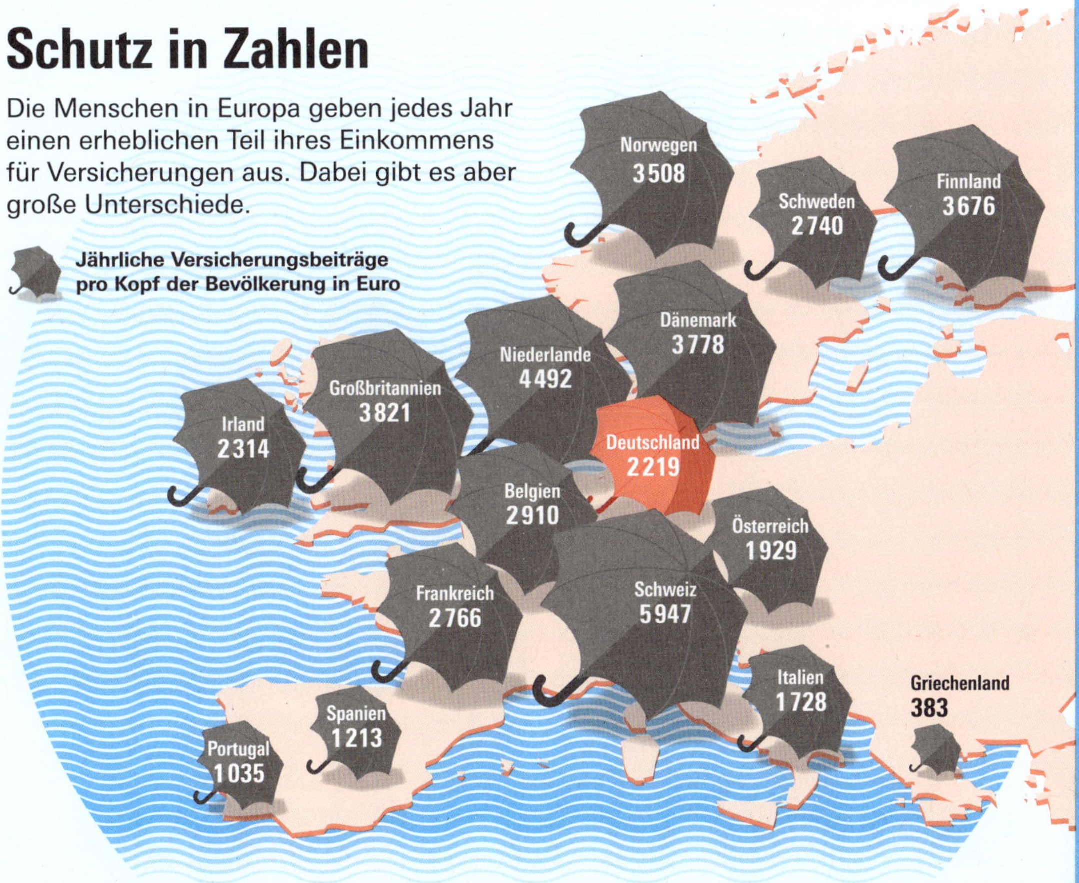

Jährliche Versicherungsbeiträge pro Kopf der Bevölkerung in Euro
Norwegen 3508
Schweden 2740
Finnland 3676
Dänemark 3778
Niederlande 4492
Großbritannien 3821
Irland 2314
Deutschland 2219
Belgien 2910
Österreich 1929
Frankreich 2766
Schweiz 5947
Italien 1728
Griechenland 383
Spanien 1213
Portugal 1035

Branchentrends in Deutschland

Dicker Posten

Verbraucher geben knapp die Hälfte ihrer Beiträge für Lebensversicherungen aus. Brutto-Beiträge insgesamt in Mrd. Euro

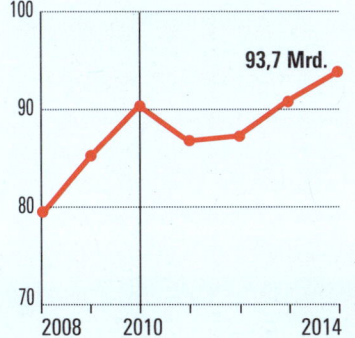

100
90
80
70
93,7 Mrd.
2008
2010
2014

Am Schwächeln

Der Zuspruch zu Riester-Rentenversicherungen stagniert. Anzahl der Verträge in Mio.

12
10
8
6
4
2
0
2003
2010
2014

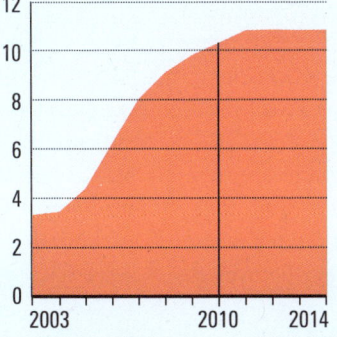

Im Kommen

Deutliche Zuwächse verzeichnen beispielsweise Pflegezusatzversicherungen. Anzahl der Verträge in Mio.

2,5
2,0
1,5
1,0
0,5
0
2003
2010
2014

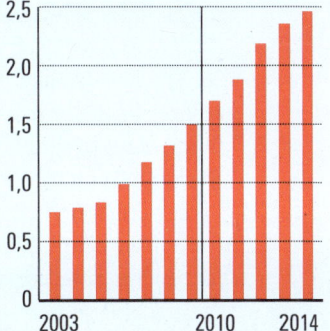

Quellen: (oben) Insurance Europe, Stand 2014; (unten 3) Gesamtverband der Deutschen Versicherungswirtschaft e.V., Statistisches Jahrbuch 2014

Gut, für die zukünftige finanzielle Absicherung. Selbst für die Gesundheit der Haustiere bieten die Versicherer Lösungen an.

Da heißt es, das Wichtige vom Unwichtigen zu trennen. Vor Abschluss eines Vertrags sollten Sie sich fragen, welche Leistung er bietet, welches Risiko er abdeckt und ob er für Sie tatsächlich notwendig ist. Zu Ihrer Orientierung geben wir einen ersten Überblick zu den wichtigsten Versicherungen, die wir fünf Kategorien zuordnen:

▸ **Unbedingt notwendig:** Ohne einen solchen Schutz wären Sie oder Ihre Familie im Schadensfall unter Umständen ruiniert. Dazu gehört die private Haftpflichtversicherung (siehe S. 60). Dazu zählen wir außerdem die gesetzlich vorgeschriebene Kranken- und Pflegeversicherung sowie die Kfz-Haftpflichtversicherung für Fahrzeughalter und die Tierhalterhaftpflichtversicherung, wenn Sie einen Hund haben oder Pferde besitzen.

▸ **Sehr zu empfehlen:** Zu diesen Verträgen zählen zum Beispiel die Berufsunfähigkeitsversicherung für alle, die von ihrem Arbeitseinkommen leben (siehe ab S. 102), die Risikolebensversicherung für Familien (siehe S. 174) sowie die Wohngebäudeversicherung für Immobilienbesitzer (siehe S. 118).

▸ **Sinnvoll:** Fehlt dieser Schutz, können Kosten entstehen, die Sie empfindlich treffen, die aber im Regelfall nicht sofort die finanzielle Existenz bedrohen.

Das gilt zum Beispiel für die Hausratversicherung zum Schutz der Wohnungseinrichtung oder aber für verschiedene private Krankenzusatzversicherungen.

▸ **Mit Einschränkung sinnvoll:** Dieser Schutz kann sich unter bestimmten Voraussetzungen lohnen. Das gilt beispielsweise für die Rürup-Rentenversicherung. Ein solcher Vertrag zur Altersvorsorge kann zum Beispiel für einen gut verdienenden Selbstständigen aufgrund des Steuervorteils interessant sein. Geringverdiener und selbstständige Einzelkämpfer ohne umfangreiche finanzielle Mittel sollten dagegen die Finger von einem Rürup-Vertrag lassen.

▸ **Überflüssig:** Verträge, die wir so einstufen, decken in der Regel nur ein kleineres Risiko ab oder ein Risiko, das bereits anderweitig abgesichert ist beziehungsweise besser anderweitig abgesichert werden kann. Zu dieser Gruppe zählen zum Beispiel die Ausbildungs- und die Reisegepäckversicherung.

Die Tabelle auf den folgenden Seiten zeigt, wie wir welche Art von Versicherung einstufen und für wen sich ein Vertrag eignet. Bei manchen Verträgen ändert sich die Bedeutung im Laufe des Lebens, etwa bei der Berufsunfähigkeitsversicherung, die im Ruhestand nicht mehr gebraucht wird. Für anderen Schutz wie etwa für den der Privathaftpflichtversicherung gilt unabhängig vom Alter, dass sie „unbedingt notwendig" ist.

→ Auf dem neuesten Stand

Wenn es aktuelle Testergebnisse der Stiftung Warentest gibt, nennen wir Versicherer und Tarife, die bei den jeweiligen Produkten am besten abgeschnitten haben. Allerdings können seit Redaktionsschluss für diesen Ratgeber neuere Ergebnisse vorliegen. Die jeweils aktuellen Preis- und Leistungsvergleiche sowie regelmäßig aktualisierte Produktdatenbanken finden Sie unter www.test.de sowie in den monatlich erscheinenden Ausgaben von Finanztest.

Privater Schutz ergänzt die gesetzliche Sozialversicherung

Brauche ich diesen oder jenen privaten Versicherungsvertrag? Ein entscheidendes Kriterium ist, ob er die einzige Möglichkeit ist, sich gegen ein bestimmtes Risiko abzusichern. Beispielsweise das Risiko, dass Sie beim Radfahren einen Fußgänger übersehen und ihn verletzen. Für Schäden, die Sie anderen zufügen, haften Sie selbst mit Ihrem gesamten Vermögen bis zur Pfändungsfreigrenze. Schlimmstenfalls könnte Sie das finanziell ruinieren. Um sich davor zu schützen, bleibt Ihnen nur die Absicherung über die Privathaftpflichtversicherung, die Sie freiwillig bei einem privaten Versicherungsunternehmen abschließen. Eine gesetzlich vorgeschriebene Absicherung gibt es nicht. Anders ist dies bei der Ab-

sicherung bestimmter Risiken, die Ihre Person betreffen: Die gesetzliche Sozialversicherung mit ihren fünf Zweigen Kranken-, Pflege-, Renten-, Unfall- und Arbeitslosenversicherung bietet hier eine Grundabsicherung für einen Großteil der Bevölkerung.

▶ **Angestellte** genießen so Schutz und können sich gar nicht dagegen wehren, dass sie bestimmte Anteile ihres Gehalts für die Sozialversicherung abgeben müssen – zum Beispiel 9,35 Prozent ihres Einkommens für die gesetzliche Rentenversicherung (Stand 2015) oder je nach Beitragssatz häufig 8 bis 9 Prozent für die gesetzliche Krankenkasse.

▶ **Rentner** müssen für die Kranken- und Pflegeversicherung Pflichtbeiträge zahlen. Haben sie weiteres Einkommen, etwa aus einem Nebenjob, können zusätzliche Sozialabgaben dazukommen.

▶ **Selbstständige** genießen zumindest zum Teil den Schutz der gesetzlichen Sozialversicherung, doch sie haben oft auch die Wahl, ob sie sich beispielsweise auf den Schutz der gesetzlichen Rentenversicherung verlassen oder sich komplett auf eigene Faust um ihre persönliche Absicherung im Alter kümmern.

▶ **Beamte und Pensionäre** sind nicht verpflichtet, Beiträge zur Sozialversicherung zu leisten – zumindest nicht für ihre monatlichen Bezüge. Sobald aber etwa ein Pensionär etwas als Nebenjobber dazu verdient, können auch dafür Sozialabgaben fällig werden.

Versicherungsbedarf prüfen

Wichtiger Schutz im Überblick – ohne die Versicherungen für die Altersvorsorge.

+++ Unbedingt notwendig. Auf diesen Schutz sollten Sie keinesfalls verzichten.

++ Sehr zu empfehlen. Diesen Schutz sollten Sie nach Möglichkeit haben.

+ Sinnvoll. Dieser Schutz ist sinnvoll, muss aber nicht unbedingt sein.

+− Dieser Schutz ist nur mit Einschränkungen sinnvoll.

Wofür?	Versicherungsart	Wie wichtig?	Für wen geeignet?
Wenn Sie andere schädigen	Privathaftpflicht	+++	Braucht jeder.
	Kfz-Haftpflicht	+++	Für Kraftfahrzeughalter Pflicht.
	Tierhalter-Haftpflicht	+++	Für Hundehalter oder Pferdebesitzer. Für Hundehalter in manchen Bundesländern Pflicht.
	Gewässerschadenhaftpflicht	+++	Für Öltankbesitzer.
	Bauherren-Haftpflicht	++	Für Bauherren.
	Haus- und Grundbesitzerhaftpflicht	++	Für Vermieter von Immobilien und von unbebauten Grundstücken.
Krankheit und Pflege	Gesetzliche Kranken- und Pflegeversicherung	+++	Für jeden Pflicht, sofern er sich nicht privat krankenversichern kann oder einen anderen Anspruch auf Absicherung im Krankheitsfall hat.
	Private Krankenvollversicherung und Pflegepflichtversicherung	+++	Für Beamte, weil für sie die private Absicherung meist günstiger ist als die gesetzliche. Für alle freiwillig gesetzlich Versicherten überlegenswert, wenn sie bessere Leistungen wünschen und bereit sind, dafür auf Dauer viel zu zahlen.
	Krankentagegeldversicherung	+	Für gesetzlich versicherte Selbstständige und Angestellte mit Einkommen über der Beitragsbemessungsgrenze. Für Angestellte: Krankengeld erst ab Ende der Lohnfortzahlung vereinbaren.

Wofür?	Versicherungsart	Wie wichtig?	Für wen geeignet?
	Stationäre Zusatzversicherung	+	Für gesetzlich Krankenversicherte, die im Krankenhaus Chefarztbehandlung und ein Ein- oder Zweibettzimmer wünschen.
	Zahnzusatzversicherung	+	Für gesetzlich Krankenversicherte, die höherwertige Zahnversorgung als die der Kasse wollen.
	Pflegezusatzversicherung	+	Für jeden, um die Leistungen der gesetzlichen Pflegeversicherung aufzustocken.
Berufsunfähigkeit und Invalidität	Berufsunfähigkeitsversicherung	++	Für jeden, der von seinem Arbeitseinkommen lebt.
	Erwerbsunfähigkeitsversicherung	++	Für alle, die aus Kostengründen oder wegen ihres Risikos keine Berufsunfähigkeitsversicherung bekommen
	Unfallversicherung/ Seniorenunfallversicherung	+	Für Erwachsene, wenn sie weder eine Berufs- noch eine Erwerbsunfähigkeitsversicherung bekommen. Eine Seniorenunfallversicherung mit Hilfeleistungen ist für ältere Menschen sinnvoll, die niemanden haben, der sich nach einem Unfall um sie kümmert.
Für die Familie	Risikolebensversicherung	++	Für alle, die für andere sorgen.
	Kinderinvaliditätsversicherung	++	Für Kinder und Jugendliche bis zum Ende ihrer Ausbildung, danach Berufsunfähigkeitsschutz.
	Kinderunfallversicherung	+	Für Kinder und Jugendliche, sofern keine Kinderinvaliditätsversicherung vorhanden ist.
Zuhause und im Alltag	Wohngebäudeversicherung	++	Für jeden Eigentümer eines Wohnhauses.
	Hausratversicherung	+	Bei Hausrat mit höherem Wert.
	Rechtsschutzversicherung (Verkehrsrechtsschutz siehe unten)	+ −	Je nach Rechtsschutzpaket für Selbstständige, Angestellte, Mieter, Privatleute. Gewerkschaften oder Vereine (Mietrecht) bieten für spezielle Probleme oft preiswerteren Rechtsschutz.

Wofür?	Versicherungsart	Wie wichtig?	Für wen geeignet?
Unterwegs immer sicher	Auslandsreisekrankenversicherung	++	Für alle Kassenpatienten. Für Privatversicherte, wenn die Kostenübernahme für medizinisch notwendige Rücktransporte aus dem Ausland fehlt.
	Reiserücktrittsversicherung	+	Für Urlauber, die teure Pauschalreisen buchen, vor allem mit kleinen Kindern.
	Kfz-Vollkaskoversicherung	+	Für Besitzer neuer Fahrzeuge.
	Kfz-Teilkaskoversicherung	+	Für höherwertige ältere Autos, Beiträge oft aber nach einigen Jahren im Verhältnis zum Restwert des Autos zu teuer.
	Verkehrsrechtsschutz	+	Für jeden Verkehrsteilnehmer.
	Autoschutzbrief	+ −	Für Autofahrer. Preisgünstig beim Kfz-Haftpflichtversicherer abzuschließen.

Gesetzlicher Schutz mit Lücken

Der Schutz der Sozialversicherung weist jedoch Lücken auf – zum Beispiel wird die gesetzliche Rente allein kaum reichen, um im Ruhestand den früheren Lebensstandard annähernd zu halten. Deshalb ist eine private Vorsorge sinnvoll.

Damit Sie die richtigen Entscheidungen treffen können, stellen wir für die einzelnen Lebensbereiche – zum Beispiel Gesundheit, Pflege oder finanzielle Vorsorge – genau dar, welchen Schutz Sie automatisch durch die gesetzliche Sozialversicherung genießen, in welchem Fall Sie mithilfe privater Policen nachbessern sollten und in welchen Bereichen private Verträge die einzige Möglichkeit der Absicherung bieten.

Eine Garantie, dass der private Versicherer immer einspringt, wenn Sie es erwarten, haben Sie aber selbst mit den passenden Policen nicht in jeder Situation. Auch der private Schutz hat manche Lücke. Zum Beispiel muss der Privathaftpflichtversicherer nicht einspringen, wenn ein Kind unter sieben Jahren einen Schaden anrichtet. Zum Teil zahlen die Versicherer trotzdem. Klarheit bringt häufig erst der Blick in die Versicherungsbedingungen.

Schutz regelmäßig aktualisieren

Wenn Sie sich einmal mit diesen Einzelheiten rund um den Versicherungsschutz befasst haben, haben Sie eine sichere Grundlage geschaffen. Leider ist es auf Dauer nicht

Ihr Weg zum passenden Schutz

☐ **Ordner durchforsten:** Welche Versicherungen haben Sie? Die Tabelle „Versicherungsbedarf prüfen" ab S. 18 zeigt, was zumindest sinnvoll ist. Prüfen Sie auch, ob Sie den aktuellen Schutz optimieren können, etwa mit einer höheren Versicherungssumme.

☐ **Angebote suchen:** Schauen Sie sich die Angebote am Markt an und vergleichen Sie die Preise. Achten Sie dabei aber auch auf die Leistungen. Sonst zahlt der Versicherer womöglich nicht bei einem Schaden.

☐ **Spezialtarife:** In verschiedenen Versicherungssparten gibt es Spezialtarife, etwa für Senioren oder Singles. Verlassen Sie sich nicht einfach darauf, dass das die beste Wahl ist. Vielleicht ist ein anderer Anbieter günstiger, auch ohne Spezialrabatt.

☐ **Einzelne Verträge:** Entscheiden Sie sich nicht aus Bequemlichkeit für Versicherungspakete, die mehrere Verträge bündeln. Mit einzelnen Verträgen können Sie zielgerichtet Ihren Schutz aufbauen.

☐ **Verhandeln und nachhaken:** Haben Sie eine Alternative zu Ihrem bisherigen Schutz gefunden, sollten Sie Ihren bisherigen Versicherer damit konfrontieren. Vielleicht lässt er beim Preis etwas nach, um Sie als Kunden zu halten.

☐ **Zahlungsweise:** Entscheiden Sie sich für eine jährliche Beitragszahlung, wenn Sie finanziell in der Lage sind, auf einmal größere Summen zu begleichen. So können Sie in der Regel Beiträge sparen.

☐ **Fristen beachten:** Wollen Sie aus dem Vertrag aussteigen, schauen Sie nach, zu wann Sie kündigen können. Mehr zu den Ausstiegsmöglichkeiten ab Seite 193 unter „Raus aus dem Vertrag". Wollen Sie den Anbieter wechseln, warten Sie mit der Kündigung, bis Sie den neuen Versicherungsschein haben. Versicherungen, die Sie komplett loswerden wollen, können Sie sofort zum nächstmöglichen Termin kündigen, auch wenn Sie aufgrund der Kündigungsfrist eigentlich noch warten könnten.

damit getan, sich nur einmal Gedanken um Ihren Schutz und den Ihrer Angehörigen zu machen und die Verträge dann in den Ordnern schlummern zu lassen. Denn mit jeder entscheidenden Veränderung im Leben ändert sich der Versicherungsbedarf: der erste Job, die gemeinsame Wohnung, ein Kind, der Beginn des Rentenalters – im Laufe der Jahre gibt es immer wieder Veränderungen, bei denen es sinnvoll ist, den Schutz zu überdenken, ihn zu erweitern oder Überflüssiges zu entsorgen. Das zeigt auch die Grafik „Spiel des Lebens" auf S. 48. Ausführlich gehen wir auf den sich ändernden Bedarf im folgenden Kapitel „Schutz im Lauf des Lebens" ein.

Was meist überflüssig ist

„Das könnte sinnvoll sein", denken Sie vielleicht. Doch so manches Angebot entpuppt sich bei näherem Hinsehen als unnötig.

In diesem Ratgeber werden wir ausführlich nur auf die Verträge eingehen, die für den Großteil der Verbraucher sinnvoll sind. Zu den Verträgen, die in der Regel überflüssig sind, wollen wir gar nicht viel sagen. Aber es kann hilfreich sein, sie zu kennen, wenn ein Versicherungsvermittler bestimmte Angebote anpreist. Deshalb hier kurz einige der Verträge, die weit hinten auf der Bedarfsliste stehen sollten:

Kapitallebens-, Sterbegeld-, Ausbildungsversicherung

Die Kapitallebensversicherung kombiniert Risikoschutz und Sparen: Die Beiträge des Kunden werden über einen längeren Zeitraum angelegt, sodass er zum Beispiel zu Rentenbeginn auf eine größere Summe zurückgreifen kann. Stirbt der Versicherte vor Ablauf der Versicherung, erhalten die Angehörigen eine bestimmte Summe ausgezahlt.

Wie kleine Kapitallebensversicherungen funktionieren auch andere Verträge wie die Sterbegeld- und die Ausbildungsversicherung. Bei der Sterbegeldversicherung zahlt der Kunde regelmäßig so viel ein, dass die Angehörigen im Todesfall auf eine Summe zurückgreifen können, um damit die Beerdigungskosten zu begleichen.

Aber: Es gibt günstigere Varianten, um die Angehörigen für den Todesfall abzusichern, Geld für die Beerdigung oder die Ausbildung der Kinder anzusparen. Denn mit solchen kapitalbildenden Verträgen sind in der Regel hohe Abschlusskosten verbunden, außerdem sinken die Renditen immer weiter (siehe „Finanziell vorsorgen", S. 159). Besser ist es, den Risikoschutz und das Sparvorhaben zu trennen.

Statt eine Kapitallebensversicherung abzuschließen, ist es günstiger, Ehepartner und Kinder über eine Risikolebensversicherung für den Todesfall abzusichern. Für die Altersvorsorge kommen andere Produkte wie eine private Rentenversicherung oder Geldanlageangebote von Banken und Sparkassen infrage.

Auch die Ausbildung ist keine Versicherungsangelegenheit. Eltern sollten mit einer Risikolebensversicherung für den eigenen Tod Vorsorge treffen, für die Ausbildung der Kinder aber einfach sparen. Hier kommt zum Beispiel das Ansparen auf einem Tages- oder Festgeldkonto infrage. Risikofreudigere können einen Teil des Geldes mit Investmentfonds ansparen.

Eine Sterbegeldversicherung lohnt sich wenn überhaupt nur, wenn sie in jungen Jahren abgeschlossen wird, nicht mehr, wenn der Vertrag erst mit 65 Jahren unterschrieben wird. Auch hier empfiehlt es sich eher, peu à peu etwa per Sparplan die für die Beerdigungskosten notwendige Summe zusammenzutragen.

Krankenhaustagegeld-Versicherung

Sollten Sie im Krankenhaus behandelt werden müssen, zahlt der Versicherer für jeden Tag in der Klinik eine vereinbarte Summe.

DREI UNNÖTIGE KOSTENFALLEN

1 Verlängerter Schutz Sie ärgern sich schon seit langer Zeit über die hohen Beiträge für Ihre Hausrat- oder Wohngebäudeversicherung? Dann sollten Sie aktiv werden und in Ihren Unterlagen prüfen, zu wann Sie kündigen können. Sonst verlängert sich Ihr Vertrag automatisch.

2 Doppelter Schutz Lohnt es sich, beispielsweise den Autoschutzbrief bei Ihrem Kfz-Versicherer abzuschließen, wenn Sie die Leistungen auch als Mitglied im Automobilclub sicher haben? Sie sparen bares Geld, wenn Sie nur eine der Möglichkeiten nutzen.

3 Gebündelter Schutz Es klingt so bequem: Ein Versicherungspaket, das vermeintlich alles rund um Ihre Sicherheit enthält – zum Beispiel Absicherung für Ihre Reisen oder verschiedene Krankenzusatzversicherungen für Kassenpatienten. Doch: Wenn Sie nicht alle Leistungen im Paket benötigen, ist es meist günstiger, die jeweiligen Leistungen einzeln einzukaufen.

Das Haustier ist für viele der beste Freund, dem es an nichts fehlen soll. Mit ihren Tierkrankenversicherungen bieten die Versicherer den Haltern von Hund oder Katze die Möglichkeit, sich vor hohen Behandlungskosten zu schützen. Wenn Sie diesen Schutz wünschen und der Versicherer Ihr Tier auch annimmt, können Sie den Vertrag natürlich abschließen. Doch oft ist es besser, sich die Beiträge für die Versicherung zu sparen und das Geld für Behandlungen anders zurückzulegen.

Aber: Benötigen Sie unbedingt ein zusätzliches Taschengeld für den Krankenhausaufenthalt? Sie erhalten je nach Dauer der Krankheit entweder Ihr normales Gehalt weiter, oder Sie bekommen ab einem bestimmten Zeitpunkt ein Krankengeld (gesetzliche Krankenkasse) oder ein Krankentagegeld (private Krankenversicherung), wenn der Arbeitgeber nicht mehr zahlt. Dieses Geld erhalten Sie unabhängig davon, ob Sie im Krankenhaus sind oder zuhause die Zeit verbringen müssen. Somit ist eine Absicherung, die Krankengeld oder Krankentagegeld zu bieten hat, deutlich wichtiger als die Zahlung eines Tagegeldes nur für Krankenhausaufenthalte.

Insassenunfallversicherung

Mit dieser Police genießen Mitfahrer im Wagen eines Unfallverursachers Schutz. Der Versicherer würde für die Unfallfolgen der Beifahrer aufkommen.

Aber: Wenn Sie einen Unfall verursachen, sind Ihre Beifahrer ohnehin über Ihre Kfz-Haftpflichtversicherung geschützt. Ihr Versicherer zahlt, wenn zum Beispiel ein Freund, der mit im Wagen saß, nach einem Unfall Anspruch auf Schmerzensgeld hat.

Spezielle Unfallversicherungen

Die Versicherer bieten die Möglichkeit, dass Sie sich selbst in bestimmten Lebenssituationen wie zum Beispiel im Urlaub oder als Fahrer eines Kraftfahrzeugs vor den Folgen eines Unfalls schützen.

Aber: Besser als eine Versicherung, die nur bei Unfällen in bestimmten Lebenssituationen aufkommt, ist eine private Unfallversicherung, die für die Folgen von Unfällen in jeder Lebenslage zahlt. Dieser umfassende Schutz für Freizeit und zuhause ist sinnvoll und bietet mehr als eine Fahrer- oder Reiseunfallversicherung.

Reisegepäckversicherung

Wird dem Urlauber am Flughafen oder im Hotel der Koffer gestohlen oder geht er kaputt, kann er versuchen, sich über die Reisegepäckversicherung den Schaden erstatten zu lassen.

Sack und Pack
„Ich habe fast die ganze Zeit aufgepasst." Wird das Gepäck ausgerechnet in dem Moment gestohlen, in dem Sie kurz abgelenkt sind, zahlt die Reisegepäckversicherung häufig nicht.

Aber: Eine Garantie, dass Sie einen Koffer ersetzt bekommen, gibt es nicht. In der Regel sind die Versicherungsbedingungen für Reisegepäck streng gestaltet, sodass die Gefahr sehr groß ist, dass der Versicherer nicht zahlt, etwa weil Sie Ihren Pflichten nicht nachgekommen sind: Haben Sie zum Beispiel einmal kurz den Koffer aus den Augen gelassen, kann Sie das schon den Versicherungsschutz kosten, wenn der Koffer gestohlen wird.

Außerdem: Einen gewissen Diebstahlschutz für Ihr Reisegepäck genießen Sie ebenfalls über Ihre Hausratversicherung. Dieser Schutz ist immerhin in drei von vier Haushalten zu finden. Über die sogenannte Außenversicherung dieser Police ist das Gepäck auch geschützt, wenn dem Versicherten etwa der Koffer aus dem verschlossenen Hotelzimmer gestohlen wird.

Zum Teil ist das Gepäck auch über den Reiseveranstalter geschützt. Eine Reisegepäckversicherung zusätzlich können Sie sich deshalb in aller Regel sparen.

Handy-, Brillen-, Laptopversicherungen

Genau wie das Reisegepäck können Sie auch bestimmte Alltagsgegenstände wie Notebook, Smartphone oder Brille versichern und sich so finanziell schützen für den Fall, dass sie gestohlen oder beschädigt werden.

Aber: Das Preis-Leistungs-Verhältnis stimmt bei diesen Verträgen häufig nicht. Empfehlenswert ist hier, sich die Versicherungsbeiträge zu sparen und stattdessen lieber separat etwa auf einem Tagesgeldkonto etwas für Notfälle zurückzulegen.

Glasversicherung

Der Versicherer zahlt, wenn etwa der teure Wintergarten beschädigt wurde oder der riesige Spiegelschrank in der Wohnung zu Bruch geht.

Aber: Dieser Schutz ist für Mieter ohne Wintergarten oder andere wertvolle Glaseinrichtungsgegenstände überflüssig. Nur falls Sie mit viel Glas eingerichtet sind, kann dieser Schutz sinnvoll werden.

Schutz im Lauf des Lebens

Ausbildung, gemeinsame Wohnung mit dem Partner, die Geburt des ersten Kindes oder auch der Bau des Eigenheims: Bis zum Eintritt in den Ruhestand gibt es zahlreiche Einschnitte, die auch den Versicherungsschutz treffen.

Braucht ein Rentner noch eine Unfallversicherung? Benötigt ein Student bereits eine Berufsunfähigkeitsversicherung? Und der Auszubildende eine eigene Privathaftpflichtversicherung? Jeder Lebensabschnitt – von der Kindheit über den Einstieg ins Berufsleben bis zum Ruhestand – weist auch in Sachen Versicherungsschutz einige Besonderheiten auf.

Solange Kinder zur Schule gehen und noch nicht volljährig sind, sind sie über viele Verträge der Eltern geschützt – zum Beispiel in der Privathaftpflichtversicherung oder in der gesetzlichen Krankenversicherung. Nur in wenigen Bereichen müssen Eltern zusätzlich aktiv werden, wenn sie zum Beispiel den Krankenversicherungsschutz ihrer Kinder mithilfe privater Zusatzversicherungen aufbessern oder sie für den Fall der Invalidität absichern möchten.

Der Bedarf ändert sich, wenn die Kinder langsam erwachsen werden und zum Beispiel anfangen, selbst mit dem Auto zu fahren. Wenn Ihr Kind „mit 17 begleitet fährt" oder es mit 18 als Fahranfänger das Auto nutzt, müssen Sie Ihrem Kfz-Versicherer Bescheid geben, um den neuen jungen Fahrer mit zu schützen.

Erkundigen sollten sich Familien auch, wenn sie mit erwachsenen Kindern Urlaub machen wollen: Reicht die Familienpolice für die Auslandsreise-Krankenversicherung noch für den 18-jährigen Sohn? Oder benötigt er einen eigenen Vertrag? Je mehr die Kinder auf eigenen Füßen stehen, desto mehr Handlungsbedarf entsteht.

Und so geht es weiter: Auch mit dem ersten richtigen Job, dem Umzug in eine größere Wohnung, der Heirat oder dem Übergang ins Rentnerleben ergeben sich so manche Veränderungen beim Bedarf an Versicherungsschutz, wie auch die Grafik „Spiel des Lebens" auf S. 48 zeigt.

Den Versicherungsbedarf für die einzelnen neuen beruflichen und familiären Stationen, die sich im Laufe der Jahre ergeben

(können), stellen wir auf den folgenden Seiten unter anderem mithilfe von kurzen Checklisten vor. Für jeden Abschnitt gibt es darüber hinaus Verträge, die zwar nicht ganz oben auf der Bedarfsliste stehen, die aber trotzdem sinnvoll sind (siehe Tabelle „Versicherungsbedarf prüfen", S. 18).

Dazu zählen beispielsweise die private Unfallversicherung, wenn Sie sich vor den Folgen eines Unfalls zuhause oder in der Freizeit schützen wollen, oder eine private Pflegezusatzversicherung, die sinnvollerweise nicht erst zu Rentenbeginn abgeschlossen werden sollte.

Azubi mit dem passenden Versicherungsschutz

In welcher Krankenkasse will ich mich versichern? Diese Frage müssen Auszubildende auf jeden Fall für sich klären.

Entscheiden sich junge Leute nach der Schule für eine Ausbildung in einem Betrieb, sind sie versicherungspflichtig in der gesetzlichen Krankenversicherung. Es ist nicht mehr möglich, sich beitragsfrei über ihre Eltern in einer Krankenkasse zu versichern. Auch eine frühere private Krankenversicherung über die Eltern endet mit Ausbildungsbeginn.

Aber welche Kasse ist die richtige? Soll es eine sein, die besonders günstig ist, oder spielen auch die Leistungen eine Rolle für die Entscheidung?

Infrage kommt zum Beispiel die Kasse, bei der Sie vorher über Ihre Eltern versichert waren. Aber Sie müssen als Auszubildender nicht dort bleiben: Versicherungspflichtige können immer noch aus über 100 Kranken-

Im Betrieb
Beim niedrigen Azubi-Gehalt lohnt sich genaues Rechnen: Viele Versicherungen können weiter über die Eltern laufen – die Krankenversicherung nicht.

kassen wählen, die zu einem Großteil bundesweit oder zumindest regional geöffnet sind.

Vielleicht hat der Ausbildungsbetrieb auch eine Betriebskrankenkasse, die nur oder vor allem die Mitarbeiter des eigenen Unternehmens anspricht? Hat diese Krankenkasse eine Vertretung auf dem Firmengelände, ist der Weg bei Fragen oder Anträgen natürlich besonders kurz.

In den vergangenen Jahren machte es beim Beitragssatz keinen Unterschied, in welcher Kasse man sich versicherte. Doch mittlerweile dürfen die Kassen wieder unterschiedlich viel von ihren Mitgliedern verlangen. Das kann sich am Monatsende auch beim niedrigen Gehalt für Auszubildende bemerkbar machen.

Beispiel: Ein angehender Industriekaufmann verdient 850 Euro brutto im Monat. Verlangt seine Krankenkasse einen Beitragssatz von 14,6 Prozent, muss der Azubi selbst 7,3 Prozent seines Bruttolohns für die Krankenversicherung aufbringen – macht 62,05 Euro im Monat. Die restlichen 7,3 Prozent

überweist sein Arbeitgeber an die Krankenversicherung.

Ist der Auszubildende hingegen in einer Kasse, die zusätzlich zu den 14,6 Prozent noch 1 Prozent Zusatzbeitrag erhebt, zahlt er nicht 7,3 Prozent seines Gehalts aus eigener Tasche, sondern 8,3 Prozent. Das sind 8,50 Euro mehr im Monat. Der Beitragsunterschied von rund 100 Euro im Jahr reicht immerhin für zwei Tankfüllungen fürs Auto.

Sie sollten als Auszubildender aber nicht allein auf einen möglichst günstigen Beitragssatz achten. Denn über die von den Kassen angebotenen Leistungen können Sie einen höheren Beitrag vielleicht sogar wieder hereinholen. Wenn Sie zum Beispiel planen, sich nach bestandener Abschlussprüfung einen dreiwöchigen Rucksackurlaub in Asien zu gönnen, sind Sie bei einer Kasse im Vorteil, die die Ausgaben für diverse Reiseimpfungen übernimmt. Einige Krankenkassen zahlen zum Beispiel für die Impfungen gegen Hepatitis A und B, Cholera, Typhus und Gelbfieber, obwohl dies nicht gesetzlich vorgeschrieben ist.

Oder Ihnen ist es wichtig, dass Ihre Kasse auch Ausgaben für alternative Arzneimittel übernimmt? Auch hier gibt es Unterschiede bei den Kassen, die sich im eigenen Portemonnaie bemerkbar machen.

Darüber hinaus gibt es für die Versicherten auch noch die Möglichkeit, sich wieder ein bisschen Geld zurückzuholen – zum Beispiel über die Bonusprogramme der Krankenkassen. Wenn beispielsweise eine junge Auszubildende verschiedene Gesundheitsmaßnahmen belegen kann, belohnen die Kassen das. Dazu kann etwa der Besuch beim Frauenarzt zur Krebsvorsorge zählen, der Kontrollbesuch beim Zahnarzt, die Mitgliedschaft im Fitnessstudio oder die Teilnahme am Stadtlauf. Mehrere Kassen zahlen beispielsweise 75 Euro beim Nachweis von drei Maßnahmen.

Die Beispiele zeigen: Bevor Sie sich für eine Krankenkasse entscheiden, sollten Sie dort unbedingt fragen, was die Kasse Ihnen für Ihr Geld bietet. Mehr dazu siehe „Die gesetzliche Krankenversicherung" ab S. 76.

Checkliste

Versicherungsbedarf für Azubis

Unbedingt notwendig oder sehr zu empfehlen sind:

- ☐ Privathaftpflichtversicherung
- ☐ Kranken- und Pflegeversicherung
- ☐ Kfz-Haftpflichtversicherung für Autofahrer
- ☐ Auslandsreise-Krankenversicherung
- ☐ Berufsunfähigkeitsversicherung
- ☐ Je nach Lebenssituation können weitere Verträge sehr zu empfehlen sein, zum Beispiel eine Tierhalterhaftpflichtversicherung, wenn Sie einen Hund haben.

Sozialversicherung ein Muss

Zusätzlich zum Krankenkassenbeitrag werden Ihnen als Azubi die Beiträge für die anderen Zweige der Sozialversicherung abgezogen: Den dicksten Posten machen die Beiträge zur gesetzlichen Rentenversicherung aus. Bei einem Bruttomonatslohn von 850 Euro wären es derzeit knapp 80 Euro, die Sie selbst für die Rente aufbringen müssen. Verglichen damit sind die knapp 10 Euro für die gesetzliche Pflegeversicherung (wenn Sie noch keine 23 Jahre sind) deutlich günstiger.

Sozialabgaben werden selbst bei minimalem Ausbildungsgehalt fällig: Wenn Ihr Gehalt aber maximal 325 Euro im Monat beträgt, müssen Sie selbst nicht dafür aufkommen – dann übernimmt der Arbeitgeber den Beitrag komplett.

Privater Schutz teilweise über die Eltern

Zusätzlich zum Schutz über die gesetzliche Sozialversicherung benötigen Auszubildende außerdem noch bestimmte private Versicherungsverträge.

▶ **Privathaftpflicht:** An erster Stelle ist hier die Privathaftpflichtversicherung zu nennen. Die gute Nachricht: Haben Ihre Eltern eine solche Versicherung abgeschlossen, sind Sie in der Regel über diesen Vertrag mit abgesichert, solange Sie noch in der ersten Ausbildung sind. Ausnahme: Sie heiraten vorher. Dann benötigen Sie im Regelfall einen eigenen Vertrag.

▶ **Auslandsreise-Krankenversicherung:** Die Auslandsreise-Krankenversicherung sollte jeder im Gepäck haben, der gesetzlich krankenversichert ist und im Ausland Urlaub macht. Sonst besteht die Gefahr, dass Sie Ausgaben für eine medizinische Behandlung im Reiseland anteilig oder sogar komplett selbst zahlen müssen (siehe „Abgesichert auf Reisen: Krankenschutz muss sein", S. 150). Will beispielsweise ein spanischer Arzt im Urlaubsland unbedingt privat abrechnen, kommt die Kasse in Deutschland dafür nicht komplett auf. Für Behandlungen in Urlaubsländern wie Ägypten oder Thailand zahlt sie gar nicht. Außerdem übernimmt sie unabhängig vom Reiseland nie die Kosten für einen Krankenrücktransport nach Hause, auch wenn dieser notwendig wäre.

Eine private Zusatzversicherung, die für die Behandlungskosten im Ausland aufkommt, ist somit unbedingt zu empfehlen – ganz egal, ob die Reise nach Mallorca oder in die USA geht.

Solche Auslandsreise-Krankenversicherungen gibt es als Familienversicherungen, doch Kinder können häufig nur bis zum 17. oder 18. Lebensjahr, manchmal bis zum 20. Geburtstag mitversichert werden. Die Altersbegrenzung bei diesem Vertrag ist aber kein großes Problem: Sehr gute Auslandsreise-Krankenversicherungen gibt es für Einzelreisende schon für einen Beitrag von unter 10 Euro im Jahr. Wer einen solchen Vertrag hat, kann so oft er will im Jahr verreisen. Die Reisen dürfen je nach Vertrag meist bis zu sechs oder acht Wochen dauern. Nur für noch längere Auslandsaufenthalte ist ein teurerer Vertrag notwendig (siehe „Eine lange Reise oder viele Kurztrips?", S. 155).

▶ **Berufsunfähigkeitsversicherung:** Deutlich teurer ist der Schutz einer privaten Berufsunfähigkeitsversicherung. Hier müssen Sie auch in der Ausbildung schon mit Beiträgen von einigen Hundert Euro im Jahr rechnen. Allerdings ist dieser Schutz gerade auch in der Ausbildungszeit sinnvoll, weil Sie in der Regel noch keinen Anspruch auf eine gesetzliche Rente im Fall von Erwerbsunfähigkeit haben. Und: Je jünger und gesünder

Sie beim Vertragsabschluss sind, desto günstiger ist die Versicherung.

Wenn Eltern ihren Kindern während der Ausbildung finanziell unter die Arme greifen wollen, wäre die Berufsunfähigkeitsversicherung eine sinnvolle Möglichkeit dafür. Selbst wenn zu Beginn nur eine niedrige Rente für den Ernstfall vereinbart wird: Handelt es sich um einen Vertrag mit Nachversicherungsgarantie, können Sie die vereinbarte Berufsunfähigkeitsrente im Laufe der Jahre ohne erneute Gesundheitsprüfung aufstocken.

▶ **Hausratversicherung:** Wenn Sie noch Ihr Zimmer im Haus der Eltern haben, sind Sie auch weiterhin im Schutz von deren Hausratversicherung eingeschlossen. Selbst wenn Sie zuhause ausziehen, kann der Schutz weiterhin bestehen. Zieht zum Beispiel ein angehender Bäcker in der Woche in ein Zimmer oberhalb des Ausbildungsbetriebs, damit der Weg zur Arbeit nachts kurz ist, hat er jedoch seinen Lebensmittelpunkt noch in der Wohnung der Eltern, weiten die Versicherer die Absicherung für die Einrichtung in der Familienwohnung häufig auch auf dieses Zimmer mit aus. Eine eigene Hausratversicherung ist deshalb nur sinnvoll, wenn Sie nicht mehr bei Ihren Eltern mitversichert sind und bereits eine wertvolle Einrichtung besitzen.

Sparpotenziale nutzen

Von einigen Hundert Euro Ausbildungsgehalt sind ohne die Unterstützung der Familie erst mal keine großen Sprünge drin. Ein eigenes Auto? Das wäre zwar schön, aber die Ausgaben für Benzin, Versicherungen und alle anderen laufenden Kosten sind ohne elterliche Hilfe häufig kaum zu bezahlen. Vor allem auch, weil Fahranfänger als Kunden bei den Autoversicherern nicht so beliebt sind, denn sie müssen bei ihnen von einem höheren Schadensrisiko ausgehen als bei anderen Kunden. Junge Leute müssen deshalb mit sehr hohen Beiträgen rechnen, wenn sie selbst Versicherungsnehmer sind.

Was aber nützt ein günstig erworbenes Auto, wenn der Versicherungsschutz ein tiefes Loch ins Konto reißt? Um Beiträge zu sparen, lohnt es sich oft, wenn Sie das Fahrzeug bei der Gesellschaft versichern, bei der die Eltern sind. Profitieren können Sie je nach Anbieter häufig auch, wenn Sie am begleiteten Fahren mit 17 teilgenommen haben oder früher Mofa gefahren sind. Alternativ besteht immer die Möglichkeit, das Auto von den Eltern als Zweitwagen anmelden zu lassen. Lassen Sie sich mit Ihrer Familie bei einem oder mehreren Versicherern ausrechnen, welche Lösung am günstigsten ist.

Passend geschützt an der Uni

Auch als Student können Sie sich oft noch auf den Schutz der elterlichen Versicherungen verlassen – aber nicht immer.

Für den Versicherungsschutz von Studenten gilt einiges, was auch bei den Azubis im Betrieb gilt: Haben Ihre Eltern eine Privathaftpflichtversicherung und absolvieren Sie direkt nach dem Abitur Ihr Studium, sind Sie während dieser Zeit noch über den Vertrag Ihrer Eltern abgesichert. Machen Sie zuerst den Bachelor-Abschluss und gleich danach den Master, gilt die Absicherung häufig für beide Phasen. Zur Sicherheit sollten Sie jedoch den Versicherer fragen, wie lange der Schutz der Familienversicherung reicht. Das gilt umso mehr, wenn Sie eine Studienpause einlegen.

Bewohnen Sie nur ein Zimmer im Studentenwohnheim, während Ihr Lebensmittelpunkt noch bei den Eltern ist, können Sie sich meist auch noch über deren Hausratversicherung schützen.

Für Auslandsaufenthalte ist hingegen eine eigene Reise-Krankenversicherung nötig, wenn Sie für die Familienversicherung der Eltern zu alt sind. Das hängt vom jeweiligen Vertrag ab und kann zum Beispiel mit 18 oder erst mit 20 Jahren der Fall sein.

Was wirklich notwendig ist

Haben Ihre Eltern keine Privathaftpflichtversicherung, sollten Sie unbedingt einen eigenen Vertrag abschließen. Für junge Leute haben die Versicherer häufig günstige Tarife im Angebot.

Gesetzlich vorgeschrieben ist die Kranken- und Pflegeversicherung. Den Schutz müssen Studenten bei der Einschreibung nachweisen. Waren Sie bisher beitragsfrei gesetzlich über Ihre Eltern mitversichert, kann dies bis zum 25. Geburtstag so bleiben.

Länger im Ausland? Wenn Sie ein Auslandssemester planen oder ein mehrmonatiges Praktikum beispielsweise in den USA, Australien oder Spanien, sollten Sie nicht ohne den passenden Krankenversicherungsschutz reisen. Erkundigen Sie sich, ob ein günstiger Jahresvertrag noch ausreicht oder ob ein Einzelvertrag notwendig ist, weil die Auslandsphase länger dauert.

Versicherungsbedarf für Studenten

Unbedingt notwendig oder sehr zu empfehlen sind:

- ☐ Privathaftpflichtversicherung

- ☐ Kranken- und Pflegeversicherung

- ☐ Berufsunfähigkeitsversicherung

- ☐ Auslandsreise-Krankenversiche-rung)

- ☐ Kfz-Haftpflichtversicherung für Autofahrer

- ☐ Je nach Lebenssituation ist wei-terer Schutz sehr zu empfehlen, zum Beispiel Tierhalterhaftpflicht-versicherung für Hundehalter.

Gehören Sie noch zu denjenigen, die vor dem Studium Wehr- oder Zivildienst geleistet haben, verlängert sich die kostenlose Mitversicherung um diese Zeit.

Alle, die ein eigenes Einkommen haben, müssen allerdings aufpassen. Das eigene Einkommen darf im Jahr 2015 nicht höher als 405 Euro im Monat sein, wollen Sie beitragsfrei krankenversichert bleiben. Zum Einkommen zählen zum Beispiel Mieteinnahmen, Zinsen oder Einnahmen aus einer selbstständigen Tätigkeit. Gehen Sie einer geringfügigen Beschäftigung nach, darf der Verdienst bis 450 Euro gehen, sofern keine weiteren Einnahmen dazukommen.

Spätestens wenn die Familienversicherung wegen des Alters endet, müssen sich gesetzlich krankenversicherte Studenten dann in der Regel um eigenen Schutz kümmern. Sie werden Mitglied in der studentischen Pflichtversicherung. Die studentische Versicherung gilt in der Regel bis zum Abschluss des 14. Fachsemesters, maximal bis

> 66 **Wer in der studentischen Krankenversicherung ist, darf während der Vorlesungszeit in der Regel bis zu 20 Stunden pro Woche arbeiten.**

zum 30. Geburtstag. Der Schutz kostet 2015 je nachdem, bei welcher Kasse Sie sind, um die 63 bis 66 Euro im Monat plus Beitrag zur Pflegeversicherung. Er liegt bei 15,52 Euro für kinderlose Studenten über 23 Jahre, für alle anderen bei 14,03 Euro. Mitglieder der studentischen Krankenversicherung dürfen während der Vorlesungszeit in der Regel bis zu 20 Stunden pro Woche arbeiten.

Sobald die studentische Krankenversicherung endet, wird der gesetzliche Schutz für Sie als freiwillig Versicherten teurer. Sie zahlen nun Beiträge in Abhängigkeit von Ihrem Einkommen. Dabei zahlen Sie aber meistens mindestens so viel, als ob Ihr Einkommen bei 945 Euro im Monat läge. Daraus ergibt sich je nach Kasse ein Mindestbeitrag von etwa 140 Euro im Monat allein für die Krankenversicherung. Ausnahme: Wenn Sie sich schon zur abschließenden Prüfung angemeldet haben, wird in einer Übergangsphase von sechs Monaten nur ein reduzierter Beitragssatz fällig.

Waren Sie vor Beginn des Studiums wie Ihre Eltern privat krankenversichert, stehen Sie bereits zu Studienbeginn vor der Wahl: Entweder Sie gehen in die gesetzliche studentische Krankenversicherung. Oder Sie versichern sich weiter privat. Dafür müssen Sie sich aber zu Beginn des Studiums von der gesetzlichen Versicherungspflicht befreien lassen. Die private Krankenversicherung kann für junge Studenten attraktiv sein, deren Eltern Beamte sind und die daher über ihre Eltern Anspruch auf Beihilfe von deren Dienstherren haben. Sie können sich eigene Versicherungsbeiträge zum Teil sparen. Diese Beihilfe fließt aber nur so lange, wie die Eltern Anspruch auf Kindergeld für ihre studierenden Kinder haben. Entfällt der Anspruch ab dem 25. Geburtstag, können die Beiträge für die private Versicherung von Studenten deutlich über denen der gesetzlichen Krankenkasse liegen, da sie dann eine private Krankenvollversicherung abschließen müssen. In die gesetzliche Krankenkasse können sie in dem Fall nicht wechseln – sie sind bis zum Ende des Studiums an die private Absicherung gebunden.

Die Entscheidung für die Art des Versicherungsschutzes sollten Sie sich also gut überlegen und auch die Studiendauer und mögliche Verzögerungen mit einplanen.

Früher Berufsunfähigkeitsschutz ist sinnvoll

Ein Muss wie die Krankenversicherung ist die Berufsunfähigkeitsversicherung nicht. Trotzdem ist ein solcher Vertrag schon während des Studiums sinnvoll. Die Versicherung zahlt eine Rente, falls Sie durch Krankheit oder Unfall nicht in der Lage sind, in Ihrem angestrebten Beruf zu arbeiten.

Der frühe Vertragsabschluss kann sich finanziell lohnen: Schließen Studenten eine Berufsunfähigkeitsversicherung ab, während sie an der Uni sind, haben sie gegenüber älteren Kunden den Vorteil, dass sie den Schutz noch vergleichsweise günstig bekommen können. Sie sollten aber unbedingt darauf achten, dass der Vertrag eine Nachversicherungsgarantie enthält. Diese Klausel sorgt dafür, dass Sie etwa bei Heirat den Versicherungsschutz erhöhen können, ohne erneut Gesundheitsfragen beantworten zu müssen. Bei welchen Anlässen dies möglich ist, steht in den Vertragsbedingungen. Bei wenigen Versicherern ist die Nachversicherung ganz ohne Anlass möglich.

Abgesichert im ersten richtigen Job

Spätestens wenn Sie Ihren ersten „richtigen" Arbeitsvertrag unterschreiben, ist es mit der Absicherung über die Eltern vorbei.

→ **Das Ausbildungszeugnis,** den Bachelor- oder Master-Abschluss in der Tasche: Wenn Sie Ihren ersten richtigen Job antreten, müssen Sie sich komplett selbst um Ihren Versicherungsschutz kümmern. Denn spätestens sobald die erste Berufsausbildung abgeschlossen ist, endet in der Regel die Mitversicherung über die private Haftpflichtversicherung der Eltern. Die erste Ausbildung kann zum Beispiel eine rein betriebliche Ausbildung sein, ein Studium oder die Kombination aus Ausbildung im Betrieb und anschließendem Studium. Ergänzende Lernphasen wie das Referendariat für angehende Lehrer oder Anwälte zählen nicht mehr zur über die Eltern versicherten ersten Ausbildung. Für solche Phasen benötigen Sie ebenfalls eigenen Schutz. Aufpassen sollten Sie auch, wenn es längere Zwischenphasen gibt.

Beispiel: Mit Bestehen ihrer Abschlussprüfung im März entscheidet sich eine Industriekauffrau, im Anschluss BWL zu studieren. Das Studium beginnt aber erst zum Wintersemester – ihr Ausbildungsbetrieb bietet ihr bis dahin eine befristete Stelle als Schwangerschaftsvertretung an.

Wenn Sie in einer ähnlichen Situation sind, sollten Sie sich bei der Haftpflichtversicherung erkundigen, ob diese Zwischenphase noch über die Eltern versichert ist.

Das benötigen Berufseinsteiger unbedingt

Neben der eigenen Privathaftpflichtversicherung sollten sich Berufseinsteiger um weiteren Schutz kümmern: Die Krankenversicherung ist für sie sowieso Pflicht. Angestellte sind zunächst in aller Regel aufgrund ihres noch relativ niedrigen Gehalts in der gesetzlichen Krankenversicherung pflichtversichert und damit auch in der gesetzlichen Pflegeversicherung. Welche Kriterien bei der Auswahl der Krankenkasse eine Rolle spielen können, zeigt das Kapitel „Die gesetzliche Krankenversicherung" ab S. 76.

Je nach Einkommenshöhe stehen sie irgendwann aber eventuell vor der Frage: weiter gesetzlich versichern oder in die private Krankenversicherung wechseln? Diese Wahlmöglichkeit haben alle, die ein Jahreseinkommen von über 54 900 Euro brutto (Stand 2015) haben.

Wegen der besseren Leistungen kann der Wechsel in die private Versicherung interessant sein, finanziell lohnt er sich auf Dauer meistens nicht (siehe „Eine Entscheidung mit Folgen", S. 70). Zwar sind gerade für junge, gutverdienende Kunden die Beiträge für die private Versicherung am Anfang zum Teil sogar deutlich günstiger als der gesetzliche Schutz, doch im Laufe der Zeit steigen die Beiträge stetig an.

Schutz für den Verlust der Arbeitskraft

Spätestens mit Antritt der ersten richtigen Stelle sollten Sie sich auch für den Fall der Berufsunfähigkeit absichern. An diesem Punkt geraten all diejenigen, die vielleicht noch in der Probezeit sind und noch nicht viel verdienen, natürlich in den Zwiespalt: Mehrere Hundert Euro im Jahr für diese Versicherung ausgeben, wenn noch nicht mal sicher ist, dass es nach dem ersten Jahr im Job weitergeht?

Diese Sorge ist verständlich, andererseits ist gerade jetzt der Schutz der privaten Versicherung ungeheuer wichtig: Anspruch auf eine gesetzliche Erwerbsminderungsrente haben Sie erst, wenn Sie mindestens fünf Beitragsjahre in der gesetzlichen Rentenversicherung nachweisen. Und selbst wenn Sie diese Vorgabe zum Beispiel aufgrund von dauerhaften Nebenjobs während des Studiums erfüllen, wird die gesetzliche Rente im Ernstfall eher dürftig ausfallen. Zusätzliche private Absicherung tut also

not, damit bei schwerer Krankheit oder nach einem Unfall zumindest eine sichere Einnahme fließt, und das bis zum Beginn des Rentenalters.

Außerdem gilt: Je jünger und gesünder Sie bei Vertragsabschluss sind, desto günsti-

Checkliste

Versicherungsbedarf für Berufseinsteiger

Unbedingt notwendig oder sehr zu empfehlen sind:

☐ Privathaftpflichtversicherung

☐ Kranken- und Pflegeversicherung

☐ Berufsunfähigkeitsversicherung

☐ Kfz-Haftpflichtversicherung für Autofahrer

☐ Auslandsreise-Krankenversicherung

☐ Je nach Lebenssituation weiterer Schutz, zum Beispiel Tierhalterhaftpflichtversicherung für einen Hund, Wohngebäudeversicherung für die eigene Immobilie oder eine Risikolebensversicherung, wenn ein Partner oder Kinder zu versorgen sind

Für Beamte oder auch für Beamtenanwärter gelten in der Krankenversicherung etwas andere Regeln als für die übrigen Berufseinsteiger: Sie sind nicht versicherungspflichtig in der gesetzlichen Krankenversicherung, sondern haben Anspruch auf Beihilfe ihrer Dienstherren. Deshalb sind für sie in der Regel die privaten Beihilfetarife finanziell attraktiver als die gesetzliche Krankenkasse.

ger bekommen Sie den Schutz. Auch das spricht dafür, diese Versicherung so bald wie möglich abzuschließen.

Die deutlich günstigere Unfallversicherung ist keine gleichwertige Alternative. Sie kommt nur für eine dauerhafte körperliche Beeinträchtigung infolge eines Unfalls auf. Damit sind alle Invaliditäten, die etwa durch eine schwere Krankheit oder eine Allergie entstanden sind, außen vor: Kann ein Angestellter beispielsweise bereits nach den ersten zwei Jahren im Job aufgrund einer schweren Erkrankung nicht mehr arbeiten, hilft ihm die Unfallversicherung nicht.

Neues Zuhause sichern

Eng verbunden mit dem echten Berufseinstieg ist häufig auch der Umzug in eine neue, größere Wohnung: raus aus dem WG-Zimmer oder aus dem Studentenwohnheim, rein ins neue Zuhause. Je nachdem, wie wertvoll die eigene Einrichtung ist, kann es sich lohnen, diese über eine Hausratversicherung abzusichern. Im Vergleich etwa zur Haftpflicht- und Berufsunfähigkeitsversicherung steht dieser Schutz aber hinten an.

Doch sinnvoll ist er allemal, gerade wenn teure technische Geräte zur Wohnung gehören oder auch ein gutes Fahrrad.

→ **Neu einrichten und dokumentieren**

Auch wenn mit dem Einzug tausend andere Kleinigkeiten auf Sie zukommen: Halten Sie die Informationen über Ihre Neuanschaffungen, Rechnungen und Belege zusammen und listen Sie Ihren Hausrat mit dessen Neuwert auf. Der Umzug ist eine gute Gelegenheit, sämtliche Daten auf den neuesten Stand zu bringen. Sollten Sie irgendwann nach einem Brand, Einbruch oder Wasserschaden auf den Versicherer angewiesen sein, wird er danach fragen.

Sparpotenziale nutzen

Umzugskosten, neue Kleidung für das Büro, vielleicht das erste eigene Auto oder eine BahnCard für den Arbeitsweg: Mit dem Berufsstart summieren sich die Ausgaben. Einige Sparmöglichkeiten in Sachen Versicherungen bleiben trotzdem, zum Beispiel ein „Junge-Leute-Tarif". Etwa in der Privathaftpflicht- oder Hausratversicherung haben junge Leute bis zum Beispiel 30 Jahren oder Singles oftmals die Chance auf Rabatt. Dennoch sind diese Tarife nicht immer preiswerter als Normalangebote besonders günstiger Versicherer.

Eine kleine Finanzspritze können sich Aktive und Gesundheitsbewusste außerdem über ihre gesetzliche Krankenkasse holen. Zahlreiche Krankenkassen bieten ihren Versicherten die Möglichkeit, sich zumindest einen kleinen Teil ihrer Beiträge zurückzuholen. Weisen sie zum Beispiel den Besuch von Vorsorgeuntersuchungen nach, die Mitgliedschaft im Fitnessstudio oder die Teilnahme an einer Sportwoche, sammeln sie bei vielen Kassen Bonuspunkte, die am Jahresende Geld zurückbringen können. Oder die Kassen unterstützen direkt die Teilnahme an diversen Sportkursen. Hier lohnt es sich nachzufragen.

Geschützt als der eigene Chef

Machen Sie sich selbstständig, muss sich an Ihrer privaten Absicherung nicht viel ändern. Um den Schutz für Ihren Betrieb müssen Sie sich aber kümmern.

Der Versicherungsbedarf, den wir für Angestellte mit Aufnahme des ersten richtigen Jobs festgestellt haben, gilt in vielerlei Hinsicht auch für Selbstständige: für diejenigen, die etwa als freiberuflicher Journalist tätig sind, ein Übersetzungsbüro aufgebaut haben oder einen kleinen Laden führen.

Privathaftpflichtversicherung, Krankenversicherung, Risikolebensversicherung zur Absicherung der Familie: All das ist auch für Sie Pflicht oder dringend zu empfehlen, wenn Sie selbstständig sind. Besonders wichtig ist außerdem die Berufsunfähigkeitsversicherung, vor allem dann, wenn Sie wie viele Selbstständige keinen Anspruch auf eine Erwerbsminderungsrente aus der gesetzlichen Rentenversicherung haben (siehe „Die Lücke im gesetzlichen Schutz", S. 100).

Abseits dieses grundsätzlichen Bedarfs sollten Sie aber auf einige Besonderheiten achten, zum Beispiel bei der Krankenversicherung: Viele Freiberufler und Gewerbetreibende sind nicht mehr versicherungs-

Checkliste

Versicherungsbedarf für Selbstständige

Unbedingt notwendig oder sehr zu empfehlen sind:

- ☐ Privathaftpflichtversicherung

- ☐ Kranken- und Pflegeversicherung

- ☐ Private Krankentagegeldversicherung oder Wahltarif Krankengeld der Krankenkasse

- ☐ Berufsunfähigkeitsversicherung

- ☐ Auslandsreise-Krankenversicherung

- ☐ Kfz-Haftpflichtversicherung für Autofahrer

- ☐ Diverse Verträge zum Schutz des Betriebs und der betrieblichen Tätigkeit je nach Beruf, zum Beispiel Berufs- oder Betriebshaftpflichtversicherung

- ☐ Je nach Lebenssituation weiterer Schutz, z. B. Risikolebensversicherung, wenn ein Partner oder Kinder abzusichern sind, oder eine Wohngebäudeversicherung für die eigene Immobilie

pflichtig in der gesetzlichen Krankenversicherung. Sie können sich also unabhängig vom Einkommen wählen, ob sie freiwillig dort versichert bleiben oder in die private Krankenversicherung wechseln.

Die Entscheidung sollte gut überlegt sein: Als privat Versicherter können Sie mehr Leistungen bekommen, doch Sie gehen auch ein Risiko ein, denn die Beiträge steigen im Lauf der Jahre deutlich an. Das kann gerade bei einem schwankenden Einkommen zu einem Problem werden – spätestens jedoch im Alter. Wichtige Kriterien, die Sie bei Ihrer Entscheidung beachten sollten, lesen Sie unter „Organisation, Preise und Leistungen im Vergleich" ab S. 71.

Sie sollten sich außerdem fragen: Was ist, wenn ich zum Beispiel nach einem Leistenbruch oder als Folge eines gebrochenen Beins mehrere Wochen nicht arbeiten kann? Anders als Angestellte haben Sie keinen Arbeitgeber, der Ihr Gehalt zumindest vorübergehend weiterzahlt, sodass Sie sich anderweitig Ersatz für den Verdienstausfall sichern sollten.

Als privat Krankenversicherte vereinbaren Sie mit Ihrer Versicherung, ab wann der Versicherer ein Krankentagegeld zahlt – quasi als Ausgleich für den Verdienstausfall. Als gesetzlich Krankenversicherte können Sie vereinbaren, dass Sie komplett auf Krankengeld verzichten. Dann zahlen Sie einen niedrigeren Beitragssatz. Dieser liegt derzeit für alle Kassen erst einmal bei 14,0 Prozent. Doch es kann je nach Krankenkasse noch ein einkommensabhängiger Zusatzbeitrag dazukommen – zum Beispiel 0,3 oder auch 1 Prozent. Sie können auch vereinbaren, dass Sie wie Angestellte ab der siebten Woche Krankengeld erhalten. Dann zahlen Sie den üblichen allgemeinen Beitragssatz von 14,6 Prozent – je nach Kasse meist plus Zusatzbeitrag.

Gerade viele Einzelunternehmer können aber sechs Wochen ohne jegliches Einkommen nicht verkraften. Wenn sie früher Geld wollen, können sie entweder bei der gesetzlichen Kasse einen Wahltarif abschließen, sodass zum Beispiel mit Beginn der vierten Woche Krankengeld fließt. Oder sie entscheiden sich für eine private Krankentagegeldversicherung als Ergänzung des gesetzlichen Schutzes.

Schutz für den Betrieb

Je nachdem, welchen Beruf Sie selbstständig ausüben, sind spezielle Versicherungen für Ihre Tätigkeit und Ihre Geschäftsräume unbedingt sinnvoll. Manche sind sogar Pflicht.

Beispielsweise sollte ein Handwerker auf jeden Fall Angebote für eine Betriebshaftpflichtversicherung einholen, da er für sämtliche Schäden, die er selbst oder einer seiner Mitarbeiter im Zuge seiner Tätigkeit anrichtet, geradestehen muss. Für manche Berufe sind Haftpflichtversicherungen sogar ohnehin obligatorisch. Das Versicherungsunternehmen springt ein für Schäden, für die der Unternehmer haftet.

Sparen Sie nicht an der falschen Stelle, sondern kümmern Sie sich auch um den nötigen Schutz für Ihre Ware, Ihre Fahrzeuge und alles, was Sie sonst für Ihr Unternehmen benötigen.

→ Bei Kammern und Verbänden informieren

Rat und Informationen zum Versicherungsbedarf können Sie bei Ihren Berufsverbänden sowie bei der für Sie zuständigen Kammer bekommen. Sie können auch einen unabhängigen Versicherungsberater aufsuchen, der Ihnen gegen Honorar hilft, den passenden Schutz zusammenzustellen.

Sparpotenziale nutzen

Freiberufler und Kleinunternehmer müssen aber nicht für jedes Risiko separate Verträge abschließen. So kann es zum Beispiel sein, dass über die Hausratversicherung auch das Inventar eines beruflichen Arbeitszimmers geschützt ist.

Auch bei zahlreichen anderen Verträgen für den Schutz des Privatlebens macht es keinen Unterschied, ob jemand selbstständig oder angestellt tätig ist. Die Berufsunfähigkeitsversicherung beispielsweise zahlt auch für Selbstständige. Entscheidend für den Preis ist in erster Linie der Beruf, nicht der berufliche Status.

Sparen beziehungsweise staatliche Zuschüsse nutzen können viele Selbstständige auch bei der Altersvorsorge. Denn auch Freiberufler und Gewerbetreibende haben Anspruch auf die staatliche Unterstützung für einen Riester-Vertrag (siehe „Finanziell vorsorgen", S. 159).

Direkten Anspruch auf die Zulagen etwa für eine Riester-Rentenversicherung oder einen Riester-Banksparplan haben alle, die auch als Selbstständige in der gesetzlichen Rentenversicherung Pflichtmitglieder sind. Alle anderen haben noch eine Chance auf die staatliche Förderung, wenn sie verheiratet sind und ihr Ehepartner einen Riester-Vertrag abschließt. Dann können sie die Möglichkeit nutzen, sich über den Vertrag des Partners staatliche Zulagen für ihre Altersvorsorge zu sichern.

→ Gesetzliche Rente besser, als viele denken

Verlieren Sie für die Altersvorsorge die gesetzliche Rentenversicherung nicht aus den Augen. Sie bietet gerade für Selbstständige viel mehr Potenzial, als Sie vielleicht erwarten. Untersuchungen der Stiftung Warentest haben gezeigt, dass sich freiwillige Zahlungen an die gesetzliche Rentenkasse sogar mehr lohnen können als etwa Beiträge in eine private Rentenpolice oder in einen steuerlich geförderten Rürup-Vertrag. Mehr finden Sie unter www.test.de mit dem Stichwort „freiwillige Rentenbeiträge".

Endlich zu zweit: Die erste gemeinsame Wohnung

Ziehen Paare zusammen, können sie auch ohne Trauschein einiges bei ihren Versicherungen sparen.

→ **Sobald Sie mit Ihrem Freund oder Ihrer Freundin** in eine gemeinsame Wohnung ziehen, lohnt es sich, auch Ihren Versicherungsschutz zu prüfen. Denn als Paar mit einem gemeinsamen Zuhause können Sie auch Ihre Versicherungen zum Teil zusammenlegen.

Beispiel Privathaftpflichtversicherung: Ein Partner kann in den Vertrag des anderen aufgenommen werden. Er muss dort namentlich mit genannt werden. Die zweite, dann überflüssige Police können Sie zum nächstmöglichen Termin ordentlich kündigen, je nach Versicherer eventuell früher.

Aber Achtung: Geht Ihre Beziehung auseinander, müssen Sie natürlich wiederum die Vorkehrungen treffen, dass Sie auch als Alleinstehender Haftpflichtschutz haben. Mehr dazu lesen Sie in der Checkliste „Und wenn es auseinandergeht?", S. 47.

So wichtig wie die Haftpflichtversicherung ist die Absicherung Ihres Hausrats nicht, doch vielen Kunden ist auch dieser Schutz wichtig. Dafür gilt bei gemeinsamer Wohnung ohne Trauschein: Passen Sie den Schutz Ihres Hausrats an die neue Lebenssituation an.

Hatten Sie beide vorher einzelne Verträge, akzeptieren viele Versicherer auch hier aus Kulanz die Kündigung des jüngeren Vertrags. Wenn nicht, sollte einer von Ihnen zum nächstmöglichen Zeitpunkt seinen Vertrag kündigen. Der Schutz im verbleibenden Vertrag sollte dann so aufgestockt werden, dass er für den gemeinsamen Hausstand (entscheidend ist der Neuwert) reicht. Dafür lohnt es sich, eine Bestandsaufnahme über die Einrichtung zu machen.

→ Auch andere Verträge anpassen

Möglich ist auch, dass Sie Ihren Partner mit in eine bestehende Rechtsschutzversicherung aufnehmen oder als berechtigten Fahrer in die Kfz-Versicherung eintragen lassen. Sprechen Sie mit Ihrem jeweiligen Versicherer.

Gegenseitig finanziell absichern

Wenn die Beziehung noch frisch ist, liegt der Gedanke vermutlich noch in weiter Ferne – doch je enger Ihre Verbindung wird und je länger sie bereits dauert, desto wichtiger wird folgende Frage: Wie kommt Ihr Partner zurecht, falls Ihnen etwas zustößt?

Besonders als Paar, das nicht miteinander verheiratet ist, sollten Sie sich Gedanken darüber machen, denn Ihnen fehlt die gegenseitige Absicherung, die Verheiratete zumindest über die gesetzliche Rentenversicherung haben.

✗ Gegenseitige Schäden sind außen vor, wenn Paare sich für eine gemeinsame Haftpflichtversicherung entscheiden. Sie stürzen mit dem Rad gegen das Auto Ihres Partners – 500 Euro Schaden. Sind Sie über denselben Vertrag versichert, sparen Sie Beiträge, doch der Versicherer zahlt nicht für die Beule am Auto. Hätten Sie beide jeweils Ihre eigenen Verträge, würde Ihre Versicherung einspringen. Ist Ihnen das wichtig, sollten Sie überlegen, ob Sie die Verträge wirklich zusammenlegen.

Versicherungsbedarf für Paare

Unbedingt notwendig oder sehr zu empfehlen sind:

☐ Privathaftpflichtversicherung

☐ Kranken- und Pflegeversicherung

☐ Berufsunfähigkeitsversicherung

☐ Risikolebensversicherung

☐ Kfz-Versicherung für Autofahrer

☐ Auslandsreise-Krankenversicherung

☐ Je nach Lebenssituation weiterer Schutz, zum Beispiel Wohngebäudeversicherung für ein eigenes Haus

Ehepartner haben die Sicherheit, dass sie im Ernstfall eine Hinterbliebenenrente oder Leistungen aus der Beamtenversorgung bekommen können. Auch wenn etwa die gesetzliche Hinterbliebenenrente allein nicht zum Leben reicht, hilft sie wenigstens, einen Teil der Ausgaben zu decken. Außerdem haben Verheiratete einen automatischen Erbanspruch. Beides gilt für Partner ohne Trauschein nicht. Das kann Folgen haben.

Beispiel: Die 40-jährige Christina Bauser hat eine 18-jährige Tochter und besitzt eine 100 Quadratmeter große Wohnung, die sie von ihrer Mutter geerbt hat. Hier zieht ihr neuer Partner Carsten Trautmann mit ein. Er ist geschieden, und da der Unterhalt für seine drei Kinder sein Konto strapaziert, ist er froh, sich zumindest Ausgaben für die Miete sparen zu können. Plötzlich stirbt Christina Bauser bei einem Autounfall.

Da sie nichts anderes veranlasst hat – etwa in Form eines Testaments –, geht Carsten Trautmann leer aus. Christina Bausers Tochter kann als Erbin entscheiden, was aus der Wohnung wird. Auch aus der gesetzlichen Rentenversicherung hat Trautmann keinerlei Ansprüche auf eine Witwerrente.

Für einen solchen Ernstfall können nichtverheiratete Lebenspartner mit einer Risikolebensversicherung vorsorgen. Stirbt einer von ihnen, erhält der Partner eine vorher vereinbarte Summe.

→ **Bestehenden Vertrag aktualisieren**

Wenn Sie bereits eine Risikolebensversicherung haben und etwa nach einer Scheidung mit einem neuen Partner zusammenkommen, sollten Sie den Vertrag an die neue Situation anpassen: Teilen Sie dem Versicherer schriftlich mit, dass Ihr neuer Partner bezugsberechtigt ist, wenn er im Ernstfall nicht leer ausgehen soll.

Ehepaare mit Vorteilen

Gerade bei der Krankenversicherung kann es sich finanziell auszahlen, verheiratet zu sein. Und auch bei anderen Verträgen ist einige Ersparnis möglich.

Der Gang zum Standesamt bringt auch bei den Versicherungen noch einmal einige entscheidende Veränderungen. Für die Privathaftpflichtversicherung gilt beispielsweise: Haben beide Partner noch einzelne Verträge, können sie den jüngeren direkt kündigen und nicht erst zum Ende des Versicherungsjahres.

Auch andere Verträge reichen dann einmal für beide Partner, etwa die Hausrat- oder die Rechtsschutzversicherung. Warum nutzen Sie nicht die Gelegenheit, sich neben allen anderen Formalitäten rund um die Hochzeit auch einen Überblick über den bestehenden Schutz zu verschaffen und gegebenenfalls gemeinsam nach günstigeren oder besseren Angeboten zu schauen?

→ Handeln, wenn ein Partner deutlich mehr verdient

Was für unverheiratete Paare auf jeden Fall gilt, sollten auch verheiratete Paare prüfen: Ist der Hinterbliebene ausreichend abgesichert, wenn der andere Partner stirbt – vor allem wenn er der Hauptverdiener ist? Als Absicherung bietet sich auch hier eine Risikolebensversicherung an.

Mehr Möglichkeiten bei der Krankenversicherung

Finanzielle Vorteile kann die Hochzeit auch bei der Krankenversicherung bringen. Angenommen, beide Partner sind gesetzlich krankenversichert und einer von ihnen ist nicht berufstätig oder verdient nur sehr wenig: Dann können Verheiratete – anders als Paare ohne Trauschein – von der beitragsfreien Familienversicherung profitieren. Diese gilt nicht nur für die Kranken-, sondern auch für die Pflegeversicherung.

Beitragsfrei mitversichern lässt sich der Ehepartner, wenn er die folgenden Voraussetzungen erfüllt:

▸ **Sein Gesamteinkommen** liegt regelmäßig nicht über 405 Euro pro Monat. Für geringfügig Beschäftigte, die einem Minijob nachgehen, gilt eine Einkommensgrenze von 450 Euro im Monat.

▸ **Er ist nicht selbst Mitglied** einer Kranken- und Pflegekasse.

▸ **Er hat sich von der** Versicherungspflicht nicht befreien lassen.

▸ **Er ist nicht hauptberuflich** selbstständig tätig.

▸ **Er ist nicht versicherungsfrei,** zum Beispiel als Beamter.

Es kann sein, dass die Familienversicherung für Sie noch kein Thema ist, da Sie beide voll berufstätig sind. Doch sobald Sie Kinder haben und einer der Partner beruflich kürzer tritt, kann sich das Angebot für Sie lohnen.

Wenn Sie als gut verdienender Angestellter oder als Selbstständiger privat krankenversichert sind, ändert sich durch die Heirat nichts. Es gibt keine Partnertarife für Ehepaare. Der Ehepartner kann sich natürlich privat versichern – vorausgesetzt, er erfüllt die entsprechenden Vorgaben für eine private Krankenversicherung (siehe ausführlich S. 83) –, doch er muss einen eigenen Vertrag abschließen und die Fragen zur Gesundheitsprüfung beantworten.

Sind hingegen Beamte privat krankenversichert, kann ihnen die Hochzeit deutliche finanzielle Vorteile bringen. Sie erhalten ab der Heirat meist nicht nur höhere Zuschläge zum Gehalt, sondern der Ehepartner und gemeinsame Kinder erhalten grundsätzlich auch einen Beihilfanspruch. Allerdings erhält der Ehepartner diesen Anspruch nur dann, wenn er nur ein recht geringes eigenes Einkommen hat. Die Einkommensgrenze hängt vom Dienstherrn ab.

Da jedes Bundesland seine eigenen Beihilfevorschriften hat, sollten Sie die Informationen bei der für Sie zuständigen Besoldungsstelle abfragen. Auch wenn ein Beihilfanspruch besteht, muss der Ehepartner eine eigene Versicherung über den von der Beihilfe nicht gedeckten Anteil abschließen.

Checkliste

Versicherungsbedarf für Verheiratete

Unbedingt notwendig oder sehr zu empfehlen sind:

- ☐ Privathaftpflichtversicherung
- ☐ Kranken- und Pflegeversicherung
- ☐ Berufsunfähigkeitsversicherung
- ☐ Risikolebensversicherung
- ☐ Kfz-Versicherung für Autofahrer
- ☐ Auslandsreise-Krankenversicherung
- ☐ Je nach Lebenssituation weiterer Schutz, zum Beispiel Tierhalterhaftpflicht für Hundebesitzer oder Wohngebäudeversicherung für das eigene Haus

→ Hochzeit nicht immer Vorteil

Ein Partner ist privat krankenversichert, der andere gesetzlich. Sobald das Paar Kinder hat, wird es spannend: Nicht immer ist ein Kind beitragsfrei gesetzlich zu versichern, wie die folgenden Seiten zeigen werden.

Und wenn es auseinandergeht?

Trennen Sie sich von Ihrem Partner oder lassen Sie sich scheiden, sollten Sie Ihren Versicherungsschutz an die neue Situation anpassen. Auswirkungen sind vor allem bei folgenden Versicherungen möglich:

- ☐ **Krankenversicherung:** Die Familienversicherung in der gesetzlichen Krankenversicherung endet, sobald das Urteil über die Scheidung rechtskräftig wird. Ein beitragsfrei mitversicherter Ehepartner muss sich dann selbst um eine Krankenversicherung kümmern. Innerhalb von drei Monaten kann er sich freiwillig gesetzlich versichern. Nimmt er einen Job an, wird er in der Regel versicherungspflichtig in der gesetzlichen Krankenversicherung.

- ☐ **Risikolebensversicherung:** Wer ist bezugsberechtigt? Darüber sollten Sie sich nach der Trennung Gedanken machen und den Bezugsberechtigten gegebenenfalls ändern.

- ☐ **Privathaftpflichtversicherung:** Hatten Sie eine gemeinsame Police, muss dieser Schutz wieder getrennt werden. Beide Partner benötigen eine eigene Haftpflichtversicherung.

- ☐ **Hausratversicherung:** Nach der Trennung kann ein Partner die bisherige Police behalten, der andere schließt einen neuen Vertrag ab, wenn ihm die Absicherung wichtig ist. Beide Partner sollten darauf achten, dass die Versicherungssumme zur neuen beziehungsweise verbliebenen Einrichtung passt. Zieht der Ehepartner aus, der Versicherungsnehmer der bisher gemeinsamen Police ist, gilt der Schutz in der Regel für drei Monate für beide Wohnungen.

- ☐ **Kfz-Versicherung:** Auf wen war der Wagen zugelassen und wer war als Fahrer im Versicherungsvertrag eingetragen? Waren Sie nicht der Versicherungsnehmer und wollen Sie einen neuen Vertrag abschließen, kann es sein, dass Sie deutlich mehr für den Schutz zahlen müssen, da Ihr Schadenfreiheitsrabatt noch nicht so hoch ist.

Spiel des Lebens

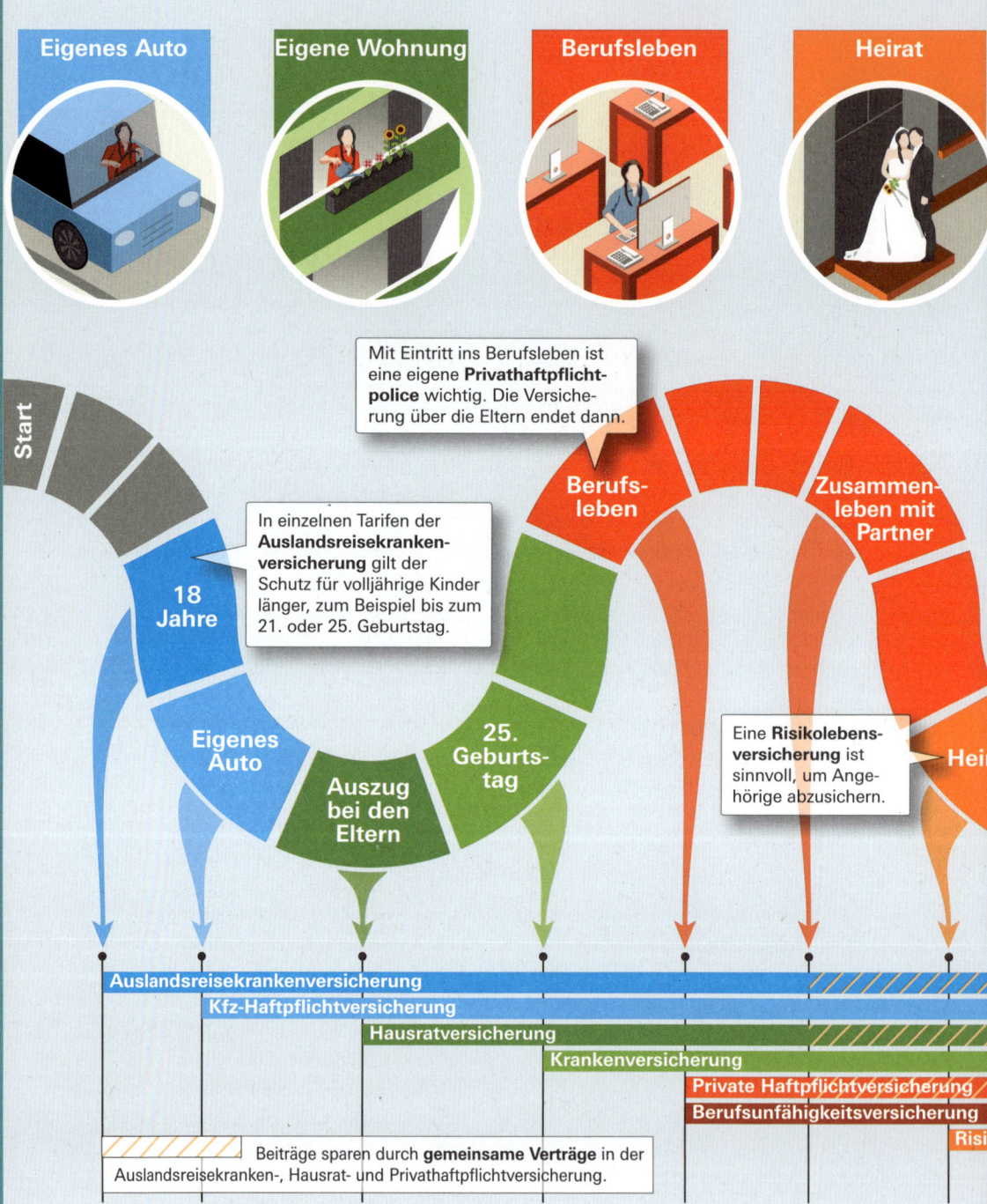

Eigenes Auto

Eigene Wohnung

Berufsleben

Heirat

Start

Mit Eintritt ins Berufsleben ist eine eigene **Privathaftpflicht-police** wichtig. Die Versicherung über die Eltern endet dann.

In einzelnen Tarifen der **Auslandsreisekranken-versicherung** gilt der Schutz für volljährige Kinder länger, zum Beispiel bis zum 21. oder 25. Geburtstag.

18 Jahre

Eigenes Auto

Auszug bei den Eltern

25. Geburts-tag

Berufs-leben

Zusammen-leben mit Partner

Eine **Risikolebens-versicherung** ist sinnvoll, um Angehörige abzusichern.

Heir

Auslandsreisekrankenversicherung

Kfz-Haftpflichtversicherung

Hausratversicherung

Krankenversicherung

Private Haftpflichtversicherung

Berufsunfähigkeitsversicherung

Risi

Beiträge sparen durch **gemeinsame Verträge** in der Auslandsreisekranken-, Hausrat- und Privathaftpflichtversicherung.

Versicherungs-Check. Passen Ihre Versicherungen zu Ihrem Leben? Lesen Sie, was nötig ist, und geben Sie nicht zu viel aus.

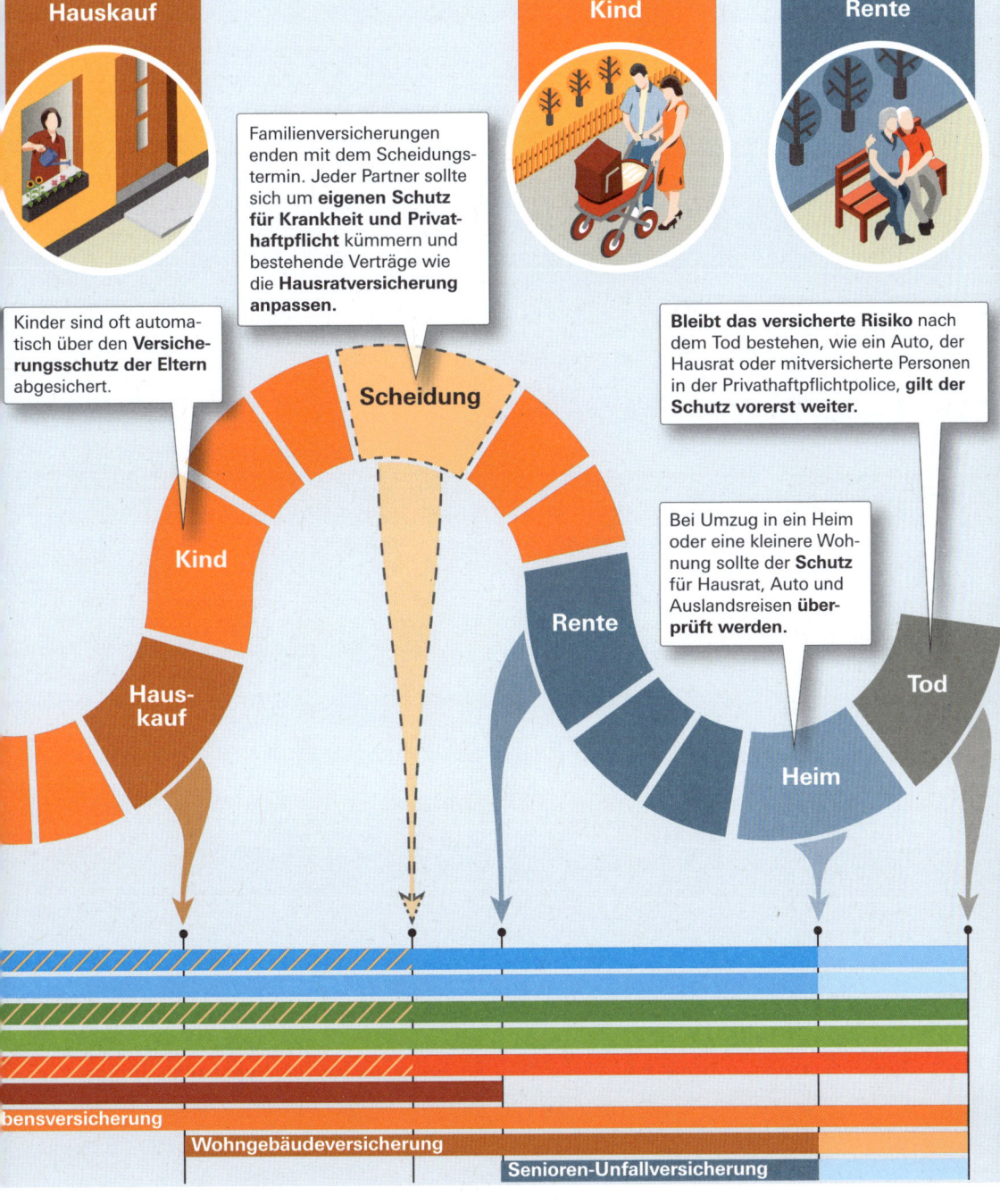

Hauskauf

Kind

Rente

Familienversicherungen enden mit dem Scheidungstermin. Jeder Partner sollte sich um **eigenen Schutz für Krankheit und Privathaftpflicht** kümmern und bestehende Verträge wie die **Hausratversicherung anpassen.**

Kinder sind oft automatisch über den **Versicherungsschutz der Eltern** abgesichert.

Bleibt das versicherte Risiko nach dem Tod bestehen, wie ein Auto, der Hausrat oder mitversicherte Personen in der Privathaftpflichtpolice, **gilt der Schutz vorerst weiter.**

Scheidung

Bei Umzug in ein Heim oder eine kleinere Wohnung sollte der **Schutz** für Hausrat, Auto und Auslandsreisen **überprüft werden.**

Kind

Rente

Haus-kauf

Tod

Heim

...bensversicherung

Wohngebäudeversicherung

Senioren-Unfallversicherung

Wir sind eine Familie!
Sicherheit für Kind und Eltern

Ein Kind stellt das bisherige Leben auf den Kopf. Passend zur Geburt sollten Eltern auch den Versicherungsschutz anpassen.

Sobald Sohn oder Tochter auf der Welt sind, steigt schlagartig Ihre Verantwortung. Sie müssen sich zum Beispiel Gedanken darüber machen, was passiert, falls Ihnen etwas zustößt.

Eine Risikolebensversicherung sollte deshalb in keiner Familie fehlen, in der Kinder und/oder Ehe- oder Lebenspartner abzusichern sind. Die gesetzliche Rentenversicherung zahlt zwar Hinterbliebenenrenten, aber auf Dauer dürfte dieses Geld allein nicht ausreichen.

Wichtig ist die private Risikoabsicherung vor allem für den Hauptverdiener der Familie. Aber auch eine Mutter, die beispielsweise nach der Geburt ihrer Tochter beruflich kürzer tritt, sollte ausreichend abgesichert sein: Stößt ihr etwas zu, kann der Vater seinen Beruf womöglich nicht mehr so ausüben wie vorher, damit das Kind nicht zu kurz kommt.

Oder: Er arbeitet weiter wie bisher, muss aber dauerhaft jemanden beschäftigen, der die Kinderbetreuung übernimmt. Auch das kostet Geld, sodass die Auszahlung aus der Risikolebensversicherung eine große Erleichterung bedeutet. Die Versicherungs-summe sollte etwa das Drei- bis Fünffache des Jahreseinkommens betragen.

Besonders wichtig ist eine Versicherung für den Todesfall vor allem dann, wenn noch Kredite zurückzuzahlen sind – zum Beispiel für das Eigenheim. Ein Darlehen in dieser Größenordnung sollten Familien mithilfe einer sogenannten Restschuldversicherung absichern. Hierbei handelt es sich um eine Sonderform der Risikolebensversicherung: Die Versicherungssumme bleibt nicht konstant, sondern fällt parallel zur Restschuld.

Das benötigen Eltern unbedingt

Auch andere Verträge sollten Sie zur Geburt eines Kindes prüfen und den Schutz gegebenenfalls erhöhen. Die Berufsunfähigkeitsversicherung ist weiterhin sehr wichtig – umso mehr, da die gesetzliche Erwerbsminderungsrente wahrscheinlich nicht reichen wird, um davon den Erwerbsunfähigen selbst, seinen Partner und ein oder mehrere Kinder zu ernähren. Nutzen Sie deshalb die Möglichkeit, bei besonderen Ereignissen wie der Geburt eines Kindes Ihre Berufsunfähigkeitsrente um eine bestimmte Summe aufzustocken: Bei vielen Versicherern ist das möglich, ohne dass Sie dafür erneut Gesundheitsfragen beantworten müssen.

Der Vorteil: Wenn Sie in der Zeit seit dem ersten Vertragsabschluss eine neue Krankheit bekommen haben, kann der Versicherer dafür keinen Risikozuschlag verlangen oder die Leistungserhöhung ablehnen. Erkundigen Sie sich nach den Bedingungen für die Nachversicherung und erhöhen Sie die Rente in dem Umfang, den Ihre neue Familiensituation erforderlich macht.

Gesetzliche Krankenversicherung – für Angehörige oft kostenlos

In der Krankenversicherung gilt: Kinder können über ihre Eltern beitragsfrei mitversichert werden, wenn diese gesetzlich krankenversichert sind. Sie sind dann zum Beispiel kostenlos Mitversicherte über die Krankenkasse ihrer Mutter.

Sind beide Elternteile privat krankenversichert, kann das Kind entweder allein freiwillig in einer gesetzlichen Krankenkasse oder auch privat krankenversichert werden – allerdings ist das dann nicht kostenlos. Die Höhe der Beiträge für den privaten Schutz richtet sich unter anderem danach, ob die Eltern Anspruch auf Beihilfe ihres Dienstherren haben oder ob sie die Kinder komplett privat absichern müssen.

Etwas komplizierter sind die Regeln, wenn ein Elternteil privat, der andere Elternteil gesetzlich krankenversichert ist.

Beispiel: Katrin Henschel hat ein Einkommen von 35 000 Euro im Jahr und ist gesetzlich krankenversichert. Ihr Mann Thomas verdient 57 000 Euro im Jahr und ist privat versichert. Da Thomas Henschel mehr verdient als seine Frau und sein Ein-

Checkliste

Versicherungsbedarf für Eltern und Kinder

Unbedingt notwendig oder sehr zu empfehlen sind:

- ☐ Privathaftpflichtversicherung
- ☐ Kranken- und Pflegeversicherung
- ☐ Risikolebensversicherung
- ☐ Berufsunfähigkeitsversicherung
- ☐ Kfz-Haftpflichtversicherung für Autofahrer
- ☐ Auslandsreise-Krankenversicherung
- ☐ Kinderinvaliditätsversicherung
- ☐ Je nach Lebenssituation weiterer Schutz, zum Beispiel Wohngebäudeversicherung für die eigene Immobilie sowie zusätzliche Haftpflichtverträge, etwa für die Absicherung eines Öltanks oder von Bauvorhaben

Die Familie absichern
Kinderwagen, Kindersitz,
Windeln — und Versicherungen:
Mit dem ersten Kind ändert
sich der Bedarf.

kommen zudem oberhalb der Versicherungspflichtgrenze (2015: 54 900 Euro) liegt, können die Eltern ihren Sohn Fabian nicht mehr beitragsfrei in der Krankenkasse von Frau Henschel versichern.

Entweder sie versichern Fabian als freiwilliges Mitglied in der gesetzlichen Krankenkasse. Dann kostet der Schutz je nach Krankenkasse den Mindestbeitrag von etwa 140 im Monat. Oder sie schließen auch für ihn privaten Versicherungsschutz ab.

→ Trauschein als Hindernis

Im genannten Beispiel ist der Trauschein für Fabians Eltern ein Hindernis für die Mitversicherung in der gesetzlichen Krankenkasse: Wären sie nicht verheiratet, könnte die gesetzlich versicherte Mutter Karin Sohn Fabian kostenlos mitversichern. Ohne Hochzeit der Eltern spielt es keine Rolle, dass der Vater privat versichert ist und mehr verdient als die Mutter.

Zusatzversicherungen extra

Um den Schutz der gesetzlichen Krankenversicherung zu ergänzen, können Eltern für sich, aber auch für die Kinder jeweils private Krankenzusatzversicherungen abschließen, zum Beispiel eine Zusatzversicherung, die Heilpraktikerleistungen übernimmt, oder einen Vertrag für kieferorthopädische Behandlungen. Je früher sie diese Verträge abschließen, desto günstiger ist der Schutz.

Der frühe Vertragsabschluss lohnt sich auch, wenn Sie als Erwachsener für den Ernstfall „Pflege" mit einer privaten Zusatzversicherung vorsorgen wollen. Das Risiko der Pflegebedürftigkeit erscheint mit Mitte 30 oder Anfang 40 noch weit weg, doch aus den Augen verlieren sollten Sie das Problem nicht. Denn wenn Sie erst mit Anfang oder Mitte 60 beginnen, beispielsweise in eine private Pflegetagegeldversicherung einzuzahlen, müssen Sie mit viel höheren Beiträgen rechnen als bei einem Vertragsabschluss mit 45.

Zum finanziellen Schutz vor schwerwiegenden Erkrankungen und vor schweren Unfallfolgen bei Ihren Kindern kommen eine Kinderinvaliditäts- oder gegebenenfalls noch eine Kinderunfallversicherung infrage. Was diese Verträge bieten, lesen Sie ausführlicher unter „Invaliditätsschutz für Kinder" ab S. 112.

Eine Haftpflichtpolice für die ganze Familie

Auch die Privathaftpflichtversicherung bleibt Pflichtprogramm. Kinder sind automatisch über die Versicherung ihrer Eltern geschützt, sicherheitshalber sollten Sie aber den Versicherer informieren, wenn ein neues Familienmitglied geboren wird. Sind die Eltern nicht verheiratet und haben beide einen eigenen Vertrag, genießt das Kind über beide Verträge Schutz.

Allerdings sollten Sie sich bewusst machen, dass Sie gerade in den ersten Jahren nach der Geburt womöglich kein Geld vom Versicherer bekommen, wenn Ihr Kind dann etwas anstellt: Da Kinder unter sieben Jahren deliktunfähig sind (im Straßenverkehr unter zehn Jahren), haften sie nicht für Schäden, und auch die Eltern haften nicht, wenn sie ihren Aufsichtspflichten nachgekommen sind. Die Haftpflichtversicherung der Familie kommt deshalb nur dann bis zu einer bestimmten Grenze für Schäden auf, wenn deliktunfähige Kinder ausdrücklich in den Versicherungsschutz eingeschlossen sind. Wollen Sie unangenehme Situationen im Freundeskreis oder in der Nachbarschaft vermeiden, sollten Sie das bei Ihrer Haftpflichtversicherung berücksichtigen (mehr im Abschnitt „Manche Extras lohnen sich" auf S. 62).

Die Haftpflichtversicherung gilt in der Regel so lange auch für die Kinder, bis diese ihre erste Ausbildung abschließen.

Sparpotenziale nutzen

Sparen können Sie bei der finanziellen Vorsorge für Ihre Kinder, wenn Sie auf Verträge wie etwa eine Ausbildungsversicherung verzichten. Ein solcher Vertrag kombiniert wie Kapitallebensversicherungen Sparen und Risikoschutz. Sterben Sie, zahlt der Versicherer die vertraglich vereinbarten Beiträge weiter ein, sodass dem Kind zum Ablauf des Vertrags, zum Beispiel zum 18. Geburtstag, die vereinbarte Versicherungssumme zur Verfügung steht.

Günstig ist ein solcher Vertrag nicht. Bevor Eltern oder gar Großeltern ihn unterschreiben, sollten sie nach Alternativen schauen, um auf andere Weise ein Polster für die spätere Ausbildung oder das Studium aufzubauen. Besser ist es in der Regel, Sparen und Risikoschutz zu trennen.

Eine Risikolebensversicherung, die im Fall Ihres Todes Geld auszahlt, ist für wenige Hundert Euro im Jahr zu haben und sollte sowieso in keiner Familie fehlen. Wenn Sie zusätzlich Geld in einen Sparplan einer Bank einzahlen, ergibt sich nach 18 Jahren auch eine stattliche Summe, mit der Ihr

Sohn oder Ihre Tochter zu Ausbildungsbeginn einiges anfangen kann.

Beispiel: Udo Schneider zahlt für Sohn Luca monatlich 100 Euro in einen Sparplan ein. Selbst wenn er nur 2 Prozent Zinsen erhält, ergibt sich nach 18 Jahren eine Summe von knapp 26 000 Euro.

Legt Udo Schneider das Geld gleich auf den Namen von Luca an, ist außerdem die Chance groß, dass für die Kapitalerträge keine Steuern anfallen. Denn auch Kinder haben Anspruch auf mehrere Steuerfreibeträge, sodass die Zinsen aus dem Sparvertrag allein noch keine Zahlungen ans Finanzamt auslösen.

Genauso gilt: Schließen Sie keine Unfallversicherung mit Beitragsrückgewähr ab. Der Risikoschutz bei solchen Verträgen ist in der Regel zu gering, die Beiträge sind im Verhältnis zu hoch.

Gut geschützt im Rentenalter

Spätestens wenn Ihr Ruhestand kurz bevorsteht, ist der nächste Zeitpunkt erreicht, bestehenden Versicherungsschutz zu prüfen.

Die gute Nachricht: Sobald Sie in den Ruhestand eintreten und nicht mehr von Ihrem Arbeitseinkommen leben müssen, fällt mit den Beiträgen für die Berufsunfähigkeitsversicherung ein großer Posten weg, der das Haushaltsbudget belastet. Den Schutz, der den Verlust der Arbeitskraft absichert, benötigen Rentner nicht mehr. Auch eine Krankentagegeldversicherung können Sie kündigen, wenn Sie das Risiko Verdienstausfall vorher privat versichert hatten.

Dagegen bleibt es im Rentenalter aber dabei, dass kein Haushalt ohne den Schutz der Privathaftpflichtversicherung sein sollte. Auch die Krankenversicherung bleibt Begleiter im Ruhestand.

Die Entscheidung, ob gesetzlicher oder privater Versicherungsschutz, ist schon während des Berufslebens gefallen. Ab dem 55. Lebensjahr kommen privat Versicherte in der Regel nicht mehr in das System der gesetzlichen Krankenkasse zurück. Steigen die Beiträge für Ihre private Versicherung, bleibt Ihnen dann nur noch die Möglichkeit, bei Ihrem aktuellen Versicherer etwas zu ändern, um Beiträge zu sparen.

Sie können zum Beispiel versuchen, bei Ihrem Versicherer in einen gleichwertigen, aber etwas günstigeren Tarif zu wechseln,

Leistungen abspecken, den Selbstbehalt erhöhen oder in den Standardtarif für Rentner wechseln. Dann rutschen Sie allerdings vom Leistungsniveau eines Privatversicherten in etwa hinab auf das Niveau eines gesetzlich Krankenversicherten. Denn die Leistungen in diesem Spezialtarif für Ältere entsprechen ungefähr denen der gesetzlichen Krankenkassen.

Auch ein Wechsel zu einem anderen privaten Versicherer kommt in aller Regel allein schon aus Kostengründen nicht mehr infrage – wenn Sie überhaupt einen Vertrag bekommen würden.

Checkliste

Versicherungsbedarf für Rentner

Unbedingt notwendig oder sehr zu empfehlen sind:

- ☐ Privathaftpflichtversicherung
- ☐ Kranken- und Pflegeversicherung
- ☐ Auslandsreise-Krankenversicherung für gesetzlich Krankenversicherte
- ☐ Kfz-Haftpflichtversicherung für Fahrzeughalter
- ☐ Je nach Lebenssituation weiterer Schutz, zum Beispiel Wohngebäudeversicherung für Immobilienbesitzer sowie weitere Haftpflichtverträge für Öltank oder Tierhalterhaftpflicht für Hundehalter

→ Kassenpatienten haben eine Wechselchance

Wenn Sie gesetzlich krankenversichert sind, bleiben Ihnen mehr Spielräume: Sie haben unabhängig vom Alter das Recht, in eine andere Krankenkasse zu wechseln. Die neue Kasse muss Sie aufnehmen, ganz gleich ob Sie alt sind oder Vorerkrankungen haben. Nutzen Sie diese Möglichkeit, wenn Ihnen Ihre bisherige Kasse zu teuer wird, Sie unzufrieden über den Service oder verweigerte Leistungen sind. Wie Sie eine passende Kasse finden und was beim Wechsel noch zu beachten ist, lesen Sie im Kapitel „Die gesetzliche Krankenversicherung" ab S. 76.

Absicherung für den Pflegefall

Neben der Krankenversicherung gewinnt mit zunehmendem Alter auch die Frage nach der Absicherung für den Pflegefall an Bedeutung: Wie geht es weiter, wenn allein nichts mehr geht? Wer zahlt für Pflegedienst oder Heimaufenthalt?

Besser ist es natürlich, wenn diese Fragen nicht erst mit Ruhestandsbeginn in den Familien besprochen werden. Denn je später Sie sich um den passenden Versicherungsschutz für diesen Fall kümmern, desto teurer wird er. Zwar können viele Verträge über private Zusatzversicherungen zumindest noch im Alter von 65 oder 70 Jahren abgeschlossen werden, günstig sind sie aber nicht mehr. Will eine heute 65-jährige Frau eine Pflegetagegeldversicherung abschließen, muss sie meist deutlich mehr zahlen als eine 55- oder gar eine 45-jährige.

Ähnlich sieht es aus, wenn Ältere private Krankenzusatzversicherungen abschließen wollen. Beispiel Auslandsreise-Krankenversicherung: Je nach Tarif muss beispielsweise eine 66- oder 71-jährige Frau für einen Jahresvertrag deutlich mehr zahlen als eine Jüngere, die den Schutz problemlos für unter 10 Euro im Jahr bekommen kann.

→ Vor der Unterschrift auf die Altersgrenzen achten

Der Reiseschutz wird teurer zum Beispiel für Kunden im Alter von 60, 65 oder 70 Jahren. Die Versicherer kalkulieren die Beiträge zur Auslandsreise-Krankenversicherung für ältere Kunden unterschiedlich und ziehen eine oder auch mehrere Altersstufen ein. Achten Sie auf die jeweiligen Grenzen, denn so können Sie eventuell weiter sparen.

Besondere Angebote für das Alter

Dass die Generation 55- oder 60plus für die Versicherungsunternehmen eine interessante Zielgruppe ist, lässt sich auch daran erkennen, dass sich die Versicherer besondere Produkte für diese Jahrgänge haben einfallen lassen.

So bieten sie spezielle Unfallversicherungen für Ältere an, die nach einem Unfall für diverse Hilfeleistungen aufkommen. Ein solches Angebot kann interessant sein, besonders wenn keine Angehörigen in der Nähe wohnen, die beispielsweise nach einem folgenschweren Sturz den Einkauf oder verschiedene Aufgaben im Haushalt übernehmen können. Vor Vertragsabschluss sollten Sie aber unbedingt auf die Leistungen achten, denn sonst ärgern Sie sich womöglich, wenn der Versicherer nicht wie erhofft für die erbrachten Hilfeleistungen zahlt, sondern beispielsweise nur bestimmte Dienstleistungen vermittelt (mehr dazu ab S. 111 im Abschnitt „Besonderes Angebot für Senioren").

Eine Sterbegeldversicherung, die die Versicherer Rentnern gern verkaufen, ist hingegen nicht zu empfehlen. Es gibt günstigere Methoden als diesen Vertrag, um das finanzielle Polster für die eigene Beerdigung anzusparen. Beiträge für eine solche Versicherung sollten Sie sich sparen.

Sparpotenziale nutzen

Prüfen Sie rund um den Termin des Eintritts in den Ruhestand, ob Sie mit kleinen

Veränderungen an bestehenden Versicherungsverträgen Beiträge sparen können.

▶ **Beispiel Kfz-Versicherung:** Fällt der tägliche Weg zum Arbeitsplatz weg, sinkt häufig die Zahl der im Jahr mit dem eigenen Wagen zu fahrenden Kilometer. Und wenn Sie Ihrem Autoversicherer diese niedrigere Kilometersumme mitteilen, besteht die Chance, dass Ihr Beitrag für die Autoversicherung sinkt.

▶ **Beispiel Hausratversicherung:** Falls Sie nach dem Auszug der Kinder in eine kleinere Wohnung ziehen und Ihren Hausrat verkleinern, reicht auch eine niedrigere Versicherungssumme für die Hausratversicherung aus.

Spezielle Seniorentarife wählen?

Sparpotenzial besteht unter Umständen auch allein aufgrund des Lebensalters: Manche Versicherer werben mit speziellen Seniorentarifen, die günstiger sind als ihre Normaltarife. Solche Angebote gibt es zum Beispiel in der Privathaftpflicht- oder der Rechtsschutzversicherung.

Vor Abschluss eines solchen Tarifs sollten Sie allerdings prüfen, welche Leistungen dort enthalten sind. Bietet der Tarif immer noch den Schutz, den Sie sich wünschen, oder verstecken sich hinter dem niedrigeren Beitrag auch Einschnitte bei den Leistungen?

Nachfragen beim Versicherungsvermittler empfiehlt sich hier allemal. Auch der Preisvergleich mit den Angeboten anderer Versicherungsgesellschaften lohnt sich: Selbst wenn Ihr Versicherer einen Altersrabatt bietet, kann es bei anderen Versicherern günstigere Angebote geben – auch ohne Rabatt.

Ab ins Ausland?

Wollen Sie im Ruhestand länger verreisen, vielleicht im Ausland überwintern oder Ihren Wohnsitz auf Dauer verlegen? Sprechen Sie frühzeitig mit Ihrer gesetzlichen Krankenkasse und Ihren privaten Versicherern: Reicht zum Beispiel der bestehende Jahresvertrag für eine Auslandsreise-Krankenversicherung aus, um die Kinder und Enkel für zwei Monate in Kanada zu besuchen, oder ist eine spezielle Absicherung für die Einzelreise notwendig? Wie können Sie Ihre Wohnung in der Toskana absichern, in der Sie den Herbst verbringen wollen, und wie sind Sie krankenversichert, wenn Sie für immer an die dänische Küste ziehen?

Schäden bei anderen

Schon eine Unachtsamkeit kann gravierende Folgen haben: Wenn Sie jemanden schädigen, haften Sie dafür. Ohne den passenden Versicherungsschutz kann das zu einer enormen finanziellen Belastung werden.

Eine unbedachte Bewegung, und schon ergießt sich Ihr Rotwein über das helle Sofa Ihres Gastgebers. Oder deutlich schlimmer: Auf dem Weg zum Sport übersehen Sie als Radfahrer eine Fußgängerin und verletzen sie schwer.

Bereits eine kleine Unachtsamkeit kann zu einer finanziellen Belastungsprobe werden, denn wenn Sie Schäden bei anderen verursachen, haften Sie dafür. So gibt es das Bürgerliche Gesetzbuch vor. Das heißt am Beispiel des Radfahrers: Stürzt die Fußgängerin so unglücklich, dass sie fortan einen Rollstuhl benötigt, muss er als Unfallverursacher für sämtliche Ausgaben aufkommen. Dazu gehören Schmerzensgeld und Be-

handlungskosten, die die Krankenkasse der Verletzten von ihm zurückverlangt. Bleibt die Passantin invalide und kann nicht mehr arbeiten, muss er auch für eine Rente aufkommen. Um sich gegen derartige Schadenersatzforderungen zu wappnen, sollte in keinem Haushalt eine private Haftpflichtversicherung fehlen.

Bei manchen Schäden hilft aber auch die Privathaftpflichtversicherung nicht weiter. Um Extraschutz müssen Sie sich beispielsweise kümmern, wenn Sie eine Immobilie vermieten oder ein Hund zu Ihrem Haushalt gehört. Und natürlich brauchen Sie eine Kfz-Haftpflichtversicherung, wenn Sie ein Fahrzeug halten.

Ein Muss: Die Privathaft-
pflichtversicherung

Für deutlich unter 100 Euro im Jahr bietet eine Privathaftpflichtversicherung die Sicherheit, um sich gegen Schadenersatzansprüche zu schützen. Sie gehört in jeden Haushalt.

Gesetzlich vorgeschrieben ist die Privathaftpflichtversicherung nicht, doch sie ist unverzichtbar, um sich zu schützen für die wirklich schweren Fälle, in denen zum Beispiel ein Mensch verletzt wird oder hoher Sachschaden entsteht. Doch auch kleinere Schäden, die weitaus häufiger vorkommen, können ohne Haftpflichtvertrag finanziell sehr unangenehm werden. Es gibt Sicherheit, zu wissen, dass der Haftpflichtversicherer einspringen würde, zum Beispiel wenn

▶ Sie versehentlich im Zug das Notebook eines Mitreisenden vom benachbarten Tisch reißen.

▶ Ihr achtjähriger Sohn beim Spielen ein abgestelltes Fahrrad umstößt, das dann gegen ein parkendes Auto fällt und dieses beschädigt.

▶ Sie sich aus Versehen auf die Brille eines Freundes setzen.

Die Opfer der Missgeschicke bekommen die Kosten für eine Reparatur ersetzt. Müssen neue Gegenstände angeschafft werden, erstattet der Versicherer allerdings nur den Zeitwert der beschädigten Güter. Das ist zum Beispiel bei der Hausratversicherung anders, denn diese erstattet im Schadensfall den Neuwert.

Unbegründete Schadenersatzansprüche wehrt der Haftpflichtversicherer jedoch ab: Er prüft zum Beispiel, ob Ihnen tatsächlich der alleinige Vorwurf zu machen wäre, wenn Sie im Zug ein fremdes Notebook vom Tisch reißen würden, oder ob Sie quasi gar nicht anders konnten, weil Ihr Nachbar den Rechner so platziert hatte, dass er bei kleinster Erschütterung vom Tisch fallen musste. Kommt es zu einer rechtlichen Auseinandersetzung, führt der Haftpflichtversicherer den Prozess und trägt die Kosten dafür.

Das sollte der Vertrag bieten

Sie sollten mit Ihrem Haftpflichtversicherer eine Versicherungssumme von mindestens 5 Millionen Euro pauschal für Personen- und Sachschäden vereinbaren. Wer noch einen Vertrag hat, der vor vielen Jahren abgeschlossen wurde, überprüft am besten, welche Versicherungssumme damals festgelegt wurde, und erhöht sie gegebenenfalls.

Auch abseits der Versicherungssumme lohnt es sich, einen Vertrag, den Sie vor über fünf Jahren abgeschlossen haben, an die heutige Zeit anzupassen. Denn heute bieten viele Tarife deutlich umfangreichere Leistungen als früher. Allerdings gilt hier wie bei vielen Versicherungen: Vergleichen Sie die Angebote. Denn die Tarife sind zum Teil ganz unterschiedlich gestaltet.

Es gibt bestimmte Lebenssituationen, in denen die Haftpflichtversicherung unabhängig vom Tarif immer Schutz bietet, zum Beispiel, wenn Sie als Fußgänger oder Radfahrer am Straßenverkehr teilnehmen und einen Schaden verursachen. Auch für Urlaubsreisen ins Ausland gilt der Schutz der deutschen Privathaftpflichtversicherung: Wer also etwa beim Skifahren in Österreich jemand anders zu Fall bringt und für dessen

Die Besten im Test

Der letzte Test ergab: Die beste Absicherung für Familien bieten die Tarife XXL der Interrisk, Komfort und Komfort Vital der Helvetia (jeweils mit Baustein Plus) und Komfort der Asstel. Sie kosten zwischen 96 und 118 Euro im Jahr. Nur 48 Euro kostet der ebenfalls sehr gute Exclusiv Fair Play von Schwarzwälder Direkt.

kaputte Ausrüstung und medizinische Versorgung aufkommen muss, kann sich an seinen deutschen Haftpflichtversicherer wenden.

Doch so eindeutig sind die Regelungen nicht in jeder Situation. Wir haben für unsere Untersuchungen der privaten Haftpflichtversicherung deshalb einen Grundschutz definiert – einen Leistungskatalog, den die Haftpflichttarife mindestens bieten sollten. Zum Grundschutz gehört zum Beispiel, dass Mietsachschäden bis mindestens 500 000 Euro abgesichert oder dass Schäden durch häusliche Abwässer mit bis zu 5 Millionen Euro versichert sind (siehe Checkliste „Dieser Grundschutz muss sein", S. 63).

Erst seit einigen Jahren gehört auch zum Grundschutz, dass Schäden an fremden Computern, die etwa durch unbeabsichtigt übertragene Computerviren entstanden sind, bis zu einer Höhe von mindestens 50 000 Euro versichert sein sollten. Gerade wenn Sie einen sehr alten Vertrag haben, könnte diese Leistung dort nicht genannt sein. Zwar gilt in dem Fall: Leistungen, die nicht ausdrücklich vom Versicherungsschutz ausgeschlossen sind, muss der Versicherer übernehmen. Es kann aber sein, dass er sich erst einmal weigert, einzuspringen. Wenn Sie es nicht auf eine lange Auseinandersetzung ankommen lassen wollen, suchen Sie sich lieber einen neuen Tarif aus, der diese Leistung ausdrücklich beinhaltet.

Härtetest unter Freunden
Packen die Freunde beim Umzug mit an, kann es gut sein, dass der Versicherer nicht zahlt, wenn einer der Helfer etwas beschädigt.

Manche Extras lohnen sich

Zusätzlich zu den Leistungen des Grundschutzes bieten die Versicherungsunternehmen in ihren Tarifen zahlreiche weitere Leistungen an – mal mehr, mal weniger. Viele Versicherer arbeiten mit unterschiedlichen Leistungspaketen zu unterschiedlichen Preisen. Je mehr darin enthalten ist, desto teurer wird es in der Regel.

Viele Kunden brauchen nicht alles, was an Zusatzleistungen angeboten wird. Wer nie in seinem Leben surfen wird, benötigt auch keinen Schutz für den Gebrauch eines Surfbretts. Trotzdem: Einige dieser Zusatzleistungen können je nach Lebenssituation besonders wertvoll sein, weil Sie so vermeiden, dass etwa der Nachbarschaftsfrieden oder eine Freundschaft aufs Spiel gesetzt werden, nur weil die Versicherung die Kosten für Schäden nicht übernimmt.

Deshalb kann es sich lohnen, einen Tarif abzuschließen, der etwas teurer ist, dafür aber vor besonderen Alltagsrisiken schützt, wie folgende Beispiele zeigen:

▶ **Deliktunfähige Kinder:** Die Fünfjährige will ihren Puppenwagen unbedingt an einem Fahrrad vorbeischieben. Doch sie schafft es nicht und bleibt hängen. Das Rad fällt um und beschädigt das geparkte Auto der netten Nachbarin. Das Problem: Kinder unter sieben Jahren sind deliktunfähig – im Straßenverkehr unter zehn Jahren. Das heißt, sie haften nicht für Schäden, die sie verursachen. Eltern haften in solchen Fällen nur, wenn sie ihre Aufsichtspflicht verletzt haben. Ist den Eltern kein Vorwurf zu machen, muss auch die Haftpflichtversicherung des fünfjährigen Mädchens beziehungsweise die seiner Familie nicht für den Schaden aufkommen. Die Nachbarin bleibt auf den Reparaturkosten sitzen, und den Eltern des Mädchens bleibt ein sehr ungutes Gefühl. Eltern kleiner Kinder sollten daher darauf achten, dass ihre Versicherung Schäden durch deliktunfähige Kinder einschließt. Denn einige Versicherer zahlen trotzdem und übernehmen Schä-

Dieser Grundschutz muss sein

Die folgenden Leistungen sollte ein Angebot für die Privathaftpflichtversicherung neben der pauschalen Versicherungssumme von 5 Millionen Euro für Personen- und Sachschäden enthalten. Ohne weitere Angabe sollten die entsprechenden Schäden bis zur vollen Versicherungssumme abgesichert sein:

☐ **Allmählichkeitsschäden:** Schäden, die etwa durch Feuchtigkeit oder Ruß mit der Zeit entstehen. Treffen Sie zum Beispiel beim Bohren eine Wasserleitung und die Feuchtigkeit wird erst später in der Nachbarwohnung sichtbar, zahlt der Versicherer.

☐ **Computer:** Schäden, zum Beispiel durch unbeabsichtigt übertragene Viren, müssen zumindest mit bis zu 50 000 Euro versichert sein.

☐ **Häusliche Abwässer:** Schäden, die beispielsweise durch ein geplatztes oder verstopftes Rohr angerichtet wurden, sollten versichert sein.

☐ **Hüten fremder Hunde/Pferde:** Schäden, die entstehen, wenn Sie auf den Hund von Freunden aufpassen, sollten abgesichert sein.

☐ **Lagerung gewässergefährdender Substanzen:** Der Versicherer kommt für Kosten auf, die durch die Verschmutzung von Gewässern oder Grundwasser durch gewässerschädigende Stoffe, etwa im Keller aufbewahrte Farbe, in haushaltsüblichen Mengen entstehen.

☐ **Mietsachschäden:** Schäden, die Versicherte in einer Miet-/Ferienwohnung anrichten, sollten bis mindestens 300 000 Euro gedeckt sein. Auch wenn Sie im Ausland eine Ferienwohnung mieten, sollte die Versicherung für Schäden dort zahlen.

☐ **Schutz im Ausland:** Er sollte während eines Aufenthalts bis zu drei Jahren in der EU und bis zu einem Jahr weltweit wie im Inland gelten.

☐ **Vorsorgeversicherung:** Ergibt sich nach Vertragsabschluss ein neues Risiko, etwa durch einen Öltank im neuen Haus, springt zunächst die Privathaftpflicht für Schäden ein. Sie sollten mit mindestens 3 Millionen Euro pauschal (50 000 Euro für Vermögensschäden) versichert sein.

den durch deliktunfähige Kinder – wenn auch nur bis zu einer begrenzten Höhe.

▸ **Schäden an gemieteten oder geliehenen Sachen:** Der Versicherte leiht sich von seinem Freund eine Bohrmaschine, um in der neuen Wohnung Lampen anzubringen. Er legt sie kurz auf dem Tisch ab. Als es an der Tür klingelt, stolpert er über das Kabel. Die Maschine fällt vom Tisch und geht kaputt. Der Haken: Der Versicherer muss nicht für den Schaden aufkommen, denn Schäden an gemieteten oder geliehenen Sachen fallen grundsätzlich nicht unter den Versicherungsschutz. Es gibt aber Versicherer, die trotzdem zahlen – zumindest bis zu einer bestimmten Höhe.

▸ **Gefälligkeitshandlungen:** Der Versicherte hilft seinem Nachbarn beim Umzug ins Eigenheim. Der Helfer hat sich zu viel zugemutet und lässt im neuen Treppenhaus des Nachbarn eine schwere Kiste fallen. Das Treppengeländer wird zerkratzt, mehrere der teuren Bodenfliesen bekommen einen Sprung. Die Schwierigkeit: Auch hier müsste der Versicherer des Umzugshelfers nicht einspringen. Denn in so einer Situation wird meist von einem „stillschweigenden Haftungsausschluss" ausgegangen. Das bedeutet, dass der Umziehende keinen Anspruch darauf hat, dass seine Helfer ihm einen etwaigen Schaden ersetzen. Das ist ärgerlich, gerade wenn es dann unter Freunden zum Streit ums Geld kommt. Gut dran ist dann der Umzugshelfer, dessen Haftpflichtversicherung trotz des Haftungsausschlusses einspringt – zumindest bei Schäden bis zu einer bestimmten Höhe.

→ **Nachbessern kann sich lohnen**

Wenn im Haftpflichtschutz gewünschte Extraleistungen fehlen, ist es häufig möglich, beim aktuellen Versicherer einen leistungsstärkeren Tarif abzuschließen.

ⓘ **Eltern haften für ihre Kinder:** Dieses Schild findet man häufig. Doch so einfach ist es nicht. Verursacht ein Kind unter sieben Jahren einen Schaden, haftet es nicht selbst dafür – und seine Eltern auch nur, wenn ihnen der Vorwurf zu machen ist, dass sie ihre Aufsichtspflicht verletzt haben. Nur wenn sie haften, zahlt die Haftpflichtversicherung. Ob eine Verletzung der Aufsichtspflicht vorliegt, hängt aber vom Einzelfall ab.

Günstige Gelegenheit?

Sehr gute und leistungsstarke Privathaftpflichtversicherungen für eine Familie gibt es für weniger als 100 Euro im Jahr. Senioren oder auch Singles können sich häufig über einen speziellen Tarif noch günstiger versichern. Selbst wenn diese Spezialtarife bei dem jeweiligen Versicherer preiswerter sind als andere Angebote, heißt das aber nicht automatisch, dass sie auch insgesamt günstiger als normale Tarife anderer Versicherer sind. Hier lohnt es sich, zusätzlich auf die Leistungen zu gucken und diese mit den Angeboten anderer Versicherer zu vergleichen.

Beiträge können Sie meist sparen, wenn Sie mit dem Versicherer einen Selbstbehalt vereinbaren, zum Beispiel von 150 Euro je Schadensfall. Dadurch lassen sich die Beiträge unter Umständen etwas senken. Aber bedenken Sie: Mehrere kleine Schäden sind wahrscheinlicher als ein großer, sodass der Beitragsvorteil dann häufig schnell aufgebraucht ist.

Selbst als Geschädigter

Selbst eine Haftpflichtversicherung zu haben ist wichtig. Doch was, wenn zum Beispiel ein Inline-Skater Sie umfährt und zu Fall bringt, aber keinen Haftpflichtschutz hat und selbst zahlungsunfähig ist?

Dann ist es hilfreich, wenn Ihr eigener Vertrag eine Forderungsausfalldeckung enthält: Unter Umständen springt Ihre Versicherung dann ein, vorausgesetzt, es handelt sich um einen größeren Schaden (über 2 500 Euro). Bevor Ihr Versicherer zahlt, müssen Sie aber alle rechtlichen Möglichkeiten ausschöpfen, um Geld vom Schadenverursacher zu erhalten.

Ein Vertrag für die ganze Familie

Über eine Privathaftpflichtversicherung kann sich eine Person allein schützen oder auch eine ganze Familie. Kinder sind über den Vertrag ihrer Eltern mit geschützt. Der Schutz gilt in der Regel so lange, bis die Kinder ihre Ausbildung abgeschlossen haben, sofern sie noch nicht verheiratet sind.

Auch ohne Kinder können sich Ehepartner über einen gemeinsamen Vertrag schützen: Heiratet ein Paar und hatten beide Partner vorher jeweils einen einzelnen Vertrag, können sie den jüngeren Vertrag direkt kündigen.

Ein Vertrag für zwei? Das gilt auch, wenn Paare nicht heiraten, sondern erst mal nur zusammenziehen. In dem Fall ist es ebenfalls möglich, sich über einen gemeinsamen Vertrag abzusichern (mehr dazu unter „Endlich zu zweit", S. 42).

Entscheiden sich Lebensgefährten für einen gemeinsamen Vertrag, sparen sie Beiträge. Kommt es allerdings dazu, dass beispielsweise die Freundin das Handy ihres Partners fallen lässt, gibt es keinen Ersatz von der Versicherung. Schäden, die sich Partner, die gemeinsam über einen Vertrag versichert sind, gegenseitig zufügen, übernimmt der Privathaftpflichtversicherer nicht.

Zusätzlicher Haftpflichtschutz

Bei bestimmten Schäden reicht die Privathaftpflichtversicherung nicht aus. Dann benötigen Sie Zusatzverträge.

In bestimmten Lebensbereichen hilft Ihnen selbst der leistungsstärkste Tarif für eine Privathaftpflichtversicherung nicht. Hier einige Beispiele für zusätzlichen Schutz, der je nach Lebenssituation Pflicht oder zumindest sinnvoll ist:

▸ **Kfz-Haftpflicht:** Die Privathaftpflichtversicherung zahlt nicht für Schäden, die im Zusammenhang mit dem Führen eines Kraftfahrzeugs entstehen. Im Klartext: Wenn jemand mit dem Auto oder mit dem Motorrad unterwegs ist, benötigt er zusätzlich eine spezielle Haftpflichtversicherung. Sie ist für Fahrzeughalter sogar gesetzlich vorgeschrieben. Ausführliche Informationen zur Autoversicherung finden Sie unter „Unterwegs immer sicher" ab S. 141.

▸ **Tierhalterhaftpflicht:** Manche Haustiere wie Katzen, Vögel oder Meerschweinchen sind über die Privathaftpflichtversicherung mitversichert. Zerkratzt Ihre Katze die Tasche einer Besucherin, kommt die Privathaftpflicht dafür auf. Für Hunde gilt das nicht: Reißt sich der Vierbeiner los und bringt einen Inline-Skater zu Fall, kommt die Privathaftpflichtversicherung in der Regel nicht für den Schaden auf. Eine Tierhalterhaftpflichtversicherung würde aber zahlen. Eine solche Versicherung ist auch zuständig, wenn etwa ein Pferd ausbricht und vor ein Auto läuft. In mehreren Bundesländern ist der Extraschutz für Hundehalter mittlerweile gesetzlich vorgeschrieben.

▸ **Berufs-/Betriebshaftpflicht:** Unternehmer haften für Schäden, die sie selbst oder ihre Mitarbeiter im Zusammenhang mit ihrer beruflichen oder betrieblichen Tätigkeit verursachen. Lässt etwa ein Fliesenleger beim Aufräumen eine Fliese fallen und beschädigt so das Parkett im Wohnzimmer des Kunden, kommt nicht die Privathaftpflicht-, sonder eine Betriebshaftpflichtversicherung für den Schaden auf. Sie ist unbedingt zu empfehlen. In bestimmten Berufen ist ein spezieller Haftpflichtschutz sogar Pflicht, etwa für Architekten und Steuerberater.

▸ **Gewässerschaden-Haftpflicht:** Haben Hausbesitzer eine Ölheizung, kann diese ein zusätzliches Risiko bedeuten,

Tierisches Vergnügen
Treibt es Ihr Hund bei Freunden zu
bunt, nützt Ihnen die Privathaftpflichtversicherung nichts. Als Hundehalter
brauchen Sie Extraschutz.

das über eine separate Gewässerscha-
den-Haftpflichtversicherung abzude-
cken ist. Als Hausbesitzer sollten Sie
prüfen, ob Ihre Privathaftpflichtversicherung zum Beispiel eine bestimmte
Höchstgröße für den Tank vorgibt oder
ob verlangt wird, dass der Tank oberir-
disch angebracht sein muss. Sind die
Vorgaben des Haftpflichtversicherers
nicht erfüllt, sollten Sie unbedingt eine
zusätzliche Gewässerschaden-Haft-
pflichtversicherung abschließen. Der
Versicherer übernimmt im Ernstfall
zum Beispiel die Kosten für das Ausbag-
gern, Abfahren und Entsorgen des ver-
schmutzten Erdreichs als Sondermüll.

▶ **Bauherren-Haftpflicht:** Alle, die ein
neues Haus bauen, sollten für dieses
Vorhaben unbedingt eine Bauherren-
Haftpflichtversicherung abschließen,
denn mit dem ersten Spatenstich haften sie für Schäden, die rund um das
Bauprojekt entstehen (siehe Seite 125).
Wer eine bestehende Immobilie umbaut,
sollte vorher in den Vertragsbedingungen seiner Privathaftpflichtversicherung nachsehen, ob kleinere Bauvorhaben im Schutz inbegriffen sind – je nach
Tarif zum Beispiel Arbeiten im Wert von
bis zu 50 000 Euro. Sind Bauherren vorab nicht sicher, ob sie die Vorgaben erfüllen, sollten sie beim Versicherer fragen, ob sich der Schutz aufstocken lässt.

▶ **Haus- und Grundbesitzerhaftpflicht:**
Leben Sie in der eigenen Immobilie,
sind Sie über die Privathaftpflichtversicherung geschützt: Der Versicherer
zahlt, wenn beispielsweise die Nachbarin auf dem nicht gestreuten, vereisten
Gehweg ausrutscht. Dieser Schutz reicht
in der Regel auch noch aus, wenn Sie
nur einzelne Zimmer in Ihrer Immobilie vermieten oder etwa eine Einlieger-
wohnung mit maximal drei Zimmern.
Sobald Sie aber darüber hinaus als Vermieter aktiv sind, sollten Sie unbedingt
eine Haus- und Grundbesitzerhaftp-
flichtversicherung mit einer Versicherungssumme von mindestens 5 Millionen Euro pauschal abschließen.

Krankheit und Pflege

Eine Krankenversicherung ist Pflicht für alle – entweder gesetzlich oder privat. Finanziell ist der gesetzliche Schutz meist günstiger. Das Risiko „Pflegefall" sollten auch Jüngere nicht aus den Augen verlieren.

Der Besuch beim Hausarzt, Medikamente, eventuell ein Krankenhausaufenthalt mit anschließender Reha: All das kostet Geld. Die Kosten für die Behandlung eines Schnupfens oder einer Mandelentzündung könnte ein Normalverdiener sicher noch aus eigener Tasche bezahlen, doch was ist mit den Ausgaben für eine Operation oder für eine Krebsbehandlung? Da jeder die Möglichkeit haben soll, die Behandlung zu bekommen, die medizinisch notwendig ist, gilt in Deutschland eine Krankenversicherungspflicht.

Rund 90 Prozent der Menschen in Deutschland sind in einer gesetzlichen Krankenkasse versichert – der überwiegende Teil als Pflichtversicherte. Selbstständige, gut verdienende Angestellte oder auch manche Rentner als freiwillig Versicherte. Sie alle haben als gesetzlich Versicherte die Gewissheit, dass im Krankheitsfall zum Beispiel die Ausgaben für den Arztbesuch, bestimmte vom Arzt verordnete Medikamente und eine notwendige Operation übernommen werden.

Die Leistungen der gesetzlichen Krankenversicherung sind in einem Katalog festgelegt. Rund 95 Prozent aller Kassenleistungen sind identisch. Darüber hinaus dürfen die Kassen Extras anbieten, die über das gesetzliche Maß hinausreichen und für die Wahl der Kasse entscheidend sein können.

Wer nicht in einer gesetzlichen Krankenkasse ist, muss sich um Versicherungsschutz bei einem privaten Krankenversicherer kümmern. Die privaten Versicherer bieten dem Kunden Schutz auf Basis der vereinbarten Vertragsbedingungen. Ihre Leistungen gehen an mehreren Stellen über die der gesetzlichen Krankenkassen hinaus, zum Beispiel für die Behandlung im Krankenhaus. Doch es gibt auch einige Punkte, an denen gesetzlich Versicherte mehr bekommen als viele Privatpatienten, etwa bei der psychotherapeutischen Behandlung oder wenn es um Kur- oder Reha-Aufenthalte geht.

Allerdings: Gerade in neueren Tarifen haben die privaten Krankenversicherer zum Teil deutlich nachgebessert. Gegen den entsprechenden Beitrag können sich neue Kunden der privaten Krankenversicherung hier deutlich mehr Leistungen sichern als noch in früheren Tarifen.

Vorsorge für den Pflegefall

Eng verbunden mit der Frage des Krankenversicherungsschutzes ist die Frage nach der Absicherung für den Pflegefall. Alle, die in einer gesetzlichen Krankenkasse versichert sind, sorgen über die soziale Pflegeversicherung vor. Für die privat Krankenversicherten besteht die Pflicht zur Absicherung über die private Pflegepflichtversicherung.

Die Pflichtabsicherung bietet ein gewisses Maß an Schutz, doch ihre Leistungen reichen nicht aus, sollte es im Alter nicht ohne die Hilfe von Pflegedienst oder Pflegeheimpersonal gehen: Die Ausgaben können weit über die Beträge hinausgehen, die Pflegebedürftige aus der Pflegeversicherung erhalten. Daher empfiehlt es sich, frühzeitig auch für diesen Ernstfall vorzusorgen – entweder durch regelmäßiges Sparen oder in Form einer privaten Pflegezusatzversicherung (siehe „Risiko Pflegefall", S. 90).

Gesetzlich oder privat?
Eine Entscheidung mit Folgen

Der Großteil der Menschen in Deutschland hat gar keine Wahl: Er muss sich gesetzlich kranken- und pflegeversichern.

Diese Pflicht gilt zum Beispiel für Angestellte, deren Einkommen eine bestimmte Grenze, die Versicherungspflichtgrenze, nicht überspringt. Diese Grenze wird jedes Jahr neu festgelegt und liegt 2015 bei einem Jahreseinkommen von 54 900 Euro. Verdienen Angestellte in einem Jahr mehr, dürfen sie in die private Krankenversicherung wechseln. Das müssen sie aber nicht tun, denn sie können auch gesetzlich versichert bleiben – dann als freiwilliges Mitglied.

Die meisten Selbstständigen dürfen dagegen unabhängig vom Einkommen entscheiden, ob sie sich gesetzlich oder privat versichern. Sie sind nicht versicherungspflichtig in einer gesetzlichen Kasse. Für sie gilt: Sie können sich entweder freiwillig gesetzlich versichern, wenn sie vorher mindestens zwölf Monate gesetzlich versichert waren, oder sie können in die private Krankenversicherung gehen.

Das ist eine Entscheidung mit dauerhaften Folgen: In eine gesetzliche Kasse kommen privat versicherte Selbstständige nur zurück, wenn sie ihre Selbstständigkeit aufgeben und etwa als Angestellte aufgrund ihres Einkommens pflichtversichert werden.

Für bestimmte Berufsgruppen wie etwa für freiberufliche Journalisten gelten jedoch spezielle Regeln. Als Mitglieder der Künstlersozialkasse sind sie ebenfalls in der gesetzlichen Krankenversicherung pflichtversichert. Von dieser Pflicht können sie sich nur zu Beginn der Selbstständigkeit oder bei einem hohen Einkommen befreien lassen, unter der Bedingung, dass sie sich danach privat versichern.

Beamte sind in einer besonderen Situation: Sie haben Anspruch auf eine Beihilfe, die ihr Dienstherr für die medizinische Behandlung gewährt. Deckt die Beihilfe zum Beispiel 50 Prozent der Behandlungskosten ab, muss der Beamte die verbleibenden 50 Prozent mit einer privaten Krankenversicherung absichern. Würden Beamte sich gesetzlich krankenversichern, müssten sie die Beiträge komplett selbst zahlen, da der Dienstherr keinen Arbeitgeberanteil zu den Kassenbeiträgen zahlt. Daher lohnt sich für Beamte in der Regel der Gang in die private Krankenversicherung.

Rentner haben sich schon während des Erwerbslebens für die eine oder die andere Form der Krankenversicherung entschieden. Ab dem 55. Lebensjahr können privat Krankenversicherte in der Regel nicht mehr in die gesetzliche Krankenversicherung wechseln. Umgekehrt ist ein Wechsel von der gesetzlichen in die private Absicherung möglichst früh zu empfehlen, da die private Krankenversicherung teurer wird, je älter der Versicherte beim Vertragsabschluss ist.

→ Gesetzlich plus privater Zusatzschutz

Alle, die in einer gesetzlichen Krankenkasse versichert sind, müssen nicht komplett auf mögliche Leistungsvorteile eines privaten Krankenversicherers verzichten: Sie können private Zusatzversicherungen abschließen, um sich zum Beispiel beim Zahnersatz oder im Krankenhaus mehr Leistungen zu sichern. Mehr zu den Zusatzversicherungen ab S. 81.

Organisation, Preise und Leistungen im Vergleich

Organisatorisch gibt es einige Unterschiede zwischen den beiden Systemen Kasse und privat. Während Kassenpatienten ihre medizinischen Leistungen etwa beim Arztbesuch über Chipkarte abrechnen, erhalten Privatpatienten eine Rechnung, die sie erst aus eigener Tasche begleichen, um sich anschließend das Geld von ihrem privaten Versicherer zurückzuholen. Ein solches Vorgehen erleben Kassenpatienten nur in wenigen Situationen, wenn sie etwa mit ihrem

Baby einen Osteopathen aufsuchen und sich das Geld anschließend von ihrer Krankenkasse erstatten lassen wollen. Diese Zusatzleistung haben aber nicht alle Kassen im Angebot (mehr zu den Leistungen der Kassen: „Nicht nur der Preis entscheidet", S. 76).

Alle, die als Angestellte oder Selbstständige die Wahl haben zwischen gesetzlicher und privater Krankenversicherung, sollten sich die nächsten Schritte gut überlegen. Ein Blick auf die Leistungen zeigt, dass die private Krankenversicherung an vielen Stellen

> 66 **Sie sollten nicht nur auf die Leistungen schauen, sondern sich auch über die Beiträge Gedanken machen.**

Leistungsvorteile bietet. Das gilt zum Beispiel bei der Krankenhausbehandlung: Privat Versicherte haben in den meisten Tarifen Anspruch darauf, die Klinik selbst auszusuchen und vom Chefarzt behandelt zu werden. Gesetzlich Versicherte müssen sich im nächstgelegenen für sie geeigneten Krankenhaus behandeln lassen, für sie ist der jeweils diensthabende Arzt zuständig.

Sie sollten aber nicht nur auf die Leistungen schauen, sondern sich auch über die Beiträge Gedanken machen. Die Beitragshöhe für gesetzlich und für privat Versicherte wird komplett unterschiedlich ermittelt. Bei gesetzlich Versicherten richtet sich der Bei-

trag nach der Höhe des Einkommens, bei privat Versicherten nicht.

Gesetzlich Versicherte zahlen bei Redaktionsschluss für diesen Ratgeber – je nachdem, in welcher Krankenkasse sie Mitglied sind – einen Beitragssatz zwischen 14,6 und 15,9 Prozent. Für Arbeitnehmer zahlt der Arbeitgeber 7,3 Prozent, den verbleibenden Beitragsanteil übernimmt der Arbeitnehmer aus eigener Tasche. Der Haken für die Beschäftigten: Sollte ihre Krankenkasse den Beitragssatz erhöhen, bleibt das allein bei ihnen hängen, da der Arbeitgeberanteil gesetzlich festgeschrieben ist. Dann bleibt aber noch die Möglichkeit, in eine günstigere Krankenkasse zu wechseln.

Selbstständige, die sich freiwillig für die Mitgliedschaft in der gesetzlichen Krankenkasse entscheiden, zahlen ihren Beitrag meist komplett selbst.

Für Rentner ist die Regelung ähnlich wie für Arbeitnehmer: Der Rentenversicherungsträger zahlt einen Zuschuss von 7,3 Prozent der gesetzlichen Rente, den verbleibenden Beitrag, der für ihre gesetzliche Rente fällig wird, zahlen die Ruheständler selbst. Haben sie weiteres Einkommen, kann es sein, dass weitere Beiträge zu zahlen sind, etwa für Einkommen aus einem Nebenjob zur Rente.

Besonders hoch sind die Abzüge für Versorgungsbezüge wie eine Betriebsrente. Für solche Einnahmen im Alter erhalten Sie keinen Beitragszuschuss, sodass Sie den kompletten Beitragssatz von um die 15 Prozent allein aufbringen müssen.

GKV : PKV

↓ ↓

Die Spur wechseln?

Die gesetzliche Krankenversicherung (GKV) ist meist preiswerter, besonders für Familien. Die private Krankenversicherung (PKV) kommt infrage, wenn Sie bereit sind, für bessere Leistungen auf Dauer mehr zu zahlen. Aber nicht jeder kann die Spur wechseln.

Gutverdienende Angestellte

mit einem Jahresverdienst über 54 900 Euro: Sie haben die Wahl zwischen GKV und PKV.

Angestellte

mit einem Jahreseinkommen bis 54 900 Euro*: Sie sind pflichtversichert in der GKV, können den Schutz aber um private Zusatzversicherungen ergänzen.

*Stand 2015

Selbstständige

Sie haben fast immer die Wahl zwischen GKV und PKV. Ausnahmen sind zum Beispiel Mitglieder der Künstlersozialkasse und Landwirte.

TISCHLEREI MAIER

TISCHLEREI MEYER

55

PKV GKV

Beamte

Sie können zwischen PKV und GKV wählen. Aufgrund der Beihilfe ist für sie die PKV die attraktivere Lösung.

Im Ruhestand

Die Entscheidung ist längst gefallen – nach dem 55. Geburtstag ist für Privatversicherte in der Regel keine Rückkehr in die GKV mehr möglich.

Für die meisten gesetzlich versicherten Rentner war es das aber mit den Krankenkassenbeiträgen. Nur die Gruppe der Ruheständler, die freiwillig gesetzlich krankenversichert sind, sollte weitere Beiträge einplanen, wenn sie zusätzliches Einkommen – zum Beispiel Miet- oder Kapitaleinkünfte hat. Als freiwillig Versicherte müssen sie auch dafür Kassenbeiträge zahlen – dann allerdings einen etwas reduzierten Satz.

Beiträge werden aber höchstens bis zur Beitragsbemessungsgrenze fällig. Diese liegt 2015 bei 4 125 Euro pro Monat.

Für Beamte und Pensionäre ist die gesetzliche Krankenkasse wenig attraktiv: Sie müssten den kompletten Beitragssatz zahlen. Entscheiden sich Beamte und Beamtenanwärter hingegen für die private Krankenversicherung, haben sie Anspruch auf Beihilfeleistungen ihres Arbeitgebers. In der privaten Krankenversicherung richtet sich der Beitrag neben dem Umfang der vereinbarten Leistungen nach dem Gesundheitszustand und Alter der Versicherten bei Vertragsabschluss. Das Einkommen spielt für die Beitragshöhe keine Rolle.

Lange Zeit mussten Frauen für den gleichen Schutz mehr Beitrag zahlen als Männer. Seit dem 21. Dezember 2012 darf es diesen Unterschied für neu abzuschließende Verträge aber nicht mehr geben. Nach einem Urteil des Europäischen Gerichtshofs wurden die Versicherer dazu verpflichtet, sogenannte Unisex-Tarife anzubieten: also gleiche Beiträge für Männer und Frauen.

Allein auf den Preis sollten Sie bei Abschluss einer privaten Krankenversicherung nicht schauen. Prüfen Sie, was Sie für Ihr Geld bekommen, denn sonst landen Sie womöglich in einem Tarif, dessen Leistungen noch hinter denen der gesetzlichen Kassen zurückbleiben.

Bedenken Sie außerdem, dass Sie als privat Versicherter davon ausgehen müssen, dass die Beiträge im Laufe der Jahre immer weiter steigen. In manchen Jahren mussten

❝ Wer mit Mitte 30 eine private Krankenversicherung abschließt, sollte einrechnen, dass er im Ruhestand mindestens das Dreifache zahlt.

———

Versicherte Beitragssteigerungen von 10, 20 oder sogar 30 Prozent hinnehmen. Als Gründe nannten die Versicherer unter anderem die höhere Lebenserwartung der Versicherten sowie die gestiegenen Ausgaben, besonders für die ambulante Versorgung.

Wer mit Mitte 30 eine private Krankenversicherung abschließt, sollte deshalb einkalkulieren, dass er im Ruhestand mindestens das Dreifache zahlt. Das ist der große Unterschied zur gesetzlichen Krankenversicherung: Ein Rentner, der im Alter weniger Einkommen hat als zu Erwerbszeiten, muss für seine gesetzliche Krankenversicherung

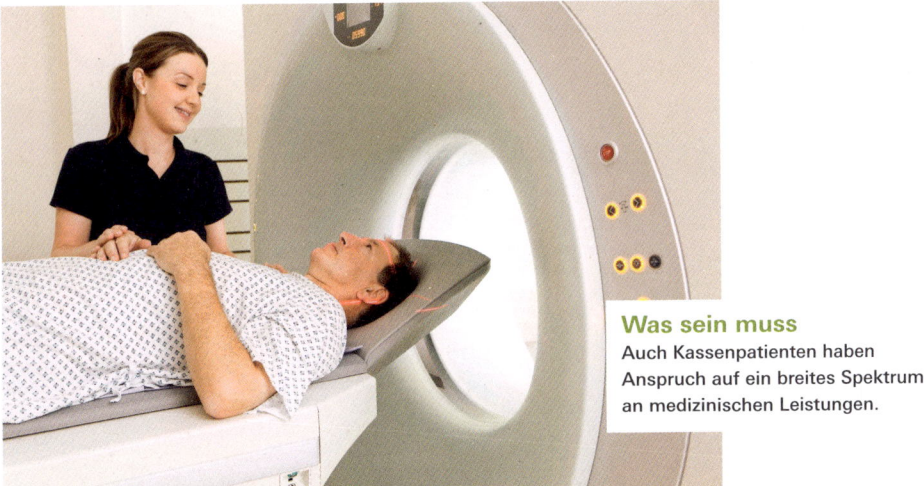

Was sein muss
Auch Kassenpatienten haben Anspruch auf ein breites Spektrum an medizinischen Leistungen.

entsprechend weniger zahlen. Ein privat Versicherter, der im Alter weniger Einkommen hat, zahlt für den Schutz in der Regel sogar deutlich mehr als in jüngeren Jahren.

→ Unbedingt Geld zurücklegen

Wenn Sie sich trotz der Beitragsentwicklung aufgrund der Leistungen für die private Krankenversicherung entscheiden, sollten Sie frühzeitig Geld zurücklegen, um sich im Alter die Beiträge zur Krankenversicherung leisten zu können. Ohne diese Ersparnisse kann es finanziell eng werden, wenn etwa bei einer Monatsrente von 1 700 Euro allein 800 Euro für die private Krankenversicherung anfallen.

Interessant für Beamte und Alleinstehende

Die Beitragsentwicklung sorgt dafür, dass auf Dauer die private Krankenversicherung finanziell für viele nicht günstiger ist als die gesetzliche Absicherung – selbst wenn es zu Anfang deutliche Preisvorteile gibt.

Hinzu kommt ein weiterer Unterschied, der dafür sorgt, dass vor allem Familien mit der gesetzlichen Absicherung günstiger dran sind: In der gesetzlichen Krankenversicherung können Ehepartner, die gar nichts oder nur wenig verdienen, sowie Kinder beitragsfrei mitversichert werden. In der privaten Krankenversicherung fallen für jeden Versicherten Beiträge an, auch wenn er kein Einkommen hat. Wie viel Eltern für die private Krankenversicherung ihrer Kinder zahlen müssen, richtet sich unter anderem nach dem Alter des Kindes und auch danach, ob sie als Beamte Anspruch auf Beihilfe haben. Ohne Beihilfe müssen Eltern mit Beiträgen ab etwa 150 Euro im Monat für einen Kindervertrag rechnen.

Letztlich lohnt sich die private Krankenversicherung finanziell dank der Beihilfe des Dienstherren für Beamte und Pensionäre. Für Arbeitnehmer und Selbstständige kann sich die private Absicherung auszahlen, wenn sie davon ausgehen, nie eine Familie zu gründen. Alle anderen dürften in der gesetzlichen Krankenversicherung auf Dauer günstiger abgesichert sein.

Die gesetzliche Krankenversicherung

Die gesetzlich Versicherten können immer noch zwischen mehr als 100 Krankenkassen wählen. Seit 2015 gibt es wieder Beitragsunterschiede zwischen den Kassen.

Etwa 90 Prozent der Bürger in Deutschland sind in einer gesetzlichen Krankenkasse versichert. Viele von ihnen sind beitragszahlende Mitglieder, für Kinder und Ehepartner besteht die Chance, sich kostenfrei mitzuversichern. Bei den Leistungen macht das fast keinen Unterschied. Nur wenn jemand aus gesundheitlichen Gründen nicht arbeiten kann: In dem Fall haben beitragszahlende Mitglieder Anspruch auf Krankengeld, Familienversicherte nicht.

Nachdem die beitragszahlenden Mitglieder über mehrere Jahre hinweg bei jeder Kasse einen einheitlichen Beitragssatz zahlen mussten, haben sich Anfang 2015 die Regeln geändert. Zwar gibt es auch heute noch den allgemeinen Beitragssatz von derzeit 14,6 Prozent, der für alle Kassen gilt. Doch darüber hinaus dürfen die Kassen nun von ihren Mitgliedern einen einkommensabhängigen Zusatzbeitrag verlangen. Von diesem Recht machen mittlerweile fast alle Kassen Gebrauch und erheben zwischen 0,3 und 1,3 Prozent extra. Nur zwei Kassen verzichten derzeit auf einen Zusatzbeitrag, so-

dass die Mitglieder hier nur den Beitragssatz von 14,6 Prozent aufbringen müssen.

Je nach Einkommen können die unterschiedlichen Beiträge eine Menge ausmachen: Wer zum Beispiel als Angestellter 3 500 Euro brutto im Monat verdient, zahlt zusammen mit seinem Arbeitgeber bei der teuersten Kasse 45,50 Euro im Monat mehr Beitrag als bei der günstigsten.

Nicht nur der Preis entscheidet

Neben dem Preis können aber vor allem die Zusatzleistungen für die Wahl der Krankenkasse entscheidend sein. Zu einem Großteil gibt es hier zwar zwischen den Kassen keine Unterschiede – rund 95 Prozent der Leistungen sind gleich und auch gesetzlich vorgeschrieben. Festgelegt ist zum Beispiel, welche Medikamente die Krankenkassen übernehmen, welche Vorsorgeuntersuchungen den Patienten über ihre Krankenversichertenkarte zustehen oder unter welchen Voraussetzungen ihnen eine Kur bewilligt wird. Vorgegeben ist zum Beispiel auch, in welchem Umfang sich die Krankenkasse an den Kosten für Zahnersatz beteiligt und welche Behandlungs- oder Untersuchungskosten die Kassen nicht erstatten dürfen.

Doch über das gesetzliche Mindestmaß hinaus gibt es einige Extras, die die Kassen bieten und mit denen es ihnen auch gelingt, sich von ihren Mitbewerbern abzusetzen:

- ▶ So gibt es beispielsweise Krankenkassen, die für die ausführlichen Arztgespräche im Rahmen einer homöopathischen Behandlung ein Honorar zahlen, andere tun dies nicht.
- ▶ Mehrere Kassen zahlen für Reiseschutzimpfungen, andere tun dies nicht.
- ▶ Mehrere Kassen beteiligen sich an den Kosten für eine Behandlung beim Osteopathen, andere nicht.
- ▶ Manche Kassen zahlen einmal im Jahr für eine ausgiebige Hautkrebsvorsorge unabhängig vom Alter des Patienten, andere zahlen nur für die Vorsorge von mindestens 35-Jährigen alle zwei Jahre, so wie es gesetzlich vorgeschrieben ist.

Die Liste lässt sich problemlos verlängern. Auf den ersten Blick erscheinen diese Zusatzleistungen jede für sich manchem Versicherten als Kleinkram, doch in der Summe oder je nach Lebenssituation können sie ein wichtiges Entscheidungskriterium für die Wahl einer Kasse sein.

Kassen vergleichen und wechseln

Vergleichen Sie die Leistungen Ihrer Kasse mit denen anderer Krankenkassen, kommen Sie vielleicht zu dem Schluss, dass es ei-

30 SEKUNDEN FAKTEN

14,6 %
ist der Beitragssatz, den gesetzlich Krankenversicherte im Herbst 2015 mindestens zahlen. Am günstigsten ist der Schutz derzeit bei BKK Euregio und Metzinger BKK.

15,9 %
ist der höchste Beitragssatz, den Krankenkassen derzeit verlangen.

7,3 %
beträgt der Arbeitgeberanteil. Mehr müssen Chefs nicht für die Krankenversicherung ihrer Angestellten aufbringen, egal welchen Prozentsatz die Kasse verlangt.

Quelle: GKV-Spitzenverband

nen Anbieter gibt, der besser zu Ihnen und Ihren Wünschen passt. Dann kann sich ein Wechsel lohnen.

Bevor Sie aber nur wegen einer bestimmten Leistung wechseln, fragen Sie bei Ihrer bisherigen Kasse nach diesem Extra: Vielleicht ist sie kulant und bietet Ihnen doch noch das, was Sie haben wollen.

→ Hat die Kasse ihre Leistungen geändert?

Übernimmt ihre Kasse weiterhin die Ausgaben für eine osteopathische Behandlung? Wie viel zahlt sie noch für eine professionelle Zahnreinigung dazu und wie belohnt sie gesundheitsbewusstes Verhalten? Wenn Sie im vergangenen Jahr noch mit diesen Extras Ihrer Kasse rechnen konnten, sollten Sie zur Sicherheit prüfen, ob dies auch weiterhin gilt: Seitdem die Kassen seit Anfang 2015 wieder unterschiedliche Beiträge erheben dürfen, haben einige von ihnen ihre Leistungen gekürzt - auch große Kassen wie die Techniker Krankenkasse und die Barmer GEK.

Neben den Leistungsmerkmalen bestimmen weitere Kriterien die Wahl – zum Beispiel die Erreichbarkeit. Besonders die großen Krankenkassen betreiben ein ausgedehntes Geschäftsstellennetz, sodass die Versicherten häufig Ansprechpartner direkt vor Ort haben. Dazu kommen Service-Hotlines oder auch eine medizinische Beratung am Telefon, die bei manchen Kassen rund um die Uhr erreichbar ist.

Weitere Service-Extras können Hilfe bei der Vereinbarung von Facharztterminen und eine Hotline für Urlaubsreisende im Ausland sein. Für Versicherte, die nicht mehr in der Lage sind, bei Fragen in die Geschäftsstelle der Kasse zu kommen, bieten die Versicherer zum Teil Besuche zuhause an.

Wechsel in jedem Alter möglich

Es gibt sie also, die Unterscheidungskriterien zwischen den mehr als 100 gesetzlichen Krankenkassen. Die große Mehrzahl von ihnen steht allen gesetzlich Versicherten offen oder zumindest Versicherten aus

Die Besten im Test

Einen genauen Überblick zu den Leistungen der Kassen bietet der Produktfinder Krankenkassen unter www.test.de/krankenkassen. Hier können Sie gegen eine geringe Gebühr nicht nur die Beitragssätze und die mögliche Ersparnis durch einen Kassenwechsel abfragen, sondern die Leistungen sämtlicher Kassen vergleichen und die Punkte herausfinden, die Ihnen wichtig sind – egal, ob Kostenübernahme für Reiseimpfungen oder für eine Zahnreinigung.

mehreren Bundesländern. Nur wenige Kassen wenden sich ausschließlich an Mitarbeiter bestimmter Unternehmen.

Wenn Sie in eine andere, Ihnen offen stehende Krankenkasse wechseln wollen, kann die Kasse Sie nicht ablehnen, etwa weil Sie zu alt sind oder Vorerkrankungen haben. Damit kommt der Wechsel auch für Rentner oder chronisch kranke Menschen infrage – anders als übrigens ein Wechsel des privaten Krankenversicherers. Für den Kassenwechsel gibt es aber einige Vorgaben:

▶ **Voraussetzung:** Im Normalfall gilt, dass Sie Ihre Krankenkasse verlassen können, wenn Sie dort vorher mindestens 18 Monate versichert waren.

▶ **Sonderkündigungsrecht:** Sollte Ihre Krankenkasse erstmals einen Zusatzbeitrag erheben oder den vorher festgelegten Zusatzbeitrag erhöhen, haben Sie in der Regel ein Sonderkündigungsrecht. Dieses gilt auch für viele Versicherte, die bei ihrer Kasse einen Wahltarif abgeschlossen und sich für eine bestimmte Zeit daran gebunden haben. Ausgenommen sind hier jedoch die Versicherten, die sich für einen Wahltarif zum Bezug von Krankengeld entschieden haben. Sie sind für drei Jahre an ihre Kasse gebunden und dürfen trotz Zusatzbeitrag nicht vorzeitig wechseln.

▶ **Frist:** Die Kündigungsfrist für eine Krankenkasse beträgt zwei Monate zum Monatsende: Wenn Sie also zum 1. Oktober 2016 Mitglied in einer neuen Krankenkasse werden wollen, muss Ihre schriftliche Kündigung bei der alten Kasse bis zum 31. Juli vorliegen. Kündigungstermin ist der 30. September.

▶ **Neue Kasse finden:** Bei der Suche nach einer neuen Krankenkasse hilft der Produktfinder Krankenkassen der Stiftung Warentest im Internet unter www.test.de/krankenkassen. Wechselwillige sollten sich auch bei Angehörigen und Freunden erkundigen, bei welcher Kasse sie versichert sind. Sind sie dort zufrieden und überzeugen sie neue Mitglieder, kann sich das für beide Seiten auszahlen: Einige Kassen zahlen ihren Mitgliedern eine Prämie, wenn sie neue Mitglieder werben.

Mit der Kasse über Leistungen streiten

Ein weiterer Grund für den Wunsch nach einem Kassenwechsel kann sein, dass die Krankenkasse sich weigert, die Ausgaben für eine bestimmte Leistung zu übernehmen – etwa für eine Mutter-Kind-Kur oder für ein leistungsstärkeres Hörgerät. Ist der Kunde mit der Entscheidung der Kasse unzufrieden, kann das der Auslöser für den Wechsel sein.

Ohne Gegenwehr müssen Sie eine Ablehnung der Kasse aber nicht akzeptieren: Ein Versicherter hat die Möglichkeit, gegen die Entscheidung seiner Kasse Widerspruch einzulegen. Was dabei zu beachten ist, zeigt die Checkliste „So wehren Sie sich , wenn die Kasse nicht zahlt" auf der folgenden Seite.

Checkliste

So wehren Sie sich, wenn die Kasse nicht zahlt

Als Erstes gilt: Geben Sie sich nicht damit zufrieden, wenn die Kasse eine Leistung nur mündlich abgelehnt hat, sondern verlangen Sie die Entscheidung in schriftlicher Form. Darauf können Sie dann reagieren:

☐ **Frist:** Wenn Ihnen der schriftliche Bescheid vorliegt, haben Sie einen Monat Zeit, um Widerspruch einzulegen. Der Widerspruch ist formlos schriftlich möglich oder auch mündlich in der Geschäftsstelle der Krankenkasse. Fehlt in dem ablehnenden Schreiben der Kasse ein Hinweis darauf, dass der Versicherte Widerspruch einlegen darf, ist der Widerspruch sogar noch innerhalb eines Jahres nach der Absage möglich.

☐ **Unterstützung:** Wichtig ist, dass Sie Ihren Widerspruch begründen. Sie sollten deutlich machen, warum die erwünschte Leistung nötig ist. Holen Sie sich Hilfe und Rat, zum Beispiel von Ihrem Arzt oder der Patientenberatung (www.unabhaengige-patientenberatung.de). Haben Sie eine Rechtsschutzversicherung, sollten Sie mit dem Versicherer klären, ob dieser auch die Kosten für einen Anwalt übernimmt, der bei Streitigkeiten mit der Krankenkasse behilflich ist.

☐ **Dranbleiben und eventuell klagen:** Sollte die Krankenkasse nach dem Widerspruch bei dem Nein bleiben, erhalten Sie einen Widerspruchsbescheid. In der Regel haben Sie nach Eingang dieses Schreibens wiederum einen Monat Zeit, um zu entscheiden, ob Sie beim Sozialgericht gegen die Entscheidung klagen.

Private Zusatzversicherungen: Lücken schließen

Mit zusätzlichen Verträgen können Kassenpatienten in bestimmten Situationen zu Privatpatienten werden, zum Beispiel im Krankenhaus.

Einbett- statt Mehrbettzimmer im Krankenhaus, eine höhere Erstattung für teuren Zahnersatz, 100 Euro Zuschuss für die neue Brille, anstatt diese komplett selbst zahlen zu müssen: Der Blick auf den Leistungskatalog der gesetzlichen Kassen weckt bei vielen Versicherten den Wunsch nach mehr Leistungen. Die privaten Krankenversicherer haben verschiedene Zusatzversicherungen entwickelt, mit denen gesetzlich Versicherte die Lücken im Schutz der Krankenkassen zumindest teilweise schließen können.

Im Angebot sind zum Beispiel die Auslandsreise-Krankenversicherung, Krankentagegeldversicherung, Zahnzusatzversicherungen, Krankenhauszusatzversicherungen oder auch Versicherungspakete, die bestimmte Leistungen wie etwa Zuschüsse zu Brille, Heilpraktikerbehandlungen und zum Zahnersatz kombinieren.

Die Verträge für den Zusatzschutz sind zum Teil sinnvoll oder sogar unbedingt zu empfehlen. Das gilt insbesondere für die Auslandsreise-Krankenversicherung, die jeder gesetzlich Versicherte unbedingt ab-

schließen sollte, der außerhalb Deutschlands Urlaub macht (siehe „Unterwegs immer sicher", S. 141).

Für gesetzlich versicherte Selbstständige kann außerdem die Krankentagegeldversicherung sehr wichtig sein: Mit ihr überbrücken sie eine längere Verdienstausfall-Phase, denn sie haben keinen Arbeitgeber, der ihnen in den ersten Wochen einer Krankheit das Gehalt weiterzahlt wie bisher.

Ab der siebten Krankheitswoche können Selbstständige das reguläre Krankengeld von ihrer gesetzlichen Kasse bekommen. Dafür müssen sie eine entsprechende Wahlerklärung abgeben. Für die Zeit davor können sie sich mit einem Wahltarif ihrer Kasse absichern, oder sie sichern das Risiko krankheitsbedingten Verdienstausfalls komplett über eine private Krankentagegeldversicherung ab. Sie sollten prüfen, welche Variante günstiger ist.

Für alle Zusatzversicherungen gilt: Die Beitragshöhe hängt von der Art und dem Umfang der gewählten Leistungen ab. Je jünger und gesünder Sie beim Abschluss sind, desto günstiger ist der Schutz.

Zahnersatz

Die gesetzliche Krankenversicherung übernimmt die Kosten für Zahnersatz und bestimmte Behandlungen nur zum Teil. Mit einer ergänzenden Zahnzusatzversicherung bleiben die Patienten nicht allein auf den restlichen Kosten sitzen, sondern können sich einen Teil der Ausgaben etwa für ein Implantat oder eine Brücke zurückholen.

Beim letzten Test von Zahnzusatzversicherungen haben 55 der getesteten 189 Tarife ein „Sehr Gut" für ihre Leistungen bekommen. Die besten Tarife im Test decken zusammen mit dem Anteil, den die Krankenkassen übernehmen, auch bei teurem Zahnersatz 80 bis 95 Prozent der Rechnung. Sie kosteten zum Zeitpunkt des Tests für einen 43-jährigen Modellkunden zwischen 13 und 47 Euro im Monat.

Aber Vorsicht: Die Leistungen der Zahnzusatzversicherungen unterscheiden sich zum Teil immens. Und: Wenn Sie den Vertrag erst abschließen, wenn sich bereits abzeichnet, dass eine Zahnbehandlung ansteht, haben Sie nichts vom zusätzlichen Schutz. Denn der private Versicherer zahlt nicht für Behandlungen, die der Zahnarzt dem Patienten bereits vor Vertragsabschluss angeraten hat. Außerdem setzen die Versicherer nach der Unterschrift in der Regel zunächst eine Wartezeit von acht Monaten voraus. Vor Ablauf dieser Frist kommen sie nicht für Behandlungskosten auf. Deshalb gilt: Je früher die Zusatzversicherung abgeschlossen wird, desto besser und desto größer ist die Chance, die Behandlungskosten wie gewünscht erstattet zu bekommen.

Krankenhaus

Mit einer privaten Krankenhauszusatzversicherung können Patienten ihren Status in der Klinik verbessern. Je nach Vertrag haben sie dann zum Beispiel wie Privatpatienten Anspruch darauf, dass sie im Ein- oder Zweibettzimmer untergebracht und vom Chefarzt behandelt werden. Schließt zum Beispiel ein Kunde im Alter von Anfang 40 einen Vertrag ab, muss er beim Einzelzimmer

---

Geht es um private Zusatzversicherungen, arbeiten die Krankenkassen oft mit einem privaten Versicherer als Kooperationspartner zusammen: Versicherte der Kasse bekommen Rabatt, wenn sie bei dem privaten Versicherer eine solche Zusatzversicherung abschließen. Das sollten Sie aber nicht ungeprüft tun: Holen Sie auch Angebote anderer privater Versicherer ein. Gut möglich, dass Sie bei einem anderen Anbieter ein günstigeres oder leistungsstärkeres Angebot finden.

mit Beiträgen ab 40 bis 50 Euro im Monat rechnen. Der Preis richtet sich unter anderem nach Alter und Gesundheitszustand bei Vertragsabschluss.

Brille, Heilpraktiker und mehr

Im Angebot haben die privaten Versicherer auch Angebote, mit denen sich gesetzlich Versicherte zusätzlich Zuschüsse für ihre Brille oder etwa für eine Heilpraktikerbehandlung im Rundum-Paket sichern können. Vor Abschluss lohnt sich in jedem Fall ein genauer Vergleich, was alles im Vertrag inbegriffen ist. Der Preis für diese Versicherungspakete richtet sich nach dem Leistungsumfang und wie bei den anderen Verträgen für privaten Krankenversicherungsschutz auch nach Alter und Gesundheitszustand der Versicherten.

→ **Was ist alles drin im Paket?**

Je nach Versicherer und Tarifgestaltung können Kunden die genannten Zusatzleistungen einzeln abschließen oder auch über ein Gesamtpaket. Wird Ihnen eine Paketlösung angeboten, greifen Sie nicht einfach zu, sondern überlegen Sie, welche Leistungen Ihnen wichtig sind und ob Sie das komplette Paket benötigen.

Privat krankenversichert: Auf Dauer gebunden

Die Entscheidung für die private Krankenversicherung ist in der Regel eine Entscheidung fürs Leben. Wer es sich leisten kann, kann sich so auf Dauer bessere Leistungen sichern.

Die Alternative zur gesetzlichen Krankenversicherung – mit oder ohne private Zusatzpolicen – ist die private Krankenvollversicherung. Die Leistungen liegen zwar zum Teil über denen der gesetzlichen Krankenversicherung, doch finanziell ist der private Schutz häufig nicht die beste Lösung, denn jedes Familienmitglied benötigt einen eigenen Vertrag. Außerdem zahlen Angestellte und Selbstständige später im Rentenalter in der privaten Krankenversicherung meist deutlich mehr als in der gesetzlichen Kasse. Sie sollten daher sofort beginnen, Geld zurückzulegen, sobald sie in die private Krankenversicherung gewechselt sind.

Für Beamte und Pensionäre, die Anspruch auf Beihilfeleistungen von ihren Dienstherren haben, lohnt sich dagegen ein privater Vertrag.

Was die private Krankenversicherung bieten sollte

Die Versicherungsunternehmen bieten Tarife in Form von Leistungspaketen an, die Leistungen in den Bereichen Ambulante Behandlung, Krankenhaus und Zahnarzt von

Gesundheitsfragen umfassend beantworten

Wenn Sie eine private Krankenversicherung abschließen wollen, stellt der Versicherer Ihnen vorher zahlreiche Fragen zu Ihrem Gesundheitszustand, um das Risiko einer Versicherung einschätzen zu können. Er will wissen, welche Erkrankungen und Behandlungen Sie in den vergangenen Jahren hatten:

☐ **Genau sein:** Beantworten Sie diese Fragen so genau wie möglich und halten Sie gegebenenfalls auch noch Rücksprache mit Ihrem Arzt. Wenn Sie falsche Angaben machen – und sei es nur aus Versehen –, kann Sie das im Ernstfall Ihren Versicherungsschutz kosten.

☐ **Selbst ausfüllen:** Füllen Sie den Fragebogen mit den Gesundheitsfragen selbst aus und lassen Sie das nicht den Vermittler machen.

Sie selbst sind für das verantwortlich, was in dem Bogen steht, und Sie sind es, der den Schutz gegebenenfalls verliert, wenn bei Vertragsabschluss falsche oder unvollständige Angaben gemacht wurden.

☐ **Folgen:** Wenn Sie Vorerkrankungen haben, müssen Sie mit Risikozuschlägen oder Leistungsausschlüssen rechnen. Das ist ärgerlich, doch wenn Sie von vornherein wissen, was finanziell auf Sie zukommt, können Sie besser planen und zum Beispiel doch in der gesetzlichen Krankenversicherung bleiben. Das ist besser, als wenn später das böse Erwachen kommt, wenn der Versicherer sich weigert, bestimmte Kosten zu erstatten, oder sogar vom Vertrag zurücktritt.

vornherein kombinieren. Hinzu kommt dann nur noch der Krankentagegeldtarif. Je nach Anbieter hat der Versicherte aber auch die Alternative, sich einen Schutz aus einzelnen Tarifbausteinen selbst zusammenzustellen: Er wählt zum Beispiel die Bausteine so aus, dass der Versicherer für Zahnbehandlungen 90 Prozent der Kosten übernimmt, dass er als Patient im Krankenhaus im Zweibettzimmer untergebracht wird und dass er bei ambulanten Behandlungen im Jahr 300 Euro der Kosten als Selbstbehalt aus eigener Tasche trägt. Der zu zahlende Beitrag hängt mit davon ab, wie viele Leistungen Kunde und Versicherer vereinbart haben.

Ein Mindestmaß an Schutz sollten Sie unbedingt wählen. Wichtig ist zum Beispiel, dass der Versicherer Arzt- und Zahnarzthonorare bis zum Höchstsatz der jeweiligen Gebührenordnungen erstattet, im Krankenhaus sogar besser darüber hinaus.

Denn bei Privatpatienten rechnen die Ärzte ihre Leistungen anders ab als bei Kassenpatienten. Sie stellen ihre Rechnungen direkt dem Patienten und rechnen nach der Gebührenordnung für Ärzte (GOÄ) beziehungsweise Zahnärzte (GOZ) ab. Das sind Verzeichnisse, die jedem Arbeitsschritt eine Punktzahl zuordnen. Mit dem Punktwert multipliziert ergibt diese Zahl den einfachen Gebührensatz. Diesen können Ärzte je nach Schwierigkeit der Behandlung ohne Begründung bis zum 2,3-Fachen steigern, mit Begründung noch darüber hinaus. Des-

Die Besten im Test

Im letzten Test haben für Beamte die Tarife BV20, BV30 der Concordia, B 501 der Huk-Coburg und B20K, B30 der Debeka am besten abgeschnitten. Sie bieten das beste Preis-Leistungs-Verhältnis für einen 35-jährigen, gesunden Neukunden mit 50 Prozent Beihilfeanspruch. Für Angestellte lagen die Tarife Komfort2 der Huk-Coburg, VKA+u der Provinzial Hannover und Top6 der Nürnberger im Test vorne. Das Angebot der Provinzial Hannover gilt nur für Niedersachsen und Bremen. Das beste Preis-Leistungs-Verhältnis für Selbstständige bieten die Provinzial Hannover mit dem Tarif VKSu, die Bayerische Beamten-Krankenkasse mit GC 900S plus Krankentagegeldtarif TAF29 für Freiberufler und die Huk-Coburg mit ihrem Tarif Komfort2.

halb sollten Sie unbedingt einen Tarif wählen, der Arzt- und Zahnarzthonorare bis zum Höchstsatz, also dem 3,5-Fachen der jeweiligen Gebührenordnung, erstattet.

Wenn der Arzt die Rechnung gestellt hat, können Sie diese bei Ihrer Versicherung einreichen und sich auf diesem Weg Ihr Geld zurückholen.

Weitere Mindestanforderungen an den Versicherungsschutz sind zum Beispiel, dass

▶ neben der Chefarztbehandlung auch das Zweibettzimmer erstattet wird.

▶ Zahnbehandlungen zu 90 Prozent übernommen werden.

▶ sowohl für die zahnärztlichen Leistungen als auch für Material- und Laborkosten bei Zahnersatz und Inlays bis zu 65 Prozent vom Versicherer übernommen werden.

▶ Ausgaben für verschreibungspflichtige Arzneimittel komplett erstattet werden. Für technische Hilfsmittel (ohne Sehhilfen) und Prothesen in einfacher Ausführungen sollten es mindestens 75 Prozent der Kosten sein. Der Hilfsmittelkatalog sollte offen sein und Neuentwicklungen einschließen.

▶ Kosten für ambulante Psychotherapie sowohl durch Ärzte als auch durch psychologische Psychotherapeuten zu 70 Prozent und für mindestens 50 Sitzungen im Jahr erstattet werden.

Spezialtarife im Angebot

Leistungen wie die Erstattung des 3,5-fachen Satzes der Gebührenordnung erhalten privat Versicherte nicht, wenn sie sich für den sogenannten Basistarif der privaten Krankenversicherer entscheiden. Einen solchen brancheneinheitlichen Tarif müssen die privaten Versicherer seit 2009 anbieten. Seine Leistungen sollen in Art, Umfang und Höhe denen der gesetzlichen Krankenversicherung entsprechen.

Dieses Angebot richtet sich vor allem an diejenigen, die früher keinen Versicherungsschutz für den Krankheitsfall hatten oder die sich die „normale" private Krankenversicherung nicht mehr leisten können.

Einen weiteren Spezialtarif mit abgespeckten Leistungen bieten die Versicherer für Rentner an. Auch dieser bietet in etwa das, was die gesetzlichen Kassen leisten. Häufig ist er noch deutlich günstiger als der Basistarif (mehr zum Standardtarif für Rentner im Abschnitt „Tarife mit weniger Leistungen", S. 88).

Vorsicht bei Billigangeboten: Wirbt ein Versicherer mit einem absoluten Schnäppchen für die Krankenversicherung, sollten Sie genau hinschauen: Erst im Kleingedruckten steht dann vielleicht, dass dieses Angebot für einen sehr jungen Mann gilt, der von Beginn an einen Selbstbehalt von mehreren Hundert Euro vereinbart. Achten Sie genau auf das, was der Versicherer bietet. Sonst riskieren Sie, dass Ihnen wichtige Leistungen fehlen, die Sie später kaum „nachversichern" können.

Anbieterwechsel nur selten eine gute Lösung

Haben sich privat Versicherte für einen Anbieter entschieden, ist ein Wechsel zu einem anderen Versicherer zwar theoretisch noch möglich, aber praktisch häufig nicht zu empfehlen. Denn mit dem Anbieterwechsel sind finanzielle Verluste verbunden. Privat Krankenversicherte verlieren ihre Alterungsrückstellungen zumindest zum Teil – falls sie ihren Vertrag vor 2009 geschlossen haben sogar komplett –, wenn sie zu einem anderen Versicherer wechseln. Alterungsrückstellungen bilden die privaten Krankenversicherer aus den Beiträgen der Versicherten in jungen Jahren, damit ihre Beiträge mit zunehmendem Alter nicht wegen des steigenden Krankheitsrisikos erhöht werden müssen.

Der neue Versicherer muss die Rückstellungen neu aufbauen. Das treibt den Beitrag in die Höhe. Wer seinen Vertrag vor 2009 geschlossen hat und seine Rückstellung beim Wechsel komplett verliert, wird beim Wechsel mit seinem dann erreichten Lebensjahr als neuem Eintrittsalter eingestuft.

Alle, die 2009 oder später einen Vertrag abgeschlossen haben, können zumindest 40 bis 50 Prozent der bereits angesparten Rückstellung mitnehmen. Sie haben damit zwar immer noch herbe Einbußen, doch zur Not ist der vorzeitige Anbieterwechsel dadurch nicht ganz so schmerzhaft. Voraussetzung für einen Wechsel ist jedoch immer, dass man beim neuen Versicherungsunternehmen trotz eventueller Erkrankungen überhaupt noch einen Vertrag erhält.

Was tun, um Beiträge zu senken?

Aus Kostengründen ist der Wechsel zu einem anderen privaten Krankenversicherer meist nicht die beste Lösung. Auch in die gesetzliche Krankenversicherung geht es nur unter bestimmten Voraussetzungen zurück: Sie müssten dafür versicherungspflichtig werden. Für Arbeitnehmer, bedeutet das: Sie dürfen im Monat derzeit nicht mehr als 4 575 Euro verdienen. Außerdem müssten Sie unter 55 Jahre sein. Denn Versicherten ab 55 Jahren ist der Weg zurück in die gesetzliche Krankenkasse in aller Regel verwehrt.

Somit bleibt meistens nur die Chance, die Situation beim derzeitigen Versicherer zu verbessern und bei ihm zu versuchen, die Beiträge zu senken. Eine Möglichkeit kann sein, dass Sie Ihren Versicherer nach einem anderen Tarif fragen. Das kann eine deutliche Beitragsentlastung bringen. Das Recht zum Wechsel in einen Tarif, der die gleichen Leistungsbereiche umfasst wie der bisherige Tarif, haben Versicherte unabhängig von Alter und Gesundheitszustand. Danach sollten Sie sich bei Ihrem Versicherer erkundigen.

Allerdings machen es die Anbieter den Versicherten nicht unbedingt leicht, von ihrem Wechselrecht Gebrauch zu machen. Die Kunden brauchen also eine gewisse Ausdauer, wenn sie nach einem anderen Tarif fragen. Wenn sie gar nicht weiterkommen, kann es sich lohnen, dass sie sich Unterstützung holen, etwa von einem Versicherungsberater oder bei einer Verbraucherzentrale. Das kostet dann zwar etwas,

66 Mehrbett- statt Einbettzimmer und Verzicht auf den Chefarzt im Krankenhaus?

———

doch diese Investition kann sich lohnen, wenn dadurch ein günstigerer Versicherungsbeitrag herausspringt.

Eine Alternative kann es sein, an den Leistungen Ihres Tarifs etwas zu verändern: Mehrbett- statt Einbettzimmer und Verzicht auf den Chefarzt im Krankenhaus? Je nach Tarif können Sie dadurch einige Hundert Euro pro Jahr sparen. Wenn Ihnen die Ersparnis wichtig ist, sollten Sie bei Ihrem Versicherer nach solchen Veränderungen fragen.

Am Selbstbehalt drehen

Behutsames Vorgehen ist auch gefragt, falls Sie überlegen, den Selbstbehalt zu erhöhen, um Beiträge zu sparen. Erklären Sie sich bereit, im Krankheitsfall mehr aus eigener Tasche zu zahlen, kann das zwar auf den ersten Blick eine stattliche monatliche Beitragsersparnis bringen. Aber was ist, wenn doch eine langwierige Behandlung ansteht oder vielleicht nach einem Unfall eine um-

fangreiche Nachbehandlung notwendig sein sollte? Ein höherer Selbstbehalt ist nur sinnvoll, wenn die gesparten Beiträge höher sind als das, was Sie im schlimmsten Fall beim Ausschöpfen des Selbstbehalts aus eigener Tasche zahlen müssen.

Für Arbeitnehmer lohnt sich ein Selbstbehalt generell weniger als für Selbstständige. Sie sparen nur die Hälfte an Beiträgen, da der Arbeitgeber den anderen Teil trägt. Und am Selbstbehalt beteiligt sich der Arbeitgeber nicht.

Tarife mit weniger Leistungen

Als letzter Ausweg bleibt der Wechsel aus der privaten Vollversicherung in den leistungsschwächeren Basistarif oder in den „Standardtarif für Rentner". Ein Wechsel in den Standardtarif ist möglich, wenn der Versicherte bereits zehn Jahre privat versichert war und mindestens 65 Jahre alt ist. In Ausnahmefällen reicht auch das Alter von 55 Jahren für den Wechsel.

Der Standardtarif für Rentner ist nur für Versicherte zugänglich, die ihren Vertrag vor 2009 geschlossen haben. Der Standardtarif bietet in etwa das, was auch der Basistarif leistet, ist aber meist etwas günstiger. Der Schutz darf nicht mehr kosten als der maximale Beitrag für die gesetzliche Krankenversicherung – derzeit rund 640 Euro im Monat.

Für Ehepaare ist der Beitrag beider Partner zusammen im Standardtarif auf 150 Prozent des Höchstbeitrags zur gesetzlichen Krankenversicherung begrenzt.

Die nötige Ruhe
Als Privatpatient können Sie sich je nach Vertrag die Unterbringung im Einbettzimmer sichern. Kassenpatienten ohne entsprechende Zusatzversicherung müssen dafür in der Regel selbst zahlen.

→ Ansprüche nicht zu weit senken

Wie beim Vertragsabschluss gilt auch bei der Umstellung der Leistungen oder des Tarifs: Senken Sie Ihre Ansprüche nicht zu weit! Rückgängig machen können Sie die Einschränkungen im Nachhinein in der Regel nicht mehr. Und wenn Sie später auf Leistungen angewiesen sein sollten und diese nicht bekommen, zahlen Sie letztlich doch mehr, als Sie an Beiträgen gespart haben.

Wenn der Versicherer nicht zahlt?

Will der Versicherer für eine Behandlung nicht aufkommen, sollten Sie sich wehren und beim Unternehmen nachhaken, welche Gründe zur Ablehnung geführt haben. Und wenn Sie dort auch mit Hartnäckigkeit nicht weiterkommen, bleibt Ihnen der Weg zum Ombudsmann für die private Kranken- und Pflegeversicherung. Versicherer oder Kunde können den Ombudsmann anrufen und so den Streit außergerichtlich und damit für den Kunden kostenlos klären lassen. Die Beschwerdestatistik des Ombudsmannes zeigt, dass die Zahl der unzufriedenen Kunden, die sich wehren, zwar in den vergangenen Jahren etwas zurückgegangen ist, aber immer noch höher ist als beispielsweise im Jahr 2009.

Sind Sie selbst mit der Entscheidung des Ombudsmannes nicht zufrieden, bleibt Ihnen nur die Möglichkeit, vor Gericht zu ziehen. Da anders als bei einer Auseinandersetzung mit der gesetzlichen Krankenkasse nicht das Sozialgericht zuständig ist, sollten Sie sich vorher über die möglichen Kosten eines Zivilprozesses klarwerden. Am besten sollten Sie diesen Schritt nicht ohne Rechtsschutzversicherung gehen, denn das Prozesskostenrisiko ist viel höher als beim Sozialgericht.

▶ Einen Überblick zu den Mindestanforderungen, die Finanztest an die Tarife für eine private Krankenversicherung stellt, und die jüngsten Testergebnisse finden Sie im Internet unter www.test.de, Suchwort: „Private Krankenversicherung".

Risiko Pflegefall:
Für den Ernstfall vorsorgen

Was wäre wenn? Am besten machen Sie sich nicht erst im Alter von 60 Jahren Gedanken über die Absicherung für den Pflegefall. Je früher Sie vorsorgen, desto günstiger.

Die Menschen werden immer älter, und damit bekommt auch das Thema „Absicherung für den Pflegefall" eine immer größere Bedeutung. Alle, die in der gesetzlichen Krankenkasse sind, zahlen auch Beiträge an die gesetzliche Pflegeversicherung. Die Pflegekasse ist bei der Krankenkasse angesiedelt.

Der Beitragssatz liegt 2015 bei 2,35 Prozent für Versicherte mit Kindern und Kinderlose, die vor 1940 geboren wurden. Kinderlose, die älter als 23 Jahre sind, zahlen einen Beitragssatz von 2,6 Prozent.

Pflichtbeiträge für die Pflegeabsicherung zahlen aber auch diejenigen, die in einer privaten Krankenversicherung sind: Sie sind verpflichtet, zusätzlich zu ihrer privaten Krankenversicherung Beiträge an die Pflegepflichtversicherung abzuführen.

Mit beiden Versicherungsformen haben Sie Schutz für den Fall, dass Sie für mindestens sechs Monate auf Unterstützung angewiesen sein werden. Die Leistungen, die die gesetzliche Pflegeversicherung dann gewährt, richten sich danach, in welche Pflegestufe der Betroffene eingestuft wurde und wo und von wem er versorgt wird. Der Haken bei der Sache: Die Leistungen reichen nicht aus, um die tatsächlichen Ausgaben im Pflegefall zu decken. Umso wichtiger ist es, sich frühzeitig Gedanken über eine zusätzliche Absicherung zu machen.

Die gesetzlichen Leistungen

Derzeit unterscheidet die Pflegekasse in drei Stufen zwischen erheblicher (Stufe I), schwerer (Stufe II) und schwerster (Stufe III) Pflegebedürftigkeit. Im Falle von schwerster Pflegebedürftigkeit können die Pflegekassen die Betroffenen noch als besonderen Härtefall einstufen.

Dazu kommt die Pflegestufe 0: Sie kommt für Versicherte infrage, die an einer geistig-seelischen Störung wie einer Demenzerkrankung leiden. Sie schaffen es zwar vielleicht noch, sich anzuziehen oder die Zähne zu putzen, benötigen aber trotzdem regelmäßige Betreuung. Auch in dem Fall zahlt die Pflegeversicherung zumindest etwas Geld. Kommt eine solche Erkrankung zu einer der Pflegestufen I bis III hinzu, erhöhen sich die Leistungen zum Teil.

Wird der Pflegebedürftige zuhause versorgt, sind die Leistungen niedriger, als wenn er in einem Heim untergebracht ist. Kommt ein Pflegedienst ins Haus, zahlt die Pflegeversicherung mehr, als wenn Angehörige die Pflege übernehmen. Übernehmen beispielsweise der Sohn oder eine gute Freundin ohne professionelle Ausbildung die Betreuung zuhause, zahlt die Pflegekasse im Jahr 2015 in Pflegestufe I monatlich 244 Euro, in Pflegestufe III 728 Euro im Monat als Pflegegeld, wenn der Pflegebedürftige nicht

Geld für die Pflege

Für Pflege zuhause gibt es Pflegegeld für Angehörige oder einen festen Betrag für die Arbeit von Profikräften. Leistungen der Tages- und Nachtpflege werden nicht mehr mit dem Pflegegeld oder dem Betrag für den Pflegedienst verrechnet. Es gibt sie zusätzlich.

Pflege-stufe	Monatliche Leistungen der Pflege-kasse für … (in Euro)		Pflege-stufe	Monatliche Leistungen der Pflege-kasse für … (in Euro)	
	Demente Pfle-gebedürftige	Nichtdemente Pflegebedürftige		Demente Pfle-gebedürftige	Nichtdemente Pflegebedürftige

Pflegegeld für pflegende Angehörige

0	123	–	
I	316	244	
II	545	458	
III	728	728	

Tages- oder Nachtpflege in einer Einrichtung

0	231	–	
I	689	468	
II	1298	1144	
III	1612	1612	

Geld für Pflege durch einen Pflegedienst (Pflegesachleistungen)

0	231	–
I	689	468
II	1298	1144
III	1612	1612

Vollstationäre Pflege in einer Einrichtung

0	–	–
I	1064	1064
II	1330	1330
III	1612	1612

So erhalten Sie Leistungen aus der Pflegekasse

Zeichnet sich ab, dass Sie oder ein Angehöriger Hilfe brauchen, ist es Zeit, Pflegeleistungen zu beantragen.

☐ **Antrag.** Sie als Angehöriger oder – wenn es möglich ist – der Versicherte selbst stellen bei der Krankenkasse einen Antrag auf Leistungen aus der gesetzlichen Pflegeversicherung. Privat Versicherte wenden sich an ihre private Krankenversicherung.

☐ **Gutachterbesuch.** Innerhalb weniger Wochen danach wird ein Gutachter des Medizinischen Dienstes der Krankenversicherung (MDK) kommen, um zu ermitteln, wie umfangreich der Hilfebedarf ist. Für privat Versicherte kommt ein Gutachter der Firma Medicproof. Hilfreich ist, wenn Sie eine weitere Person beim Gutachterbesuch dabeihaben, zum Beispiel einen Mitarbeiter des Pflegedienstes.

☐ **Pflegetagebuch.** Die Zeit bis zum Gutachterbesuch sollten Sie nutzen, um in ein Pflegetagebuch einzutragen, welche pflegerischen Tätigkeiten anfallen und wie viel Zeit etwa zur Unterstützung bei der Körperpflege oder Hauswirtschaft notwendig ist.

☐ **Warten auf die Einstufung.** Die Entscheidung über die Pflegestufe muss die Pflegeversicherung dem Antragsteller spätestens fünf Wochen nach seinem Antrag in einem schriftlichen Bescheid mitteilen.

☐ **Widerspruch.** Sind Sie mit der Einstufung nicht einverstanden, können Sie als gesetzlich Kranken- und Pflegeversicherter innerhalb eines Monats Widerspruch einlegen. Zunächst genügt ein formloses Schreiben. Eine ausführliche Begründung für den Widerspruch können Sie nachreichen. Auch Mitglieder der privaten Pflegepflichtversicherung können Widerspruch einlegen.

☐ **Klagen.** Ist der Widerspruch nicht erfolgreich, bleibt für gesetzlich Versicherte noch die Möglichkeit, vor das Sozialgericht zu ziehen. Privat Versicherte müssen bei einem Zivilgericht für die Leistung kämpfen.

dement ist. Höher sind die Zahlungen, wenn ein professioneller Pflegedienst ins Haus kommt (siehe Tabelle S. 91).

Zuletzt hat die Bundesregierung allerdings Pläne für eine umfassende Pflegereform vorgelegt. Die entscheidende Änderung ab 2017: Der Begriff der Pflegebedürftigkeit soll völlig neu definiert werden, es soll künftig fünf Pflegegrade geben.

Zusätzlich vorsorgen

Trotz der Leistungen aus der gesetzlichen Pflegeversicherung bleibt eine finanzielle Lücke. Die Stiftung Warentest hat 2015 Statistiken und die Einschätzungen von Pflegeexperten genutzt, um die Versorgungslücke zu ermitteln. Diese kann enorm sein. Lebt beispielsweise ein Versicherter mit Pflegestufe II im Heim, erhält er von der gesetzlichen Pflegeversicherung 1330 Euro im Monat. Er selbst muss dann noch 980 Euro für die reinen Pflegeleistungen aus eigener Tasche aufbringen. Ausgaben für Unterkunft und Verpflegung kommen noch dazu.

Werden Pflegebedürftige mit Stufe I oder II zuhause versorgt, beträgt die Versorgungslücke je nach Stufe im Schnitt 540 oder 1295 Euro.

Eine Möglichkeit, für eine solche Situation vorzusorgen, wäre, regelmäßig Geld sicher anzulegen, sodass Sie im Ernstfall darauf zugreifen können. Was das Sparen bringen kann, zeigt das folgende Beispiel:

Roland Bauer beginnt im Alter von 55 Jahren damit, jeden Monat 250 Euro für eine eventuelle Pflegebedürftigkeit zurückzulegen. Bei einem Zinssatz von 2 Prozent kommt er nach 20 Jahren Sparen auf 73 679 Euro. Würde er dieses Geld weiter zu 2 Prozent Zinsen anlegen, könnte er ab dem 75. Geburtstag von dieser Summe sechs Jahre und sechs Monate lang 1000 Euro pro Monat entnehmen, dann wäre das Ersparte allerdings aufgebraucht. Steuerliche Aspekte sind bei dieser Rechnung nicht berücksichtigt. Da auf Zinsen ab einer bestimmten Höhe Steuern fällig werden, kann es je nach Einkommenslage sein, dass weniger Geld angespart wird, beziehungsweise dass das Angesparte weniger lange reicht.

Private Zusatzversicherungen als Alternative

Wer sich keine Sorgen machen möchte, irgendwann die notwendigen Mittel nicht mehr zur Verfügung zu haben, kann sich alternativ für eine Pflegezusatzversicherung entscheiden, die es in verschiedenen Ausprägungen gibt. Verglichen mit dem vorherigen Rechenbeispiel hat ein solcher Vertrag den Vorteil, dass der Schutz für deutlich weniger als 250 Euro im Monat zu haben ist. Außerdem haben die Kunden die Sicherheit, dass der Versicherer auch zahlen muss, wenn die eingezahlten Beiträge bereits verbraucht sind.

Allerdings gilt natürlich: Sollte der Versicherte auch in hohem Alter niemals pflegebedürftig werden, bekommt er für seine Einzahlungen keine Gegenleistung.

Das eingezahlte Geld können Versicherte ebenfalls verlieren, wenn sie in eine finanzielle Notlage geraten und sich die Beiträge nicht mehr leisten können. Denn wer zum Beispiel den Beitrag zur Pflegetagegeldversicherung nicht zahlt, hat keinen Versicherungsschutz mehr. Was er bis dahin eingezahlt hat, ist weg, weil es sich ja nicht um Erspartes handelt, auf das man bei Bedarf zurückgreifen kann. Hier heißt es abwägen.

Die privaten Versicherer bieten verschiedene Möglichkeiten an, um die Lücken der sozialen Pflegeversicherung bei ihnen zu schließen:

▶ **Pflegetagegeldversicherung:** Der Kunde erhält für jeden Tag der Pflegebedürftigkeit ein vorher festgelegtes Tagegeld, über das er frei verfügen kann.

▶ **Pflegekostenversicherung:** Der Versicherer übernimmt die tatsächlichen Pflegekosten, die über die gesetzliche Pflegeversicherung nicht abgedeckt werden, in der Regel bis zu einem bestimmten Höchstbetrag. Das Geld ist damit an bestimmte Ausgaben gebunden und kann nicht frei eingesetzt werden.

▶ **Pflegerentenversicherung:** Der Versicherte bekommt bei Pflegebedürftigkeit eine Rente, über die er frei verfügen kann.

Erste Wahl wäre eine Pflegetagegeldversicherung. Der Versicherer zahlt dann ab Beginn der Pflegebedürftigkeit für jeden Tag ein vorab vereinbartes Tagegeld aus.

Die Besten im Test

Im unserem letzten Test waren ungeförderte Tarife, staatlich geförderte Tarife mit 5 Euro Zulage im Monat („Pflege-Bahr") und Kombitarife mit einem ungeförderten und einem geförderten Tarifanteil. Testsieger für 45-jährige Kunden sind die Württembergische mit dem Tarif PTPU, die HanseMerkur mit PA sowie PA und PB und die DFV mit der DFV-DeutschlandPflege Ergänzungsabdeckung und DFV-FörderPflege. Für 55-Jährige schnitt allein der Tarif PTPU der Württembergischen sehr gut ab.

Empfehlenswert ist es, eine solche Versicherung im Alter zwischen 40 und 58 abzuschließen. Dann ist der Schutz noch vergleichsweise günstig. Je später Sie sich für den Schutz entscheiden, desto teurer wird er. Haben Sie bereits Vorerkrankungen, treibt das den Beitrag weiter in die Höhe. Wer erst mit 60 oder 65 Jahren einen solchen Vertrag abschließen will, sollte sich darauf einstellen, dass er vermutlich mehr als 100 Euro im Monat dafür zahlen muss. Oder er bekommt ihn aufgrund von Vorerkrankungen gar nicht mehr.

Wenn Sie noch die Chance auf eine Pflegetagegeldversicherung haben und Ihnen auch der Beitrag akzeptabel erscheint, wählen Sie nicht das erstbeste Angebot aus, sondern vergleichen Sie mehrere Tarife und prüfen Sie die Bedingungen. Wichtig ist, wie viel der Versicherer im Ernstfall zahlt und was der Kunde dafür an Beiträgen leisten muss. Außerdem sollte aus dem Vertrag schon bei einer niedrigeren Pflegestufe Geld fließen. Denn die Wahrscheinlichkeit, in Stufe I oder II zu gelangen, ist höher als in Stufe III.

Achten Sie vor der Unterschrift auch noch auf andere Details: Wie lange dauert es zum Beispiel nach Vertragsabschluss, bis Sie Anspruch auf Leistungen aus der Tagegeldversicherung haben?

Checkliste

Den richtigen Tarif wählen

Damit Ihnen die Zusatzversicherung im Pflegefall das bringt, was Sie sich erhoffen, sollten Sie auf einige Punkte in den Vertragsbedingungen achten:

☐ **Wartezeit.** In der Regel haben Versicherte frühestens drei Jahre nach Vertragsabschluss Anspruch auf Leistungen (bei staatlich geförderten Verträgen nach fünf Jahren). Etliche Unternehmen verzichten jedoch auf diese Wartezeit oder machen zumindest eine Ausnahme, wenn der Kunde durch einen Unfall pflegebedürftig wird. Einen solchen Vertrag sollten Sie denen mit Wartezeit vorziehen.

☐ **Beiträge im Leistungsfall.** Beachten Sie, dass Sie je nach Vertrag häufig weiter Versicherungsbeiträge zahlen müssen, obwohl Sie bereits Geld aus dem Vertrag bekommen. Rechnen Sie beide Beträge gegeneinander auf, bleibt letztlich von dem ausgezahlten Tagegeld weniger übrig. Von Vorteil ist es deshalb, wenn Sie ein Angebot finden, bei dem Sie im Leistungsfall keine weiteren Beiträge zahlen müssen.

☐ **Prüfung der Pflegebedürftigkeit.** Es gibt viele Versicherer, die sich auf die Einstufung durch die gesetzliche Pflegeversicherung verlassen. Andere behalten sich vor, die Pflegebedürftigkeit selbst noch einmal überprüfen lassen zu können, womöglich in regelmäßigen Abständen. Solche Verträge sollten Sie meiden.

Um Ihren Schutz für den Ernstfall nicht aufs Spiel zu setzen, müssen Sie bei Vertragsabschluss im Antrag für die Versicherung alle Fragen zum Gesundheitszustand richtig beantworten. Machen Sie bei Abschluss des Vertrags falsche Angaben oder lassen Sie Erkrankungen weg, können Sie Probleme bekommen, wenn Sie einmal Pflegeleistungen benötigen. Unter bestimmten Umständen hat der Versicherer das Recht, vom Vertrag zurückzutreten. Dann geht der Pflegebedürftige trotz jahrzehntelanger Beitragszahlung leer aus.

Geben Sie eine Vorerkrankung im Antrag an, kann das zwar bedeuten, dass es schwer wird, einen günstigen Vertrag zu bekommen. Aber das ist immer noch besser, als womöglich mit leeren Händen dazustehen, wenn Sie die Leistung benötigen.

Tagegeld mit staatlicher Förderung

Wer bereits Vorerkrankungen hat, findet oft keinen Versicherer mehr, bei dem er eine bezahlbare Pflegetagegeldversicherung abschließen kann. Für solche Fälle wurde 2013 der sogenannte Pflege-Bahr (benannt nach dem früheren Gesundheitsminister Daniel Bahr) eingeführt – staatlich geförderte Verträge zum Schutz vor Pflegebedürftigkeit.

Das Prinzip dahinter: Wer einen solchen Vertrag für eine Pflegetagegeldversicherung abschließt, erhält jeden Monat 5 Euro als Beitragszuschuss vom Staat, wenn er selbst mindestens 10 Euro für den Versicherungsschutz aufbringt. Auch Menschen, die bereits Vorerkrankungen haben, können einen solchen Vertrag abschließen – der Versicherer darf ihnen dafür keine höheren Beiträge in Rechnung stellen.

→ Besser kombinieren

Die staatlich geförderten Tarife allein bieten aber keine ausreichende Absicherung, und die Vertragsbedingungen sind in der Regel schlechter als bei den ungeförderten Angeboten. Deshalb rät Finanztest eher zu einem Kombitarif, der einen geförderten Tarifanteil mit einem ungeförderten Anteil verbindet. Die reinen Fördertarife sollten Sie nur in Betracht ziehen, wenn Sie wegen Ihres Alters oder einer Erkrankung keine ungeförderte Versicherung erhalten.

Pflegekostenversicherung:
Das Geld ist nicht frei verfügbar

Versicherte mit Pflegetagegeldversicherung können frei entscheiden, wofür sie die ausgezahlte Summe verwenden: Das Geld muss nicht zwangsläufig genutzt werden, um tatsächlich den Pflegedienst davon zu bezahlen. Anders ist die Regelung bei der Pflegekostenversicherung, die etwas günstiger ist. Hier hat der Versicherte den Nachteil, dass der Versicherer ausschließlich nachgewiesene Pflegekosten ersetzt.

Diese Verträge gibt es in zwei Varianten: Entweder der Versicherer stockt die Leistungen der gesetzlichen Pflegeversicherung um einen vorher festgelegten Prozentsatz auf. Dieser Satz sollte so hoch sein, dass die Police zusammen mit dem Geld aus der gesetzlichen Pflegeversicherung die Pflegekosten oder wenigstens den größten Teil davon deckt. Oder der Versicherer finanziert die restlichen Ausgaben, die nach Leistung der Pflegeversicherung übrig geblieben sind, bis zu einer monatlichen oder jährlichen Obergrenze.

Der Abschluss einer Pflegekostenversicherung ist meist bis zum 65. oder manchmal auch bis zum 70. Lebensjahr möglich. Doch auch hier gilt: Je jünger und gesünder Sie bei Abschluss sind, desto günstiger können Sie den Schutz bekommen.

Pflegerentenversicherung: Angebot mit Vor- und Nachteilen

Wer sich für den Abschluss einer Pflegerentenversicherung entscheidet, zahlt Beiträge in den Vertrag ein, um daraus dann eine lebenslange Rente beziehen zu können. Die Höhe der Beiträge bleibt während der Phase der Einzahlung in der Regel stabil. Meistens zahlen die Versicherten regelmäßig über einen längeren Zeitraum ein.

Bei manchen Versicherern ist es auch möglich, dass der Kunde nur einmalig einen größeren Betrag für den Schutz aufbringt. Im Gegenzug zahlt der Versicherer bei Nachweis von Pflegebedürftigkeit eine Rente aus, die vorher fest vereinbart wurde. Einige Angebote sind auch in Form einer klassischen privaten Rentenversicherung aufgebaut. Bei diesen Angeboten erhält der Kunde grundsätzlich eine monatliche Rente, sobald er ein bestimmtes Alter erreicht hat. Wird er darüber hinaus pflegebedürftig, steigt der ausgezahlte Rentenbetrag.

Das Geld aus der Pflegerentenversicherung fließt bis ans Lebensende, wenn der Versicherte so lange pflegebedürftig bleibt. Ist die Einstufung nur vorübergehend, zahlt die Versicherung nur für diese Zeit.

Ein Nachteil der Pflegerentenversicherung ist, dass mit dem Vertragsabschluss häufig hohe Abschluss- und Verwaltungskosten verbunden sind. Dennoch kann diese Vertragsvariante interessant sein, denn sie bietet den Kunden mehr Flexibilität als etwa eine Pflegetagegeldversicherung. Sie haben zum Beispiel die Möglichkeit, den Vertrag bei einem finanziellen Engpass beitragsfrei zu stellen, ohne dadurch die bereits gezahlten Beiträge zu verlieren. Die Rente fällt dann zwar entsprechend niedriger aus, doch anders als bei der Pflegetagegeldversicherung ist das eingezahlte Geld nicht verloren, wenn man nicht weiter einzahlt.

Ein weiterer Vorteil im Vergleich zu anderen Verträgen ist, dass die Pflegerentenversicherung auch schon helfen kann, wenn der Versicherte dement wird, körperlich ansonsten aber noch fit ist.

Schutz bei Invalidität

Für alle, die von ihrem Arbeitseinkommen leben, ist eine Berufsunfähigkeitsversicherung unbedingt zu empfehlen. Diese Police sollte die erste Wahl sein vor anderen privaten Versicherungen zum finanziellen Schutz vor Invalidität.

Als Arbeitnehmer oder Selbstständiger sind die meisten von Ihnen darauf angewiesen, dass Sie mit Ihrer Arbeit regelmäßig Geld verdienen, um die Ausgaben für Ihren Lebensunterhalt auf Dauer bestreiten zu können. Deshalb wird es eng für Sie und Ihre Familie, wenn etwa ein kaputter Rücken oder eine psychische Erkrankung die Arbeit unmöglich machen.

Fällt das Einkommen weg, weil Sie aus gesundheitlichen Gründen nicht mehr in der Lage sind, Ihren Beruf oder irgendeine andere Tätigkeit auszuüben, haben Sie unter bestimmten Voraussetzungen zwar zumindest Anspruch auf eine gesetzliche Erwerbsminderungsrente. Doch die Rentenleistung dürfte bei weitem nicht reichen, um sich das Leben von früher leisten zu können.

Ende 2014 lagen die Erwerbsminderungsrenten nach Abzug der Beiträge zur gesetzlichen Kranken- und Pflegeversicherung durchschnittlich bei nicht einmal 720 Euro im Monat. Bei Renten in dieser Höhe bleibt dann häufig je nach Gesamteinkommen und Familienverhältnissen nur die Möglichkeit, zusätzlich staatliche Hilfeleistungen in Anspruch zu nehmen.

Umso wichtiger ist es, sich für diesen Ernstfall vorzubereiten. Erste Wahl sollte dafür die private Berufsunfähigkeitsversicherung sein, um den Verlust des Einkommens finanziell auszugleichen.

HÄTTEN SIE'S GEWUSST?

Psychische Krankheiten liegen als Ursache für eine Berufsunfähigkeit klar an erster Stelle.

Spitzenreiter für die Bewilligung einer gesetzlichen Erwerbsminderungs-rente waren im Jahr 2014:

Bei Frauen
1: Psychische Krankheiten mit 49,1 %
2: Erkrankungen an Skelett, Muskeln und Bindegewebe mit nur noch 13,1 %

Bei Männern
1: Psychische Krankheiten mit 36,8 %
2: Erkrankungen des Kreislauf-systems mit 13,5 %

Quelle: Deutsche Rentenversicherung, 2015

Die Berufsunfähigkeitsversicherung bietet für so einen Fall mehr Schutz als etwa die private Unfallversicherung oder die private Erwerbsunfähigkeitsversicherung.

Die Lücke im gesetzlichen Schutz

Wenn Sie eine gesetzliche Erwerbsminderungsrente erhalten, hängt deren Höhe von der Höhe der geleisteten Rentenbeiträge ab.

Die Rente wegen voller oder teilweiser Erwerbsminderung ist 2001 an die Stelle der gesetzlichen Renten wegen Berufsunfähigkeit getreten. Für viele Versicherte hat sich seit dieser Gesetzesänderung der staatliche Schutz für den Fall der Invalidität erheblich verschlechtert.

Denn die Rentenversicherung zahlt bei Versicherten, die nach dem 1. Januar 1961 geboren wurden, erst, wenn sie in keiner Form mehr arbeiten können. Selbst wenn etwa ein 45-jähriger Automechaniker seinen Beruf körperlich nicht mehr ausüben, aber noch als Pförtner tätig sein könnte, bekommt er noch kein Geld aus der gesetzlichen Rentenversicherung – unabhängig davon, ob er überhaupt eine Chance auf eine Anstellung als Pförtner hat.

Eine Rente wegen voller Erwerbsminderung erhalten Versicherte wie der Mechaniker nur, wenn sie nicht mehr in der Lage sind, mindestens drei Stunden täglich in irgendeiner Form erwerbstätig zu sein. Eine Rente wegen teilweiser Erwerbsminderung gibt es für Versicherte, die zwar mehr als drei Stunden, aber keine sechs Stunden am Tag einer Erwerbstätigkeit nachgehen können. Aus den Statistiken der Deutschen Rentenversicherung geht hervor, dass es vor allem psychische Erkrankungen sind, die Berufstätige in diese Situation zwingen (siehe „Hätten Sie's gewusst" links).

Vor allem für Berufseinsteiger erschwert eine weitere Regelung die Situation: Sie haben häufig nicht einmal Anspruch auf eine gesetzliche Erwerbsminderungsrente (siehe „Abgesichert im ersten richtigen Job", S. 36). Voraussetzung für den Anspruch auf eine Erwerbsminderungsrente ist in der Regel, dass der Versicherte in den fünf Jahren vor Eintritt der Erwerbsminderung drei Jahre Pflichtbeiträge an die Rentenkasse gezahlt hat. In den ersten Berufsjahren ist das meist nicht zu erfüllen, wie das folgende Beispiel zeigt:

Johannes Brückmann hat 2013 sein Examen gemacht und im Februar 2014 seinen ersten richtigen Job bei einer Bank angetreten. Er arbeitet viel, setzt sich stark unter Druck, für Sport ist keine Zeit mehr. Im Oktober 2014 erleidet er einen Bandscheibenvorfall, ein zweiter folgt im März 2015. Das führt dazu, dass er nicht mehr in der Lage ist, seinen Job oder irgendeinen anderen Beruf auszuüben.

Sein Problem: Selbst wenn er aus gesundheitlichen Gründen Anspruch auf eine Erwerbsminderungsrente hätte, bekommt er kein Geld aus der gesetzlichen Rentenversicherung, denn er hat noch keine fünf Versicherungsjahre vorzuweisen. Hätte er diese, weil er zum Beispiel während des Studiums regelmäßig einen versicherungspflichtigen Job nebenbei ausgeübt hat, sähe seine finanzielle Situation etwas besser aus. Doch zum Erhalt des Lebensstandards würde das Geld aus der gesetzlichen Rentenversicherung auch dann kaum reichen.

Mit einer privaten Berufsunfähigkeitsversicherung kann er sich für diesen finanziellen Ernstfall wappnen. Bei vielen Tarifen hat sie auch den Vorteil, dass anders als bei

---

Auch Selbstständige, die keine Pflichtbeiträge mehr an die gesetzliche Rentenversicherung leisten, erfüllen häufig die Vorgaben für eine gesetzliche Erwerbsminderungsrente nicht. Sie sollten unbedingt privat vorsorgen, entweder mit einer Berufsunfähigkeitsversicherung oder zumindest mit einer Dread-Disease- oder Erwerbsunfähigkeitsversicherung (siehe „Alternativen mit Schwächen", S. 106). Vorher sollten sie sich bei der gesetzlichen Rentenversicherung beraten lassen, ob sie sich doch den Anspruch auf Leistungen aus der Rentenkasse sichern können.

der gesetzlichen Erwerbsminderungsrente entscheidend ist, ob die Arbeit im eigenen Beruf (und nicht in irgendeinem) noch möglich ist. Kunden mit älteren Tarifen kann es allerdings passieren, dass der Versicherer nicht einspringt, wenn der Kunde irgendeine andere Tätigkeit ausführen kann, die aufgrund seiner Ausbildung oder Erfahrung ausgeübt werden könnte.

Stellt sich heraus, dass der Versicherte nicht mehr zu mindestens 50 Prozent in einem entsprechenden Beruf tätig sein kann, kann er von seinem Versicherer die vereinbarte Rente bekommen. Dabei spielt es keine Rolle, ob er etwa aufgrund eines Unfalls, einer körperlichen oder einer psychischen Erkrankung seine Berufstätigkeit aufgeben muss.

Die passende Berufsunfähigkeitsversicherung

Eine Berufsunfähigkeitsversicherung sollten Sie nach Möglichkeit haben. Es ist aber nicht immer leicht, guten Schutz zu erhalten. Je jünger und gesünder Sie sind, desto einfacher ist es.

Für alle, die im Berufsleben stehen, aber auch für Hausfrauen, Auszubildende und Studenten ist die Berufsunfähigkeitsversicherung unbedingt zu empfehlen. Sie ist wichtig für die eigene Absicherung und zum Schutz der Angehörigen, die vom fehlenden Einkommen genauso betroffen wären.

Allerdings: Längst nicht jeder, der eine private Berufsunfähigkeitsversicherung abschließen möchte, kann sicher sein, diese auch zu bekommen. Zwei Hürden stehen vor dem Vertragsabschluss:

❶ **Die Gesundheitsprüfung:** Die Versicherer geben längst nicht jedem Kunden einen Vertrag, der ihn abschließen möchte. Denn der Versicherer stellt Fragen zu Erkrankungen und gesundheitlichen Problemen in den vergangenen Jahren. Die Folge kann sein, dass dem Versicherer das Risiko, dass es aufgrund der vorhandenen Probleme tatsächlich zu einem Versicherungsfall kommen kann, zu groß ist und der Kunde den gewünschten Schutz nicht erhält. Oder der Versicherer verlangt für den Schutz einen Risikozuschlag.

2 **Der Preis:** Eine private Berufsunfähigkeitsversicherung gehört im Vergleich zu anderen Versicherungen zu den teureren Verträgen. Das bestätigen die Testergebnisse der Stiftung Warentest, die zum Beispiel Berufsunfähigkeitsversicherungen als Einzelvertrag oder in Kombination mit einer Risikolebensversicherung überprüft hat. Nach den Ergebnissen im Sommer 2015 muss zum Beispiel ein 30-jähriger Diplomkaufmann, der sich eine Rente in Höhe von 2 000 Euro monatlich für den Fall der Berufsunfähigkeit sichern möchte, für sehr guten Schutz mindestens knapp 800 Euro im Jahr zahlen.

Beruf, Rentenhöhe und Gesundheitszustand

Diplomkaufleute wie im Beispiel gehören noch zu den „günstigen" Kunden: Bei ihnen gehen die Versicherer von einem eher geringen Risiko aus, dass sie berufsunfähig werden. Ein deutlich höheres Risiko sehen sie hingegen etwa bei Maurern oder Schornsteinfegern. Angehörige dieser Berufsgruppen müssen meist damit rechnen, mehr für den Schutz zu zahlen als etwa Arbeitnehmer mit einem Bürojob.

Wenn Sie eine niedrigere Rente vereinbaren als die 2 000 Euro im Beispiel, sind natürlich günstigere Beiträge drin. Die Höhe der Berufsunfähigkeitsrente sollten Sie aber

Die Besten im Test

Die Stiftung Warentest hat 70 Tarife untersucht und für drei Modellkunden die Beiträge für unterschiedliche Rentenhöhen ermittelt. Spitzenreiter im Test waren die Toptarife von Provinzial Rheinland, Europa und Condor. Besonders günstig für die Modellkunden waren Bayerische (Komforttarif, 768 Euro Jahresbeitrag für Diplomkaufleute), und Europa (802 Euro für Industriemechaniker, 432 Euro für Arzthelferin).

nicht zu weit herunterschrauben, weil sonst trotz Rente womöglich die alltäglichen Ausgaben nicht zu decken sind und Sie zum Beispiel dann Ihre Ausgaben für eine private Altersvorsorge nicht weiter bestreiten können. Eine private Altersvorsorge brauchen Sie aber dringend, falls Sie berufsunfähig werden. Denn die Versicherer zahlen die Berufsunfähigkeitsrente nicht bis zum Lebensende, sondern nur bis zum vereinbarten Laufzeitende – also zum Beispiel bis zum 65. oder 67., je nach Vertrag auch nur bis zum 60. Lebensjahr. In der Zeit danach sind Sie auf andere Vorsorge angewiesen (siehe „Finanziell vorsorgen" ab S. 159).

Je jünger der Kunde bei Vertragsabschluss ist und je gesünder, desto größer sind seine

Chancen, den Versicherungsschutz günstig zu bekommen. Deshalb empfiehlt es sich, den Vertrag so früh wie möglich abzuschließen. Wer zum Beispiel schon während des Studiums oder zu Ausbildungsbeginn unterschreibt, kann deutlich an Beiträgen sparen. Wollen Eltern ihren Kindern etwas Gutes tun, wäre es eine sinnvolle Hilfe, wenn sie zum Beispiel in der Ausbildungszeit die fälligen Beiträge übernehmen.

Zunehmendes Alter und mögliche Gesundheitsprobleme, die im Laufe der Jahre auftreten, können den Preis nicht nur enorm in die Höhe treiben, sie können auch zu einem grundsätzlichen Problem werden, wenn die Gesundheitsfragen zu beantworten sind. Die Versicherer überlegen sich gut, ob sie einen Kunden, der beispielsweise schon einmal Rückenprobleme oder Allergien hatte, aufnehmen.

Wenn ein Kunde Vorerkrankungen hat, muss er damit rechnen, entweder gar keinen Vertrag zu bekommen – dieses Risiko besteht zum Beispiel für jemanden, der bereits in psychotherapeutischer Behandlung war – oder nur einen Vertrag mit Risikozuschlägen.

Das heißt: Wer etwa eine schwere Knieverletzung hatte, erhält vielleicht nur einen Vertrag, bei dem Berufsunfähigkeit infolge von Knieproblemen vom Versicherungsschutz ausgeschlossen ist. Zum Teil bieten die Versicherer aber an, diesen Ausschluss nach einer bestimmten Frist noch einmal zu überprüfen.

Versuchen Sie nicht, durch Verschweigen von Vorerkrankungen günstigeren oder besseren Schutz zu bekommen. Das bringt nichts, denn womöglich stehen Sie dann im Ernstfall mit leeren Händen da. Beantworten Sie die Gesundheitsfragen, die der Versicherer im Antrag stellt, so genau wie möglich und halten Sie gegebenenfalls Rücksprache mit Ihrem Arzt. Der Versicherer

Schutz im Paket: Sie können die Berufsunfähigkeitsversicherung als einzelnen Vertrag abschließen oder den Schutz kombinieren. Vermeiden Sie aber, den Schutz in einem Vertrag mit der Altersvorsorge zu koppeln. Entscheiden Sie sich lieber für eine Kombination mit einer Risikolebensversicherung, die im Todesfall den Angehörigen eine vorher vereinbarte Summe auszahlt. Diese Kombination ist zu empfehlen. Wenn Sie die Berufsunfähigkeitsversicherung mit einer Kapitallebens- oder einer Rentenversicherung kombinieren, riskieren Sie, zugunsten einer höheren Altersrente zu wenig für die Berufsunfähigkeit zu vereinbaren.

wird nicht zahlen, wenn Sie falsche Angaben gemacht haben. Selbst wenn Sie aus Versehen eine Vorerkrankung vergessen haben, kann es sein, dass Sie bei Berufsunfähigkeit tatsächlich keine Leistungen erhalten.

→ Wie lassen sich die Chancen auf einen Vertrag erhöhen?

Trotz Vorerkrankung sollten Sie versuchen, einen Vertrag zu bekommen. Wenden Sie sich parallel an mehrere Versicherer. Dann bekommen Sie mehrere Angebote und können gezielt vergleichen, wie unterschiedlich Ihr Risiko von den Versicherern eingeschätzt wird. Erhebt der Versicherer einen Risikozuschlag oder schließt er Leistungen bei bestimmten Vorfällen vom Schutz aus, versuchen Sie mit ihm zu verhandeln, dass diese Einschränkungen nicht auf Dauer gelten, sondern später wegfallen oder der Fall erneut geprüft wird.

Der Blick ins Kleingedruckte lohnt sich

Die Entscheidung für die eine oder die andere Berufsunfähigkeitsversicherung sollten Sie nicht nur vom Preis abhängig machen, sondern vor allem von den Vertragsbedingungen. Um bessere Chancen auf eine Rente des Versicherers zu haben, kann sich der Blick auf einige Vertragsklauseln auszahlen, zum Beispiel:

▸ **Verzicht auf abstrakte Verweisung:** Abstrakte Verweisung bedeutet, dass der Versicherer beispielsweise einem angestellten Kaminbauer aufgrund der Vertragsbedingungen die Rentenzahlung verweigern kann, weil dieser zwar nicht mehr handwerklich tätig sein kann, aber zum Beispiel immer noch als Verkäufer und Berater im Geschäft eines Kaminbauers arbeiten könnte. Es spielt keine Rolle, ob er in diesem Beruf überhaupt Chancen auf eine Anstellung hätte.

Achten Sie deshalb unbedingt darauf, dass der Versicherer darauf verzichtet, dass er Sie auf einen anderen Beruf verweisen kann, wenn Sie in Ihrem bisherigen Beruf nicht mehr zu mindestens 50 Prozent tätig sein können.

▸ **Nachversicherungsgarantie:** Welche Möglichkeiten einer Nachversicherung sind in den Vertragsbedingungen genannt? Können Sie beispielsweise Ihre Berufsunfähigkeitsrente ohne erneute Gesundheitsprüfung erhöhen, falls Sie heiraten oder Kinder bekommen? Bis zu welcher Höhe können Sie den Versicherungsschutz zu so einem Anlass aufstocken?

▸ **Rückwirkende Leistung in den ersten sechs Monaten:** Zahlt der Versicherer rückwirkend ab Beginn der Berufsunfähigkeit, wenn sich nicht sofort feststellen lässt, ob der Patient berufsunfähig bleibt?

▶ **Verspätete Meldung:** Zahlt der Versicherer rückwirkend für bis zu drei Jahre, wenn Sie die Berufsunfähigkeit verspätet melden?

Alternativen mit Schwächen

Erhalten Sie keine Berufsunfähigkeitsversicherung oder können Sie sich diesen Schutz nicht leisten, gibt es einige verwandte Versicherungen, die ähnlichem Schutz bieten. Sie haben aber unterschiedliche Schwächen:

▶ **Erwerbsunfähigkeitsversicherung:** Dieser Schutz ist zwar in der Regel etwas günstiger als eine private Berufsunfähigkeitsversicherung, doch dafür können die Kunden auch erst dann eine Rente bekommen, wenn sie nicht mehr in der Lage sind, in irgendeiner Form erwerbstätig zu sein. Der erlernte Beruf spielt anders als bei der Berufsunfähigkeitsversicherung keine Rolle. Wenn sie keine Berufsunfähigkeitsversicherung bekommen, können Sie prüfen, ob und zu welchem Preis Sie den Erwerbsunfähigkeitsschutz abschließen können. Da Sie aber auch hier Gesundheitsfragen beantworten müssen, kann es sein, dass Ihnen auch dieser Schutz bei Vorerkrankungen verwehrt wird.

▶ **Dread-Disease-Versicherung:** Der Versicherer zahlt eine vorher fest vereinbarte Summe aus, wenn Sie schwer erkranken. Bei welchen Erkrankungen es Geld gibt, ist in den Vertragsbedingungen festgelegt. Das Geld fließt unabhängig davon, ob Sie weiter erwerbstätig sein können. Die Leistungen sind aber von vornherein auf im Vertrag festgelegte Krankheitsbilder beschränkt. Bei anderen Ursachen für eine Berufsunfähigkeit, zum Beispiel Burn-out, erhalten Sie dann kein Geld.

▶ **Unfallversicherung:** „Wozu noch eine Berufsunfähigkeitsversicherung – ich habe doch eine Unfallversicherung?" Falls Sie sich diese Frage stellen, unterschätzen Sie die Gefahr, durch eine Erkrankung berufsunfähig zu werden. Die Unfallversicherer zahlen nur bei einem Unfall. Sie kommen nicht für die Folgen von Krankheiten wie Krebs, Bandscheibenvorfall oder psychischen Problemen wie Depressionen auf. Psychische Erkrankungen sind nach Angaben der Deutschen Rentenversicherung am häufigsten Ursache für ein Ausscheiden aus dem Erwerbsleben (siehe Kasten „Hätten Sie's gewusst?", S. 100). Können Sie aufgrund von Krankheiten nicht mehr beruflich tätig sein, bietet nur die Berufsunfähigkeitsversicherung ausreichenden Schutz. Trotzdem kann auch eine private Unfallversicherung als Ergänzung insbesondere für die Freizeit sinnvoll sein, wie die folgenden Passagen zeigen.

Unfallversicherung: nur für Unfallfolgen

Eine Unfallversicherung gibt es immerhin in über 40 Prozent der Haushalte. Sie ist sinnvoll, doch der Schutz hat Lücken.

Ein Fahranfänger kommt bei Nässe mit dem Wagen von der Straße ab. Eine junge Frau verpasst beim Fensterputzen die letzte Stufe der Leiter. Ein älterer Radfahrer schneidet ein Auto. Kurze Momente der Unachtsamkeit wie in den Beispielen können das ganze Leben verändern, wenn Verletzungen so schwer sind, dass dauerhafte Beeinträchtigungen bleiben. Eine private Unfallversicherung mildert dann zumindest die finanziellen Folgen.

Die Versicherung zahlt unabhängig davon, ob ein Unfall beim Fahrradausflug am Sonntag, beim Wandern in den österreichischen Alpen oder auf der Fahrt zur Arbeit passiert ist.

Der Versicherte erhält eine vorab vereinbarte Summe, wenn er infolge eines plötzlich von außen auf seinen Körper wirkenden Ereignisses unfreiwillig eine dauerhafte körperliche Beeinträchtigung erleidet. Dauerhaft heißt in der Regel „für mindestens drei Jahre". In dem Fall zahlt der Unfallversicherer eine größere Summe, die helfen kann, das Zuhause behindertengerecht umzubauen und weitere organisatorische Vorkehrungen zu treffen.

Alles kann sich der Versicherte mit privatem Unfallschutz allerdings nicht erlauben: Nimmt er zum Beispiel an Autorennen teil, ist er leidenschaftlicher Taucher oder Fallschirmspringer, bekommt er meist keinen Schutz für den Fall, dass infolge dieser Aktivitäten etwas passiert.

Sollte ein Versicherter, der einen Unfall hat, bereits größere Vorschädigungen (mehr als 25 Prozent) haben, kann es ebenfalls sein, dass er nicht so viel Geld wie erwartet aus

Die Besten im Test

In der jüngsten Untersuchung schnitten einige Tarife sehr gut ab, beispielsweise P500 XXL MaxiTaxe der Interrisk, P350 Primus Plus der Swiss Life und P500 Komfort der SHB. Der Interrisk-Tarif kostet für Erwachsene in ungefährlichen Berufen 266 Euro im Jahr, der SHB-Tarif 192 Euro. Gute Angebote gibt es bereits ab 117 Euro Jahresbeitrag.

der Versicherung bekommt. Denn Vorschädigungen werden auf die durch den Unfall entstandenen Beeinträchtigungen angerechnet.

Das bietet die gesetzliche Unfallversicherung

Warum privater Schutz – es gibt doch auch die gesetzliche Unfallversicherung, denkt sich manch einer vielleicht. Während der Arbeits- oder Ausbildungszeit genießen Kinder, Jugendliche und Erwachsene tatsächlich den Schutz der gesetzlichen Unfallversicherung. Die Beiträge für diesen Zweig der gesetzlichen Sozialversicherung zahlen Arbeitgeber, Schulen und Hochschulen.

Bei Selbstständigen ist die Situation etwas anders: Je nach Beruf müssen sie in die gesetzliche Unfallversicherung einzahlen, oder sie können sich über die für sie zuständige Berufsgenossenschaft freiwillig gesetzlich versichern.

Die gesetzliche Unfallversicherung zahlt unter bestimmten Voraussetzungen nicht nur für Unfälle in Büro oder Werkstatt. Auch der Arbeitsweg fällt unter den Schutz, aber es zählt nur der direkte Weg – ein kurzer Abstecher zur Post oder in die Bäckerei beendet den Versicherungsschutz. Abgesichert sind hingegen Veranstaltungen Ihres Arbeitgebers wie Betriebssport oder Betriebsausflug. Auch auf dem direkten Weg dorthin sind Sie geschützt.

Versichert sind Sie ebenfalls während einer ehrenamtlichen Tätigkeit. Ohne gesetzlichen Unfallschutz sind hingegen Hausfrauen, Rentner und Kinder, die nicht in den Kindergarten oder die Schule gehen.

Die gesetzliche Unfallversicherung ist bei solchen Unfällen und bei Berufskrankheiten für die gesamte Rehabilitation zuständig. Außerdem unterstützt sie den Verunglückten so weit, dass er wenn möglich wieder in den Beruf und das soziale Umfeld integriert werden kann. Um den Lebensunterhalt in dieser Phase zu sichern, zahlen die Versicherungsträger Verletzten- beziehungsweise Übergangsgeld.

Es gilt der Grundsatz „Rehabilitation vor Rente", sodass erst alles versucht wird, eine Wiedereingliederung in den Beruf zu schaffen, ehe eine lebenslange Rente gezahlt wird. Eine Rente zahlen die Unfallversicherer im Übrigen erst, wenn die Erwerbsfähigkeit um mindestens 20 Prozent gemindert ist.

→ Den richtigen Ansprechpartner finden

Die gewerblichen Berufsgenossenschaften, die Unfallkassen und Gemeindeunfallversicherungsverbände haben sich zum gemeinsamen Spitzenverband „Deutsche Gesetzliche Unfallversicherung e. V." (DGUV) zusammengeschlossen. Über die Internetseite des Verbandes www.dguv.de finden Sie unter anderem Kontaktadressen, Ansprechpartner und Aufgabenbereiche der einzelnen Unfallversicherer.

Private Unfallversicherung schließt Freizeitlücke

Alle, die sich abseits von Arbeitsplatz, Schule und Ehrenamt vor den Folgen eines Unfalls schützen wollen, benötigen dafür eine private Unfallversicherung. Neben den normalen privaten Unfallversicherungen für Erwachsene gibt es Unfallversicherungen für Kinder sowie Produkte für Senioren, bei denen die Versicherer spezielle Hilfeleistungen nach einem Unfall anbieten.

Die normale private Unfallversicherung zahlt dem Versicherten eine größere Summe aus, wenn er durch einen Unfall dauerhafte Beeinträchtigungen davonträgt, also invalide wird. Je nachdem, wie hoch der Invaliditätsgrad ist, zahlen die Versicherer einen Anteil der Versicherungssumme. Den Invaliditätsgrad legen die Versicherer nach einer Liste der Körperteile (Gliedertaxe) fest.

Nach den Musterbedingungen des Gesamtverbandes der Deutschen Versicherungswirtschaft (GDV) entspricht zum Beispiel der Verlust der Funktionsfähigkeit eines Daumens einer Invalidität von 20 Prozent. Aber: Nicht bei jedem Versicherer erhalten Sie gleich viel für den gleichen Invaliditätsgrad. Gute zahlen mehr, als in den Musterbedingungen empfohlen ist.

Stellen die Ärzte eine Invalidität von 20 Prozent fest, könnten Sie also bei einer Versicherungssumme von 100 000 Euro 20 000 Euro ausgezahlt bekommen. Die Versicherungssumme sollte mindestens 100 000 Euro betragen.

HÄTTEN SIE'S GEWUSST?

Für den Unfallversicherer hat jeder Körperteil einen Wert. Wenn etwa die Hand oder das Knie nicht mehr funktionsfähig sind, richtet sich nach der **Gliedertaxe** die Höhe der Summe, die der Versicherer zahlt.

Invaliditätsgrad: Er liegt zum Beispiel bei 50 Prozent, wenn das Bein bis unterhalb des Knies nicht mehr funktionsfähig ist. Beim Daumen sind es 20 Prozent. Waren betroffene Körperteile bereits vorher dauerhaft beeinträchtigt, mindert sich der Invaliditätsgrad um die Vorinvalidität.

Abweichungen: Es kann sein, dass die Versicherer die einzelnen Körperteile anders (besser) bewerten.

Quelle: GDV, Allgemeine Unfallversicherungsbedingungen (AUB) 2014

Die Versicherten können aber noch deutlich mehr bekommen, wenn sie sich für einen Tarif mit Progression entscheiden. Enthält der Vertrag beispielsweise eine Progression von 500 Prozent, würde der Versicherte bei einer Invalidität von 100 Prozent – etwa durch Querschnittslähmung – 500 000 Euro erhalten. Eine solche Summe kann eine riesige Hilfe sein, wenn zum Beispiel das Haus behindertengerecht umgebaut und ein rollstuhlgeeignetes Fahrzeug angeschafft werden muss, um sich auf das neue Leben mit einer Behinderung vorzubereiten.

Die große Summe, die der Versicherer im Fall einer dauerhaften Beeinträchtigung zahlt, ist das entscheidende Kriterium für die Wahl der privaten Unfallversicherung. Zwar können Sie darüber hinaus weitere Leistungen vereinbaren, etwa die Zahlung eines Krankentagegeldes oder eines Krankenhaustagegeldes infolge eines Unfalls. Diese Leistungen sollten aber nicht ausschlaggebend für Ihre Wahl sein.

Der Blick ins Kleingedruckte

Die Unfallversicherung zahlt im Gegensatz zur Berufsunfähigkeitsversicherung nur nach einem Unfall, in der Regel aber nicht für die Folgen, die etwa psychische Erkrankungen oder Allergien haben. Und selbst wenn dem ersten Anschein nach alles für einen Unfall spricht, der auch unter den Schutz der Versicherung fällt, kann es letztlich noch passieren, dass der Verunglückte kein Geld bekommt.

Angenommen, ein junger Mann stolpert auf dem Heimweg und verletzt sich schwer am Auge und an der Hand. Die Folgen dieses plötzlichen Sturzes müssten doch versichert sein? Eigentlich ja, aber nicht immer. Was, wenn er gestürzt ist, weil er einen epileptischen Anfall hatte? In dem Fall würde der private Unfallversicherer die Zahlung verweigern. Eine Bewusstseinsstörung hat

> **66 Einige Versicherer zahlen zum Beispiel für Unfallfolgen nach einem Schlaganfall oder auch bei begrenztem Alkoholkonsum.**

zu dem Unfall geführt. Und bei solchen Störungen, die zum Beispiel auch durch Kreislaufprobleme hervorgerufen werden können, zahlen die Versicherer häufig nicht. Unfälle, die auf Alkohol- oder Medikamentenmissbrauch zurückzuführen sind, schließen sie grundsätzlich aus.

Vielleicht haben Sie aber einen besseren Tarif abgeschlossen, der weniger Fälle ausschließt als andere: Einige Versicherer zahlen etwa für Unfallfolgen nach einem Schlaganfall oder auch bei begrenztem Alkoholkonsum – zum Beispiel bis 1,1 Promille. Es lohnt sich, auf diese Extraleistungen zu achten, damit Sie bessere Chancen auf Leistungen haben.

Besonderes Angebot für Senioren

Kommen nach einem Unfall Haushaltshilfe oder Pflegedienst ins Haus, kann das gerade für Ältere eine sinnvolle Hilfe sein.

Spezielle Unfallversicherungen für Senioren bieten den Versicherten Hilfeleistungen an, sollten sie infolge eines Unfalls zum Beispiel auf eine Putzhilfe, Unterstützung bei der Morgentoilette oder beim Zubereiten von Mahlzeiten oder anderen Dingen des alltäglichen Lebens angewiesen sein. Diese „Assistance-Leistungen" erleichtern es älteren Verunglückten, nach einem Unfall in den eigenen vier Wänden bleiben zu können. Wenn sie Unterstützung brauchen, kommt jemand, der beim Duschen hilft, einkaufen geht und die Wäsche in die Maschine steckt.

Damit schließen die privaten Versicherer Lücken der gesetzlichen Sozialversicherung, etwa nach einem Hüftbruch:

▸ Die Krankenversicherung zahlt zwar auch für häusliche Krankenpflege. Voraussetzung ist aber, dass dadurch ein Krankenhausaufenthalt vermieden oder verkürzt werden kann.

▸ Geld aus der gesetzlichen Pflegeversicherung erhalten die Verunglückten erst, wenn sie in eine Pflegestufe eingeordnet werden können, also häufig erst nach sechs Monaten.

Die Senioren-Unfallversicherung springt früher ein. Sie zahlt auch, wenn keine dauerhafte Beeinträchtigung vorliegt. Sie kann somit sinnvoll sein für alle älteren Menschen, die keine Angehörigen in der Nähe haben, die sie unterstützen können. Angebote, die in erster Linie solche Hilfeleistungen gewähren, gibt es für unter 100 Euro im Jahr.

Wollen Sie sich zusätzlich zu den Hilfeleistungen im Haushalt oder bei der Pflege wie in der klassischen privaten Unfallversicherung noch eine größere Geldsumme sichern, müssen Sie natürlich mehr für die Versicherungspolice bezahlen. Hier können je nach vereinbarter Invaliditätssumme einige Hundert Euro im Jahr an Beiträgen zusammenkommen. Bei manchen Versicherern ist es nicht möglich, die Geldleistung gemeinsam mit den Hilfeleistungen in einem Vertrag abzuschließen, sondern es sind zwei separate Policen notwendig.

Die Vertragsbedingungen im Blick
Wie in der klassischen privaten Unfallversicherung gilt auch bei den Senioren-Verträgen in der Regel die Vorgabe, dass tatsächlich ein Unfall vorliegen muss, damit die

private Versicherung für die Folgen aufkommt. Nur wenige Versicherer zahlen auch für Hilfeleistungen, die nach einem Herzinfarkt oder einem Schlaganfall notwendig sind. Oder aber, wenn ein Oberschenkelhalsbruch nicht durch einen Unfall, sondern durch Osteoporose hervorgerufen wurde.

Auch an anderen Punkten in den Vertragsklauseln können kleine Unterschiede im Text zu großen Leistungsunterschieden führen: Geht zum Beispiel aus den Vertragsbedingungen hervor, dass der Versicherer alle Hilfeleistungen wie Einkaufen oder Putzen auch tatsächlich bezahlt, oder steht in den Bedingungen, dass der Versicherer die Leistungen lediglich vermittelt? Das würde bedeuten, dass Sie die Kosten trotz der Versicherung aus eigener Tasche übernehmen müssten.

Wer sich vorher durch das Kleingedruckte kämpft, erspart sich den Ärger hinterher, damit zu den körperlichen Schwächen nicht auch noch die Enttäuschung über fehlende Versicherungsleistungen kommt und das die Genesung erschwert.

Invaliditätsschutz für Kinder

Was ist, wenn sich mein Kind so schwer verletzt, dass es nie einen Beruf ausüben kann?

Auch für Kinder haben sich die Versicherer einiges einfallen lassen, um sie im Fall der Invalidität finanziell abzusichern. Es ist sinnvoll, wenn sich Eltern frühzeitig Gedanken über den Invaliditätsschutz von Sohn oder Tochter machen: Mithilfe privater Versicherungsverträge können Sie die Lücke schließen, die zum Beispiel im Schutz der gesetzlichen Unfallversicherung besteht. Denn wie Erwachsene auch sind Kinder in vielen, aber längst nicht in allen Situationen des Alltags über diesen Zweig der gesetzlichen Sozialversicherung geschützt.

Die gute Nachricht: Auf dem Weg in den Kindergarten gilt der Schutz der gesetzlichen Unfallversicherung genauso wie im Kindergarten selbst oder auch während der normalen Schulzeit oder auf einem Schulausflug. Prallt ein Junge zum Beispiel im Sportunterricht mit einem anderen Schüler zusammen, kommt die gesetzliche Unfallversicherung für mögliche Folgen auf.

Aber: Die gesetzliche Unfallversicherung bietet keinen Schutz bei sämtlichen Aktivitäten zuhause oder in der Freizeit. Hopsen zwei Mädchen nachmittags im Garten auf dem Trampolin, stoßen dabei zusammen und verletzen sich, kommt der gesetzliche Versicher für dauerhafte Folgen nicht auf. Wollen Eltern sich für so eine Situation wappnen, ist privater Versicherungsschutz notwendig. Außen vor beim Schutz der gesetzlichen Unfallversicherung sind beispielsweise auch Kinder, die (noch) nicht in den Kindergarten oder die Schule gehen.

Kinderinvaliditätsversicherung bietet am meisten

Um die Lücke im Schutz der gesetzlichen Unfallversicherung zu schließen, ist die Kinderinvaliditätsversicherung erste Wahl. Mit dieser Police sichern Sie sich eine finanzielle Leistung für den Fall, dass Ihr Kind schwerbehindert wird. Je nach Vertrag zahlt der Versicherer einen einmaligen Betrag, eine lebenslange Rente oder auch eine Kombination aus größerer Summe und Rente.

Dieses Geld kann dringend notwendig werden, wenn Sohn oder Tochter zum Beispiel infolge einer schweren Krankheit rund um die Uhr auf Hilfe angewiesen ist und ein Elternteil komplett aus dem Beruf aussteigen muss. Sie können zwar Geld aus der gesetzlichen Pflegeversicherung erhalten, wenn bei einem Kind eine Pflegestufe nachgewiesen wird, doch diese Leistungen reichen auf Dauer nicht, sodass eine ergänzende private Vorsorge sinnvoll ist. Das Geld kann auch notwendig sein, wenn etwa die Krankenkasse nicht alle Behandlungen zahlen will oder wenn eine Haushaltshilfe eingestellt werden muss, um sämtliche Aufgaben zuhause erledigen zu können.

Bei der Kinderinvaliditätsversicherung spielt es keine Rolle, was die Ursache für die Invalidität war – ob zum Beispiel ein Fahrradunfall schuld war, eine Krebserkrankung oder auch eine angeborene Krankheit.

Genau das zeichnet die Kinderinvaliditätsversicherung aus im Vergleich zur Kinderunfallversicherung, die nur für dauerhafte Gesundheitsschädigungen infolge eines Unfalls aufkommt.

Denn in den allermeisten Fällen sind Krankheiten und nicht Unfälle Ursache für Schwerbehinderungen. Das haben in der Vergangenheit unter anderem auch Erhebungen des Statistischen Bundesamts bestätigt. Häufig führten angeborene Behinderungen oder Krankheiten dazu, dass die Kleinen invalide wurden – deutlich häufiger als etwa ein Sturz beim Spielen oder ein Verkehrsunfall.

Der Schutz ist kein Schnäppchen

Wenn sich Eltern für eine Kinderinvaliditätsversicherung entscheiden, müssen sie allerdings mit Beiträgen von einigen Hundert Euro im Jahr rechnen. Doch selbst diese vergleichsweise hohen Beiträge bieten noch keine Zahlungsgarantie für jedwede Beeinträchtigung.

Denn die Versicherer schränken ihren Schutz ein. Einige Anbieter arbeiten mit zahlreichen Leistungsausschlüssen, einige mit weniger. Hier sollten Sie vor Vertragsabschluss unbedingt genau bei den einzelnen Anbietern nachhaken. In einer Sache können Sie sich allerdings sicher sein: Der Versicherer darf Ihnen die Leistung nicht automatisch verweigern, wenn die Invalidität Ihres Kindes aufgrund einer angeborenen Krankheit entstanden ist (siehe „Angeborene Krankheit zählt mit" unten).

Allerdings müssen Sie bei fast allen Anbietern damit rechnen, dass sie Neurosen, Psychosen, Persönlichkeits- und Verhaltensstörungen vom Versicherungsschutz ausschließen. Das mindert den Wert des Schutzes, denn Statistiken belegen, dass Störungen der geistigen Entwicklung zu den häufigsten Ursachen für eine Schwerbehinderung im Kindes- und Jugendalter gehören.

Schwerbehinderungen infolge von Unfällen und Krankheiten, die zum Beispiel durch Drogen ausgelöst wurden, sind ebenfalls nicht immer über den Vertrag abgedeckt.

Lebenslange Rente oder einmalige Zahlung?

Die Versicherer bieten den Eltern unterschiedliche Tarife an. Am sinnvollsten sind die Angebote, die eine lebenslange Rente garantieren, sollte das Kind im Laufe der Versicherungszeit, die meist bis zum 18. Lebensjahr dauert, schwerbehindert werden. Allerdings haben diese Tarife ihren Preis: Wenn Sie etwa über einen Vertrag nachdenken, der eine lebenslange Rente von 1 000 Euro im Monat bietet, kann es durchaus sein, dass Jahresbeiträge von über 300 Euro auf Sie zukommen, wie frühere Tarifvergleiche von Finanztest gezeigt haben.

Deutlich günstiger ist der Schutz, wenn der Versicherer im Fall der Invalidität nur einmalig eine größere Summe zahlt und keine Rente. Die größere Summe kann in der Anfangszeit wertvoll sein, um beispielsweise einen behindertengerechten Umbau zu finanzieren, eine Haushaltshilfe zu engagieren oder neue notwendige Einrichtungsgegenstände zu kaufen.

Hochgerechnet aufs gesamte Leben des versicherten Kindes wird das Geld jedoch

---

ℹ Angeborene Krankheit zählt mit: Lange Zeit haben viele Versicherer Behinderungen infolge einer angeborenen Krankheit aus dem Versicherungsschutz ausgeschlossen. Eine solche Klausel ist allerdings heute nicht mehr wirksam: Der Bundesgerichtshof hat klargestellt, dass der Versicherer zahlen muss, wenn Eltern bei Vertragsabschluss von einer angeborenen Krankheit nichts wussten (Az. IV ZR 252/06).

---

nach mehreren Jahren knapp. Besser als die Einmalzahlung ist es dann, wenn Versicherer im Ernstfall zunächst eine bestimmte Summe auszahlen und zusätzlich noch eine Rente überweisen.

Egal, welche Leistung vereinbart wurde: Die Familie bekommt in der Regel erst dann Geld vom Versicherer, wenn das Versorgungsamt oder ein Arzt dem Kind einen Grad der Behinderung (GdB) von 50 oder mehr bescheinigt hat.

Auch bei dieser Versicherung stellt der Versicherer vor Vertragsabschluss Gesundheitsfragen, auf die Sie möglichst genau antworten sollten. Je früher Sie den Vertrag abschließen, desto größer ist die Chance, einen Schutz ohne Risikozuschläge und Leistungsausschlüsse zu erhalten.

Kinderunfallversicherung zweite Wahl

Mit einem Jahresbeitrag von zum Teil unter 100 Euro ist die Kinderunfallversicherung deutlich günstiger als die Invaliditätsversicherung. Und die Werbung der Versicherer weiß mit den Sorgen der Eltern umzugehen: ein Autounfall, ein Sturz vom Baum, Verletzungen beim Spielen und Herumtoben. All das scheint für den Abschluss einer Kinderunfallversicherung zu sprechen. Doch als Eltern sollten Sie bedenken, dass diese Police tatsächlich nur einen kleinen Teil des Invaliditätsrisikos abdeckt und keinen Rundumschutz bietet.

Eine Kinderinvaliditätsversicherung sollte daher erste Wahl sein. Können Sie sich diesen Schutz allerdings nicht leisten, können Sie mit der Unfallpolice zumindest ein Teilrisiko absichern.

Achten Sie darauf, dass Sie keinen Vertrag mit Beitragsrückgewähr abschließen. Ein solcher Vertrag beinhaltet, dass das Versicherungsunternehmen einen Teil der eingezahlten Beiträge zurückerstattet, sollte die Versicherung nicht in Anspruch genommen werden. Dieses Extra treibt den Preis für den Versicherungsschutz hoch. Besser ist es, stattdessen separat Geld zu sparen. Dann ist der Beitrag für den Invaliditätsschutz niedriger, und für den Abschluss etwa eines Banksparplans fallen keine weiteren Abschlussgebühren an.

→ Schutz über den Vertrag der Eltern?

Prüfen Sie vor Abschluss der Kinderunfallversicherung, ob Ihr Kind eventuell über Ihre eigene Unfallversicherung zumindest in der ersten Zeit nach der Geburt – zum Beispiel für ein Jahr – mitversichert ist. So lange können Sie sich auf jeden Fall zusätzlichen Unfallschutz sparen.

Zuhause und im Alltag geschützt

Das eigene Haus ist für viele Immobilienbesitzer die größte Investition ihres Lebens. Sie benötigen unbedingt eine Wohngebäudeversicherung. Im Alltag sind oft auch Hausrat- und Rechtsschutzversicherung sinnvoll.

Starkregen, Windhosen, Blitzschlag: Wenn das Wetter verrückt spielt, bedeutet das eine Gefahr für das eigene Haus und die Wohnung. Um die eigenen vier Wände und die Wohnungseinrichtung abzusichern, gibt es allerdings keinen Schutz, der dem der gesetzlichen Sozialversicherung vergleichbar ist: Jeder Immobilienbesitzer und Mieter muss sich mit privaten Versicherungsverträgen selbst darum kümmern, dass etwa ein Sturm und andere Wetterkapriolen oder auch Feuer und Einbruch ihm nicht zum finanziellen Verhängnis werden.

Als Bauherr oder Immobilienkäufer sollten Sie sich auf jeden Fall um den passenden Versicherungsschutz für die eigenen vier Wände kümmern. Und auch für Mieter gilt: Der Verlust der Wohnungseinrichtung wird zumindest im Laufe der Zeit immer schwerer zu ersetzen sein. Möbel, elektronische Geräte, Geschirr, CDs oder Bücher summieren sich schnell zu einem Wert von einigen Zehntausend Euro.

Für diese Einrichtungsgegenstände gilt ebenfalls, dass es ab einem bestimmten Wert kaum zu verkraften wäre, wenn sie durch Wetter oder andere einschneidende Ereignisse zerstört werden oder abhandenkommen. Deshalb ist privater Versicherungsschutz für den Hausrat ebenfalls sinnvoll, wenn Sie nicht aus eigenen finanziellen Mitteln für Ersatz sorgen können.

Einen Rundumschutz für alle unvorhergesehenen Ereignisse bieten diese beiden Verträge allein aber noch nicht. Gerade wenn zum Beispiel nach starken Regenfällen Flüsse über die Ufer treten und Keller volllaufen, sind Immobilienbesitzer zum Teil überrascht, dass ihre Wohngebäudeversicherung den Schaden nicht erstattet. Geld bekommen sie nur, wenn sie mit Ihrem Vertrag einen Elementarschadenschutz vereinbart haben.

Was manche angehenden Immobilienbesitzer auch unterschätzen: Ihr Hausprojekt ist bereits mit Risiken verbunden, sobald Sie mit dem ersten Spatenstich beginnen. Deshalb sollten Sie unbedingt darauf achten, schon während der Bauphase ausreichend versichert zu sein.

Und was noch wichtig ist: Rund um Haus und Hof ergibt sich so manches Konfliktpotenzial – wenn es etwa zum Streit mit Ihrem Nachbarn über die Grundstücksgrenze kommt oder wenn Sie als Mieter mit Ihrem Vermieter Probleme bekommen. Auch deshalb stellen wir ab S. 136 im Abschnitt „Ihr gutes Recht durchsetzen" die Vor- und Nachteile einer Rechtsschutzversicherung vor.

Wohngebäudeversicherung: Bloß nicht ohne

Vor allem vom Wetter geht für Haus und Hof eine besondere Gefahr aus. Die Wohngebäudeversicherung bietet Schutz – allerdings nicht gegen alle Risiken.

Ist in den Nachrichten von Unwetterwarnungen, möglichen Orkanböen und angekündigten Starkregenfällen die Rede, steigt bei vielen Hausbesitzern der Unruhepegel: Geht alles gut?

Vom Wetter geht immer eine besondere Gefahr aus: umknickende Bäume, die das Dach beschädigen können, herabfallende Dachpfannen, strapazierte Markisen und Antennenanlagen.

Hausbesitzer können sich gegen diese Ereignisse wappnen. Sie sollten unbedingt eine Wohngebäudeversicherung abschließen, mit der sie dafür sorgen, dass sie für Schäden durch Sturm und Hagel nicht aus eigener Tasche aufkommen müssen. Allerdings zahlt der Versicherer erst für Schäden, wenn mindestens Windstärke 8 gemessen wurde. Das entspricht einer Windgeschwindigkeit von mindestens 62 Kilometern pro Stunde.

→ Selbst informieren

Welche Windgeschwindigkeit galt zu einem bestimmten Termin? Das können Sie sich selbst beim Deutschen Wetterdienst erfragen: telefonisch unter 0 18 02 / 913 913 oder per Mail unter info@dwd.de.

Wie wertvoll eine solche Wohngebäudeversicherung sein kann, zeigt ein Blick auf die Statistik: Während die Versicherer zum Beispiel in den Jahren 2008 und 2009 jeweils etwas mehr als 3,5 Milliarden Euro für Versicherungsschäden geleistet haben und in manchen anderen Jahren sogar weniger als 3 Milliarden Euro, zahlten sie im Jahr 2007, als unter anderem der Orkan Kyrill im Januar mit Windgeschwindigkeiten von zum Teil über 200 Kilometern pro Stunde über Deutschland fegte, mehr als 4,5 Milliarden Euro an Leistungen aus. Noch teurer war das Jahr 2013, als es an mehreren Orten Hochwasser gab (mehr dazu siehe Grafik „Teure Naturgewalten" auf S. 121).

Das Haus dreifach schützen

Neben dem Wetter ist Feuer ein ernstzunehmendes Risiko für Immobilienbesitzer. Zerstört ein Brand die gesamte Immobilie oder zumindest einen Teil davon, kann leicht ein Schaden von einigen Hunderttausend Euro entstehen. Aus eigener Kraft wäre dieser finanzielle Verlust nicht zu stemmen.

Deshalb ist eine Feuerversicherung absolut unverzichtbar. Wenn Sie ein Eigenheim über Kredit finanzieren, müssen Sie gegenüber den Gläubigern sowieso den passenden Versicherungsschutz vorweisen. Als Besitzer einer Eigentumswohnung schließen Sie gemeinsam mit den anderen Eigentümern einen Versicherungsschutz für das Gebäude ab.

Das dritte Risiko, gegen das sich Immobilienbesitzer absichern können, sind Leitungswasserschäden. Besonders wenn ein Haus älter ist und auch das Leitungsnetz in die Jahre gekommen ist, kann dieser Versicherungsschutz sehr wertvoll werden. Platzt ein Rohr; sind schnell Wände oder Geschossdecken durchnässt und das Wasser hinterlässt dauerhafte Spuren. Gut dran sind diejenigen, die den Schaden zeitnah bemerken und den Haupthahn abdrehen können. Doch vielleicht bleibt der Wasserschaden über Wochen unentdeckt? Dann kann sich das Wasser aus den Leitungen ungestört ausbreiten und Teile der Immobilie stark beschädigen.

Den Schutz gegen Sturm-, Feuer- und Leitungswasserschäden können Sie in einer gemeinsamen („verbundenen") Wohngebäudeversicherung abschließen. Sie können sich aber auch nur für einzelne dieser Leistungen entscheiden. Allerdings: Auf den Schutz der Feuerversicherung sollten Sie auf keinen Fall verzichten. Auch die Sturmversicherung sollten Sie haben. Der Schutz vor Leitungswasserschäden kann je nach Zustand des Hauses eventuell entbehrlich sein, doch wenn Sie auf Nummer sicher gehen wollen, sind Sie mit dem Komplettpaket gut bedient.

Die Bedingungen im Blick

Der Schutz der Wohngebäudeversicherung gilt für das im Versicherungsschein genannte Haus. Sollen Nebengebäude wie eine Garage, eine alte Scheune auf dem Grundstück oder ein Gartenhaus mitversichert werden, müssen Sie dies in der Regel beim Versicherer mit angeben – sämtliche Gebäude müssen ausdrücklich auf dem Versicherungsschein erwähnt werden. Im Haus gilt der Versicherungsschutz für alle fest mit der Immobilie verbundenen Gegenstände. Dazu zählen in der Regel zum Beispiel fest verklebte Teppichböden oder auch Parkett.

Versicherungssumme passt sich dem Wert der Immobilie an

Trotz Versicherungsschutz kann es zum Streit mit dem Versicherer kommen: Er will vielleicht nur anteilig für einen Schaden zahlen, da die Versicherungssumme zu niedrig gewählt worden war.

Um diesem Streit vorzubeugen, sollten Sie wenn möglich von Beginn an mit dem Versicherer zusammenarbeiten und mit ihm den Wert der Immobilie bestimmen. Denn wenn die Versicherungsgesellschaft mithilfe Ihrer Angaben den Wert des Hauses selbst ermittelt, kann sie sich im Schadensfall nicht gegen die Zahlung wehren mit dem Argument, Sie hätten den Versicherungswert zu niedrig kalkuliert.

Die Wohngebäudeversicherung ist eine gleitende Neuwertversicherung. Das bedeutet, dass es keine feste Leistungsobergrenze gibt. Die Summe, die der Versicherer im Schadensfall zahlt, wird ständig an den aktuellen Wert der Immobilie angepasst.

Auf diese Weise ist sichergestellt, dass Sie bei einem Totalschaden so viel Geld bekommen, dass Sie Ihr Haus am gleichen Standort zu den aktuellen Preisen wieder aufbauen können.

Aber Achtung: Kritisch kann es mit der Versicherungsleistung werden, wenn etwa ältere Häuser nicht mehr den aktuell geltenden Auflagen von Behörden entsprechen, sodass sie nur zu einem deutlich höheren Pries wieder aufgebaut werden können – zum Beispiel mit aufwendigerer Elektroinstallation oder Sanitärtechnik. Achten Sie in den Vertragsbedingungen darauf, dass der Versicherer sich zumindest zum Teil an solchen Mehrkosten beteiligt.

Unbedingt Preise vergleichen

Wenn Sie sich Angebote bei Wohngebäudeversicherern einholen, werden Sie vielleicht überrascht sein, wie weit die Preise zum Teil auseinanderliegen. Untersuchungen der Stiftung Warentest haben in den vergangenen Jahren gezeigt, dass Kunden für ein und dasselbe Haus bei manchem Versicherer ei-

Teure Naturgewalten

Leistungen in der Wohngebäudeversicherung in Mio. Euro

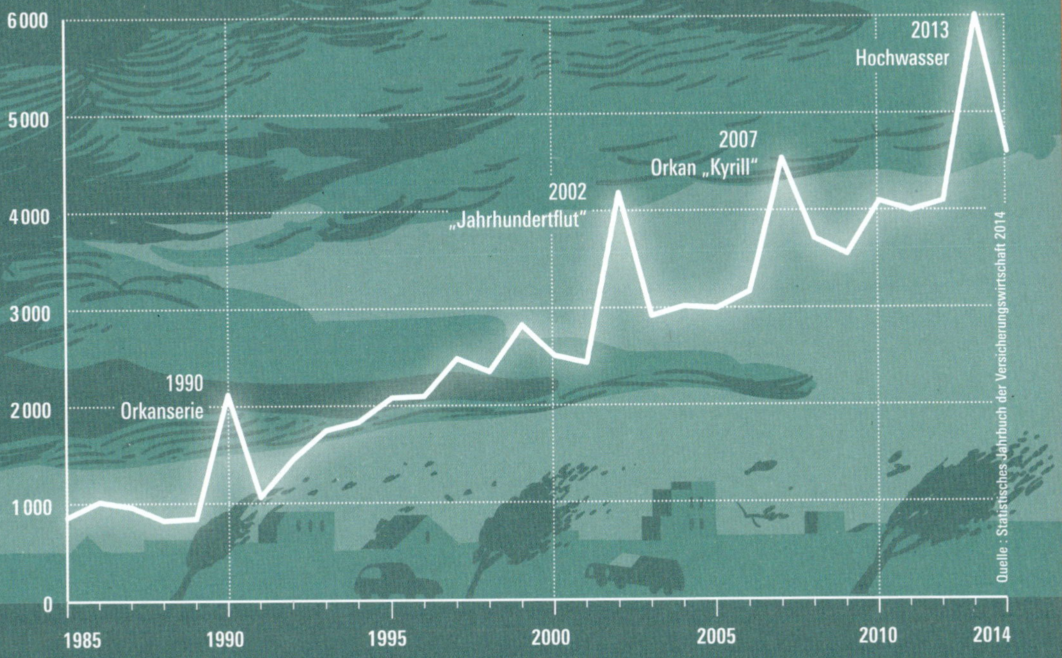

[Liniendiagramm: Leistungen in der Wohngebäudeversicherung von 1985 bis 2014, Werte zwischen ca. 900 Mio. Euro (1985) und über 6000 Mio. Euro (2013)]

Annotationen im Diagramm:
- 1990 Orkanserie
- 2002 „Jahrhundertflut"
- 2007 Orkan „Kyrill"
- 2013 Hochwasser

Y-Achse: 0 – 1 000 – 2 000 – 3 000 – 4 000 – 5 000 – 6 000
X-Achse: 1985 – 1990 – 1995 – 2000 – 2005 – 2010 – 2014

Quelle: Statistisches Jahrbuch der Versicherungswirtschaft 2014

Was zahlt welche Versicherung? Einige Beispiele:

Wird bei Sturm das Dach des eigenen Hauses abgedeckt, zahlt die **Wohngebäudeversicherung**. Es muss aber mindestens Windstärke 8 vorliegen.

Elementarschäden müssen extra zur Wohngebäudeversicherung vereinbart sein – dann zahlt der Versicherer für Schäden am überschwemmten Keller.

Für Überspannungsschäden durch Blitzschlag kommt der **Hausratversicherer** auf, wenn Kunden diesen Schutz hoch genug abgeschlossen haben.

Fällt ein dicker Ast auf das parkende Auto, kommt die **Teilkaskoversicherung** für den Schaden auf, wenn mindestens Windstärke 8 gemessen wurde.

nige Hundert Euro pro Jahr mehr zahlen müssen als bei einem anderen Anbieter.

Ein Großteil der Versicherer bestimmt die Beiträge auf der Grundlage des „Versicherungswerts 1914". Das bedeutet, er ermittelt, welche Baukosten im Jahr 1914 angefallen wären. Dann prüft er, wie sich die Bau-

preise bis heute entwickelt haben, und passt die Beiträge daran an. Andere Anbieter ermitteln den Beitrag anders und bestimmen ihn anhand der Wohnfläche, Bauart und Ausstattung des Hauses.

Neben dem Wert der Immobilie beeinflussen weitere Faktoren den Versicherungs-

Checkliste

Was der Wohngebäudeversicherer zahlt

Je nachdem, was vertraglich vereinbart wurde, kommen Wohngebäudeversicherer unter anderem für die folgenden Ausgaben auf:

☐ **Wiederaufbau:** Wurde das Haus völlig zerstört, ersetzt der Versicherer den aktuellen ortsüblichen Neubauwert. Voraussetzung ist jedoch, dass der Wiederaufbau innerhalb von drei Jahren veranlasst wird. Sonst bekommen Sie nur den Zeitwert.

☐ **Verlust:** Ist Gebäudezubehör zerstört worden oder abhandengekommen, ersetzt der Versicherer den Neuwert.

☐ **Schädigungen:** Wurden bestimmte Teile lediglich beschädigt, zahlt der

Versicherer die Reparatur und dazu noch einen Ausgleich für die Wertminderung.

☐ **Die Spuren beseitigen:** Der Versicherer übernimmt die Kosten für das Aufräumen einer Schadensstelle und für den Abtransport von Schadensresten.

☐ **Miete:** Können Sie vorübergehend Ihre Wohnung nicht nutzen, zahlt der Versicherer die Miete für eine Alternativunterkunft für maximal zwölf Monate.

☐ **Mietausfall:** Können Sie Wohnungen in Ihrem Haus nach einem Schaden nicht vermieten, übernimmt der Versicherer den Mietausfall für bis zu zwölf Monate.

beitrag. Sie sorgen dafür, dass zum Beispiel ein Hausbesitzer in einem küstennahen Dorf in Schleswig-Holstein deutlich mehr zahlen muss als ein Hausbesitzer für ein ähnliches Haus in der Nähe von Stuttgart. Grund dafür ist, dass die Versicherer Deutschland in verschiedene Beitragszonen einteilen. Ein Kriterium ist das Sturmrisiko, sodass im Norden ein eher höherer Beitrag fällig werden dürfte als im Süden. Hinzu kommt außerdem die Einteilung in unterschiedliche Leitungswasserzonen. Bewohner einer Region mit härterem Leitungswasser zahlen mehr als in einer Region mit weicherem Wasser. Die Gefahr, dass es bei härterem Wasser zu Schäden an den Rohren kommt, ist größer.

Wann der Versicherer zahlt

Brennt das Haus infolge von Brandstiftung, die nicht von Ihnen ausging, oder infolge eines Kurzschlusses ab, zahlt der Versicherer. Er ersetzt jedoch den Schaden nicht, wenn er durch Hitze ohne Feuer entsteht, zum Beispiel Verformungen an Kunststoffteilen.

Auch wenn beispielsweise jemand mit der Zigarette nicht aufpasst und die Zigarettenglut die wertvolle Holztreppe beschädigt, kommt die Wohngebäudeversicherung nicht dafür auf. Je nach Tarif kann es sein, dass auch Kaminbrände aus dem Versicherungsschutz ausgeschlossen sind. Doch häufig können diese mitversichert werden.

Auch die Folgen eines Blitzschlages sind nicht immer ein Fall für die Wohngebäudeversicherung. Wird eine mit dem Haus verbundene Antennenanlage direkt durch einen Blitzschlag zerstört, zahlt der Wohngebäudeversicherer. Er zahlt auch, wenn ein

❝ Auch wenn Sie grob fahrlässig gehandelt haben, können Sie noch etwas Geld aus der Versicherung erhalten.

———

vom Blitz getroffener Baum umstürzt und den Balkon zerstört. Er zahlt aber nicht automatisch, falls es an elektronischen Bauteilen zu Überspannungsschäden kommt, wenn der Blitz in die Leitung eingeschlagen hat. Wollen Sie sich für den Fall absichern, sollten Sie prüfen, ob und in welcher Höhe Sie Überspannungsschäden mit absichern können.

Der Wohngebäudeversicherer kommt nicht für Schäden auf, die Sie vorsätzlich herbeigeführt haben. Haben Sie grob fahrlässig gehandelt und zum Beispiel trotz brennender Kerze das Haus verlassen, haben Sie dennoch die Chance, etwas Geld aus der Versicherung zu bekommen. Eine Regelung, nach der der Versicherer die Leistung bei grober Fahrlässigkeit nach dem „Alles-oder-nichts-Prinzip" automatisch komplett streichen konnte, gibt es seit einigen Jahren nicht mehr. Allerdings müssten Sie zumindest eine Leistungskürzung hinnehmen. Es sei denn, Sie haben einen Tarif abgeschlossen, bei dem der Versicherer auf die Einschränkung der Leistungen bei grober Fahrlässigkeit verzichtet. Auch diese Extraleistung kann sich lohnen.

Pflichten beachten

Kommt es zum Streit mit dem Versicherer über die Kostenübernahme, müssen im letzten Schritt häufig die Gerichte entscheiden. Ein Anlass für die Auseinandersetzung kann sein, dass der Versicherer die Zahlung mit der Begründung verweigert, dass der Kunde seine Pflichten, die sogenannten Obliegenheiten, verletzt habe.

Sie müssen sicherstellen, dass die versicherten Sachen – vor allem wasserführende Anlagen und Einrichtungen, Dächer und außen angebrachte Gegenstände – stets in einem ordnungsgemäßen Zustand bleiben. Kommt es mit der Zeit zu Schäden und Mängeln, müssen Sie diese unverzüglich beseitigen.

Werden Gebäude oder Gebäudeteile nicht mehr genutzt, müssen Sie trotzdem regelmäßig kontrollieren, ob alles in Ordnung ist. Liegen dort ungenutzte Wasserleitungen, haben Sie dafür zu sorgen, dass die Anlagen abgesperrt und entleert sind, damit nicht etwa bei Frost die Leitungen einfrieren und die Rohre platzen.

Verändern Sie Ihre Immobilie und reißen beispielsweise im Zuge von Umbauarbeiten Innenwände weg, müssen Sie den Versicherer auch über diese „gefahrenerhöhenden Umstände" informieren.

Aufpassen bei Kündigung

Auch wenn eine Immobilie eine Investition über viele Jahre ist, sind Hausbesitzer nicht verpflichtet, das Haus für die gesamte Zeit über denselben Versicherer zu schützen. Selbst einen Versicherungsvertrag mit einer Laufzeit von mehr als drei Jahren können Sie nach drei Jahren kündigen. Das sollten Sie aber erst tun, wenn Sie den Versicherungsschein eines neuen Anbieters in der

> 66 **Der neue Vertrag geht erst auf Sie über, wenn Sie im Grundbuch als Eigentümer eingetragen sind.**

————

Tasche haben. Ist das Haus nicht abbezahlt, werden die Gläubiger der Kündigung des bestehenden Vertrags nur zustimmen, wenn Sie den neuen Schutz nachweisen.

Aufpassen müssen Sie auch, wenn Sie eine bestehende Immobilie erwerben. Sie übernehmen dann den Versicherungsschutz mit, den der Vorbesitzer abgeschlossen hatte. Der neue Vertrag geht aber erst auf Sie über, wenn Sie im Grundbuch als Eigentümer eingetragen sind. Das kann zu einem Problem werden, wenn nicht geklärt ist, wer den nächsten Beitrag übernimmt. Denn es kann passieren, dass er in der Zeit zwischen Kauf und Grundbucheintrag fällig wird.

Das sollten Käufer und Verkäufer klären, um zu vermeiden, dass wegen ausgefallener

Beiträge der Schutz verloren geht. Hat der Käufer den Versicherungsvertrag übernommen, kann er ihn in den vier Wochen nach Grundbucheintrag mit einer Kündigungsfrist von drei Monaten wechseln.

Am besten, Sie gehen auf Nummer sicher und lassen sich beim Kauf eines Hauses vom Verkäufer die Versicherungspolice und die letzte Beitragsrechnung mit Zahlungsbeleg geben, sodass Sie wissen, wann der nächste Beitrag ansteht. Vereinbaren Sie,

dass Sie ihn zahlen, falls er vor der Überschreibung der Immobilie fällig wird. Geben Sie auch dem Versicherer Bescheid.

▶ **Da die Preise für ein und dasselbe Haus um einige Hundert Euro auseinanderliegen können, sollten Sie immer mehrere Angebote einholen, bevor Sie sich für eines entscheiden. Unter www.test.de finden Sie weitere Informationen und die aktuellsten Tests zur Wohngebäudeversicherung.**

Von Anfang an: Notwendiger Schutz für Bauherren

Versicherungsschutz für eine Immobilie ist nicht erst notwendig, wenn das Haus fix und fertig dasteht. Sie müssen schon früher aktiv werden.

Wenn Sie ein neues Haus bauen, müssen Sie sich schon vor dem ersten Spatenstich um den passenden Versicherungsschutz kümmern. Hier einige der wichtigsten Verträge:

Restschuldversicherung

Für den Kauf oder Bau der Immobilie werden die meisten einen hohen Kredit aufnehmen müssen. Sterben Sie, ehe die Schulden getilgt sind, kann das für die Angehöri-

gen zu einer finanziellen Herausforderung werden. Sie können unter Umständen die Raten für den Kredit nicht mehr stemmen. Damit die Familie in so einem Fall nicht auch noch das Haus verliert, ist eine Restschuldversicherung unbedingt zu empfehlen. Sie trägt die ausstehende Kreditsumme, wenn die versicherte Person stirbt. Die Versicherungssumme sinkt im Laufe der Jahre, da auch die Kreditsumme im Laufe der Zeit sinkt.

→ **Lebensversicherung aufstocken?**

Um den Kredit abzusichern, besteht vielleicht auch die Möglichkeit, eine bestehende Risikolebensversicherung aufzustocken. In dem Fall sollten Sie allerdings darauf achten, ob der Rahmen der Nachversicherung zur Absicherung des Kredits ausreicht. Wenn nicht, ist die zusätzliche Restschuldversicherung häufig doch angebracht.

Bauherrenhaftpflicht

Beim Sturm löst sich das Baugerüst, und Teile fallen auf ein parkendes Auto. Oder: Spielende Kinder toben gegen Abend an der Baustelle herum und stürzen an einer schlecht beleuchteten Stelle über herumliegendes Material. In solchen Fällen haften Sie als Bauherr für den Schaden. Sie haften für alle Schäden, die anderen Personen im Zusammenhang mit dem Bau der Immobilie entstehen. Deshalb sollten Sie unbedingt eine Bauherrenhaftpflichtversicherung abschließen. Die Privathaftpflichtversicherung reicht für derart große Bauprojekte wie den Neubau einer Immobilie nicht mehr aus (siehe „Zusätzlicher Haftpflichtschutz", S. 66).

Bauleistungsversicherung

Der Rohbau des Hauses steht, doch dann kommt unerwartet ein Orkan und macht die Arbeit der letzten Wochen zunichte: Mithilfe der Bauleistungsversicherung können Sie sich zum Beispiel vor den Folgen ungewöhnlicher Witterungseinflüsse schützen. Der Versicherer springt aber nicht nur ein, wenn etwa ein Sturm eine Wand eindrückt, sondern zum Beispiel auch, wenn Fremde die gerade angebrachten Fensterbänke abbrechen oder andere Teile am im Bau befindlichen Haus mutwillig beschädigen.

Über die Bauleistungsversicherung sind alle Bauleistungen, Bauteile und Baustoffe für den Roh-, Aus- oder Umbau des Gebäudes, das im Versicherungsschein genannt ist, gegen unvorhersehbare Schäden versichert. Auch der Schutz gegen Diebstahl von fest eingebautem Material kann versichert werden.

Feuerversicherung für den Rohbau

Das Haus ist noch nicht komplett fertiggestellt, als es plötzlich auf unerklärliche Weise Feuer fängt. Für diesen Ernstfall sollten Sie eine Feuerversicherung abschließen. Auch die Kreditgeber werden den Nachweis einer solchen Versicherung verlangen. Diesen Schutz für den Rohbau können Sie bekommen, wenn Sie frühzeitig eine Wohngebäudeversicherung abschließen, da diese Verträge in der Regel auch den Feuerschutz für den Rohbau mit einschließen.

Bauhelfer-Unfallversicherung

Helfen Freunde und Bekannte auf dem Bau mit, müssen Sie diese Helfer bei der Berufsgenossenschaft anmelden.

Hausratversicherung: Für ein wohnliches Zuhause

Wissen Sie, welchen Wert Ihre Wohnungseinrichtung heute hat? Verschaffen Sie sich einen Überblick und passen Sie Ihren Versicherungsschutz entsprechend an.

Die Wohngebäudeversicherung ist nur etwas für Eigenheimbesitzer – die Hausratversicherung auch für Mieter. Dieser Schutz ist in sehr vielen Situationen sinnvoll, aber nicht in allen: Zum Beispiel benötigen Studenten, die ein kleines WG-Zimmer bewohnen, meistens noch keinen eigenen Versicherungsvertrag.

Ein Grund: Ihr Hausrat ist noch nicht so wertvoll. Außerdem sind sie unter Umständen noch über ihre Eltern geschützt. Wer nur vorübergehend außerhalb wohnt, aber eigentlich noch seinen Lebensmittelpunkt bei den Eltern hat, kann häufig über deren Police mit abgesichert werden (siehe „Passend geschützt an der Uni" ab S. 33).

Sobald die Einrichtungsgegenstände einen bestimmten Wert erreicht haben, ist der Abschluss einer eigenen Hausratversicherung aber sinnvoll. Sie tritt ein bei Schäden durch Feuer, Leitungswasser, Blitzschlag, Explosion, Einbruchdiebstahl, Raub, Vandalismus oder Sturm. Deckt zum Beispiel ein Sturm das Dach des Hauses ab und beschädigt der eindringende Regen sämtliche Möbel im Wohnzimmer, kommt der Versicherer für den Schaden auf. Entweder übernimmt er die Reparaturkosten zuzüglich eines Ausgleichs für eine mögliche Wertminderung der Gegenstände. Oder er ersetzt ihren Neuwert (Wiederbeschaffungswert), sollten sie zerstört sein (siehe Checkliste „Was der Hausratversicherer zahlt", S. 128).

Versichert sind sämtliche beweglichen Einrichtungsgegenstände. Dazu zählen zum Beispiel Möbel, Gardinen, Bücher, CDs und technische Geräte. Die Liste lässt sich problemlos fortsetzen, denn versichert sind alle Gegenstände in der Wohnung, die die Haushaltsmitglieder ge- oder verbrauchen. Dazu zählen auch lose liegende Teppiche, während fest mit dem Gebäude verbundene Fuß- und Teppichböden meist außen vor bleiben und über die Wohngebäudeversicherung geschützt werden.

Haben Sie Untermieter, ist deren Hausrat nicht über Ihre Hausratversicherung abgesichert. Hingegen zählen diese Gegenstände zum versicherten Hausrat:

▶ Wertsachen wie zum Beispiel Bargeld, Urkunden und Schmuck. Bei diesen Wertgegenständen begrenzen die Versi-

Was der Hausratversicherer zahlt

Je nach Vertrag sind Ihnen einige Leistungen sicher, andere finden Sie in besseren Hausrat-Tarifen.

Sicher ersetzen die Versicherer

- [ ] den Neuwert/Wiederbeschaffungswert komplett zerstörter oder verschwundener Güter.

- [ ] die Reparaturkosten plus Ausgleich für eine mögliche Wertminderung beschädigter Gegenstände.

- [ ] einen finanziellen Ausgleich für den Schönheitsschaden an einem Gegenstand, dessen Gebrauchsfähigkeit nicht beeinträchtigt und dessen weitere Nutzung zumutbar ist.

- [ ] die Mehrwertsteuer, allerdings nur dann, wenn der Versicherte sich den Gegenstand neu anschafft und die Steuer bezahlt.

- [ ] Kosten für das Aufräumen der Wohnung und für den Abtransport der zerstörten Gegenstände.

- [ ] Ausgaben für den Einbau neuer Schlösser, wenn bei einem Einbruch Schlüssel gestohlen wurden.

- [ ] Kosten für die Bewachung der Wohnung, wenn sie nicht anders gesichert werden kann.

- [ ] die Reparaturen an Bodenbelägen, Anstrichen und Tapeten nach einem Leitungswasserschaden.

- [ ] Ausgaben für den Transport und die Lagerung von Hausrat, wenn die Wohnung unbenutzbar wurde.

- [ ] Reparaturen von Gebäudeschäden nach Einbruch oder Vandalismus.

Je nach Tarif ersetzt der Versicherer zum Beispiel

- [ ] Hotelkosten, wenn die Wohnung vorübergehend nicht bewohnbar ist.

- [ ] die Kosten für die Rückreise, wenn während des Auslandsaufenthalts die Wohnung daheim ausgeraubt wurde mit einem erheblichen Schaden von mehreren Tausend Euro.

Vom Versicherungsschutz ausgeschlossen sind aber Ausgaben, die für den Einsatz von Polizei und Feuerwehr auf den Versicherten zukommen können.

cherer aber die Entschädigungssummen. Es sei denn, sie sind in sicheren Behältnissen wie einem Tresor aufbewahrt, dann gilt der Schutz unbegrenzt.

- ▶ Arbeitsgeräte und Einrichtungsgegenstände, die Sie auch beruflich nutzen, zum Beispiel Werkzeug oder Computer.
- ▶ Spiel- und Sportgeräte: Kanus, Ruder- und Schlauchboote, genauso wie Spielfahrzeuge der Kinder. Für Fahrräder gelten besondere Regeln.
- ▶ Privat genutzte Antennenanlagen und Markisen: Reißt ein Sturm zum Beispiel die Satellitenanlage vom Balkon, kommt die Hausratversicherung dafür auf.

Garten und Terrasse

Der Schutz der Hausratversicherung gilt nicht nur im direkten Wohnbereich, sondern beispielsweise auch auf Balkon und Terrasse sowie in selbst genutzten Nebengebäuden und Garagen. Je nach Tarif zahlen manche Versicherer auch, wenn die Gartenstühle von der Terrasse gestohlen werden oder die Wäsche von der Leine.

Räume, die ausschließlich beruflich genutzt werden, fallen aber unter Umständen aus dem Schutz der Versicherung. Selbstständige sollten sich bei ihrem Versicherer erkundigen, wenn sie von zuhause aus in einem rein beruflich genutzten Arbeitszimmer arbeiten. Sie sollten klären, ob die Möbel und Geräte dort mitversichert sind und wie sie wenn nötig Schutz dafür erhalten.

Die Besten im Test

Im jüngsten Vergleich hat Finanztest für einen Modellfall an vier Orten die Tarife verglichen. Das günstigste Angebot für Altenburg machte die WGV mit 99 Euro pro Jahr, in Darmstadt und Hannover die Docura (115 Euro), in Köln auch die Docura (161 Euro). Der Tarif Top-Vit der GVO kostete zwar je nach Ort um bis zu 50 Euro mehr, überzeugte aber mit hoher Entschädigungsgrenze bei breitem Leistungsumfang.

Ziehen Sie in eine neue Wohnung um, gilt für eine Übergangszeit von zwei Monaten der Versicherungsschutz sowohl für die alte als auch für die neue Wohnung.

Und auch während des Sommerurlaubs ist die Hausratversicherung mit im Gepäck, denn der Schutz greift auch, wenn Sie sich vorübergehend nicht zuhause, sondern beispielsweise im Ausland aufhalten: Brechen Diebe in das abgeschlossene Hotelzimmer ein oder werden Sie auf offener Straße ausgeraubt, können Sie den Schaden Ihrer Hausratversicherung melden. Der Schutz für „vorübergehende" Auslandsaufenthalte gilt in der Regel für maximal drei Monate. Der Hausratversicherer zahlt für die Folgen von Raub oder Einbruchdiebstahl aber nur, wenn Sie die Polizei eingeschaltet haben.

Die Preisfaktoren

Wie weiter oben bereits angedeutet, gehen auch bei der Hausratversicherung die Preise zum Teil deutlich auseinander. Wie hoch die Kosten für die Versicherung sind, hängt vor allem von zwei Faktoren ab:

▸ dem Wohnort und
▸ dem Wert des Hausrats.

Der Wohnort interessiert die Versicherer, da sie auch für die Folgen von Einbruchdiebstahl zahlen und anhand des Wohnorts das Einbruchsrisiko ermitteln. Je höher das Risiko eines Einbruchs ist, desto höher ist der Versicherungsbeitrag. Die Unternehmen unterscheiden üblicherweise vier bis sechs Risikoregionen, denen sie Städte und Gemeinden zuordnen. Je nach Anbieter können es aber weniger Regionen sein. In einem Dorf oder einer Kleinstadt ist die Chance größer, einen günstigen Schutz zu bekommen, als in einer Großstadt.

Nicht ganz so einfach wie die Angabe des Wohnorts ist der zweite Beitragsfaktor zu bestimmen – der Wert der eigenen Einrichtung. Er wird gerne unterschätzt, denn zum Hausrat gehören neben Möbeln und Teppichen und anderen Großgegenständen auch sämtliche kleinen Gegenstände. Für sich haben sie nicht den entscheidenden Wert, aber in der Summe können sie wertvoll werden – angefangen bei Büchern, Bildern, Geschirr und allem, was zum Alltag dazugehört. Und nicht zu vergessen: Auch Kleidung gehört zum Hausrat. Wer jeden Tag im Anzug ins Büro geht, wird allein für Kleidung einige Tausend Euro ausgegeben haben. Entscheidend ist der Neuwert aller Gegenstände.

Wenn Sie den Wert Ihres Hausrats schätzen, sollten Sie sich Zeit nehmen und möglichst genau sein, denn sonst besteht die Gefahr einer Unterversicherung. Diese kann im Schadensfall teuer werden, wie das folgende Beispiel zeigt:

Christian und Svenja ziehen in ihre erste gemeinsame Wohnung. Sie schätzen, dass sie zusammen Hausrat im Wert von etwa 40 000 Euro haben. Diesen Wert geben sie auch bei der Versicherungsgesellschaft an. Als der Schlauch ihrer Waschmaschine platzt und sie den Schrank und die Teppiche in ihrem angrenzenden Schlafzimmer ersetzt haben möchten, will die Versicherung den Schaden nicht komplett übernehmen. Nach ihrer Einschätzung hat der Hausrat einen Wert von etwa 60 000 Euro. Da nur zwei Drittel des Hausrats versichert waren, übernimmt der Versicherer auch nur zwei Drittel des Schadens.

Unterversicherungsverzicht als Alternative?

Dass die Kunden wie im Beispiel auf einem Teil der Kosten sitzen bleiben, muss nicht sein: Versicherte haben Möglichkeiten, eine Unterversicherung zu vermeiden. Die etwas aufwendigere Variante ist, sich die Mühe zu machen, den Wert des Hausrats ganz genau zu schätzen und gegebenenfalls an veränderte Lebensumstände anzupassen. Dabei hilft es, Belege über Neuanschaffungen zu sammeln. Eine Hilfe ist außerdem, die Einrichtungsgegenstände in Listen einzutragen und so einen Überblick zu behalten. Wer versucht, den Hausrat zu schätzen, sollte von Zimmer zu Zimmer gehen und alles addieren. Spätestens wenn es zu einem Schadensfall kommt, werden Sie sowieso nicht um diese Arbeit herumkommen.

Diese Mühe will sich allerdings auch nicht jeder machen. Einfacher ist es, einen Vertrag mit Unterversicherungsverzicht zu unterzeichnen: Bei so einem Vertrag verzichtet der Versicherer auf den Einwand der Unterversicherung. Dafür müssen die Kunden dann pro Quadratmeter Wohnfläche eine bestimmte Versicherungssumme abschließen, in der Regel 650 Euro.

Diese pauschale Abrechnung kann gut hinkommen. Doch gerade Kunden mit einer großen Wohnung kann es auf diesem Weg auch passieren, dass sie eine zu hohe Versicherungssumme vereinbaren und infolgedessen für ihren Schutz viel zu viel bezahlen: Angenommen, ein älteres Ehepaar lebt in einer 100 Quadratmeter großen Wohnung. Dann müsste es nach dieser Rechnung auf jeden Fall eine Versicherungssumme von 65 000 Euro angeben (650 Euro mal 100 Quadratmeter). Hat das Paar aber auf wertvolle Möbel und eine hochwertige technische Ausstattung verzichtet, kann diese Versicherungssumme deutlich zu hoch sein. Für sie hätte die genaue Schätzung also finanzielle Vorteile.

→ Wert der Einrichtung regelmäßig überprüfen

Auch wenn Sie sich für den Unterversicherungsverzicht entscheiden: Behalten Sie im Auge, welche Werte Sie besitzen. Wenn Sie zum Beispiel in eine kleinere Wohnung umziehen und Möbel abgeben, zahlen Sie womöglich einiges zu viel für Ihren Versicherungsschutz. Nehmen Sie sich die Zeit, um sich einen Überblick zu verschaffen.

Fahrrad absichern

Je nach Vertrag kann auch der Diebstahl eines Fahrrads ein Fall für die Hausratversicherung sein. Dieser Schutz ist zwar oft inbegriffen, aber nicht automatisch in jedem Hausrattarif. Und wenn er integriert ist, ist er womöglich nicht hoch genug, weil die Räder einen höheren Wert haben.

Häufig bieten die Versicherer die Möglichkeit, Fahrräder zum Beispiel mit 1 oder 2 Prozent der Versicherungssumme gegen Diebstahl zu schützen. Bei einer Versicherungssumme von 50 000 Euro wären das bis zu 1 000 Euro. Reicht dieser Satz nicht aus, weil beide Elternteile zum Beispiel Räder im Wert von 700 Euro haben und auch die Fahrräder der drei fast erwachsenen Kinder jeweils 400 Euro gekostet haben, sollten die Versicherten einen höheren Prozentsatz wählen, um bei Diebstahl vollen Ersatz zu bekommen.

Hundertprozentige Sicherheit bietet der Schutz gegen Fahrraddiebstahl über die Hausratversicherung allerdings nicht immer: Denn es gibt immer noch Versicherer, die nicht zahlen, wenn das Fahrrad nachts zwischen 22 Uhr und 6 Uhr morgens gestohlen wurde, sofern es nicht während des Gebrauchs oder aus einem verschlossenen Kellerraum oder der verschlossenen Wohnung gestohlen wurde.

Bei anderen Anbietern spielt es hingegen keine Rolle, ob das Rad über Nacht in einem verschlossenen Raum gestanden hat oder

66 Eine zusätzliche Fahrradversicherung können Sie sich häufig sparen.

———

nicht. Voraussetzung für die Zahlung ist jedoch bei allen, dass das Fahrrad mit einem eigenständigen Schloss gesichert war.

Wenn Sie ein neues Fahrrad kaufen, bietet Ihnen der Händler vielleicht gleich eine Fahrradversicherung mit an, die Sie vor den finanziellen Folgen eines Diebstahls schützen soll. Eine zusätzliche Fahrradversicherung können Sie sich aber häufig sparen, wenn Sie eine Hausratversicherung haben und hier Ihr Fahrrad absichern können. Wollen Sie trotzdem eine separate Fahrradversicherung, achten Sie unbedingt darauf, unter welchen Bedingungen der Versicherer überhaupt zahlt.

Teurer Blitzschlag

Eine weitere Leistung, die je nach Versicherungstarif unterschiedlich ausfallen kann, ist der Schutz vor Überspannungsschäden.

Grundsätzlich sind über die Hausratversicherung Schäden durch Blitzschlag versichert. Das gilt allerdings nur für Schäden, die entstehen, wenn der Blitz direkt ins Haus einschlägt und auf diesem Weg die Musikanlage oder den Computer lahmlegt.

Größer ist jedoch das Risiko, dass der Blitz in die Überlandleitungen einschlägt und infolgedessen die technischen Geräte beschädigt werden. Selbst wenn der Blitz einige Hundert Meter entfernt einschlägt, können gefährliche Spannungsspitzen bis zum Endgerät im Wohn- oder Arbeitszimmer gelangen und die Geräte letztlich außer Betrieb setzen.

Solche Überspannungsschäden sind in vielen – meist den teureren – Tarifen der Versicherungsunternehmen enthalten. Sonst zahlen die Versicherer nur, wenn der Schutz ausdrücklich zusätzlich vereinbart wurde. Sie können zum Beispiel Überspannungsschäden in Höhe von 10 Prozent der gesamten Versicherungssumme einschließen lassen.

Ob der einmal vereinbarte Schutz vor Überspannungsschäden auf Dauer reicht? Ein neuer Computer für den Sohn, das Notebook der Ehefrau, die Playstation und die teure Musikanlage für die gesamte Familie: Der Gesamtwert der technischen Geräte wächst mit jeder Anschaffung. Das sollten

Sie unbedingt im Auge behalten und den Überspannungsschutz gegebenenfalls im Laufe der Zeit erhöhen.

Versicherer ersetzt den Neuwert

Legt der Blitz tatsächlich die Playstation lahm oder sind die Teppiche nach dem Wasserschaden unbenutzbar geworden, ersetzt die Hausratversicherung den Neuwert der Gegenstände. Das ist nicht bei jeder Versicherung so, denn beispielsweise die private Haftpflichtversicherung ersetzt lediglich den Zeitwert. Diesen Unterschied sollten Sie im Hinterkopf behalten, denn er kann sich im Schadensfall bezahlbar machen wie etwa in der folgenden Situation:

In der Nachbarwohnung von Familie Berger hat es gebrannt. Das Feuer hat sich zwar nur bis ins Treppenhaus ausgebreitet, doch trotzdem stinkt es bei den Bergers. Ruß und Löschwasser haben in ihrem Flur Spuren hinterlassen. Der Teppich und die Kommode sind hin, und auch die Tapeten können so nicht bleiben. Die Bergers ärgern sich zwar über den Dreck und den Schaden, doch letztlich sind sie froh, dass nicht mehr passiert ist – und die Haftpflichtversicherung der Nachbarn, die den Herd aus den Augen gelassen hatten, wird ja für den Schaden zahlen.

Das stimmt zwar, doch wenn sich die Familie darauf verlässt, verschenkt sie unter Umständen Geld. Denn die Haftpflichtversicherung der Nachbarn wird ihnen den Schaden nur zum Zeitwert ersetzen. Schalten die Bergers dagegen ihren eigenen Hausratversicherer ein, bekommen sie den Wiederbeschaffungswert erstattet. Sind Gegenstände weiterhin nutzbar, weisen aber durch das Feuer Schönheitsfehler auf, bekommen sie dafür eine Entschädigung.

Im zweiten Schritt wird sich der Hausratversicherer das Geld von der Nachbarsfamilie beziehungsweise von deren Haftpflichtversicherung zurückholen.

Hält Familie Berger hingegen ihren Versicherer ganz aus der Geschichte heraus, bekäme sie nur den Zeitwert der beschädigten Gegenstände erstattet. Je nach Ausmaß des Schadens kann sich daraus ein enormer Unterschied ergeben.

→ Mehrere Versicherer informieren

Platzt in der Nachbarwohnung der Waschmaschinenschlauch oder bricht dort Feuer aus, kann das auch ein Fall für die Wohngebäudeversicherung sein – wenn etwa auch Parkettböden beschädigt werden oder die Jalousie-Kästen mit Wasser volllaufen. Informieren Sie bei solchen Schäden auch die Wohngebäudeversicherung, wenn Sie als Wohnungseigentümer eine haben, oder sagen Sie Ihrem Vermieter Bescheid, damit er sich an seinen Versicherer wenden kann.

Alles unter Wasser: Elementarschadenschutz

Medienberichte über Hochwasser häufen sich. Die Wohngebäudeversicherung allein reicht zum Schutz dagegen nicht aus.

Die vorgestellten Versicherungen für Wohngebäude und Hausrat haben häufig einen Haken, den viele Versicherte übersehen: Sie zahlen nicht für die Folgen von wetterbedingten Überschwemmungen. Tritt beispielsweise ein Fluss über die Ufer oder läuft nach Starkregen der Keller voll, übernimmt der Wohngebäudeversicherer in der Regel nicht die Kosten für das Abpumpen des Wassers, und er zahlt auch nicht für Schäden am Haus.

Auch der Hausratversicherer kommt nicht auf, wenn durch das Wasser zum Beispiel im Keller gelagerte Koffer oder Bücher und Geschirr in Umzugskisten beschädigt werden.

Gegen die Folgen von Naturgewalten wie Überschwemmung, Lawinen und Erdrutsch können Sie sich nur schützen, wenn Sie zusätzlich zu Wohngebäude- und Hausratversicherung auch eine Elementarschadenzusatzversicherung vereinbaren. Das ist je nach Versicherungsbedingungen auf zwei Wegen möglich: Entweder Sie vereinbaren diesen Schutz ausdrücklich zusätzlich, oder Sie schließen eine Wohngebäudeversicherung ab, bei der die Absicherung gegen Naturgefahren direkt integriert ist. Das bieten mittlerweile einige Versicherer an. Ist das bei Ihrem Anbieter der Fall, kann es sein, dass Sie für Ihr neues Haus gleich ein Komplettangebot inklusive Hochwasserschutz bekommen. Wollen Sie dann den Schutz vor Elementarschäden nicht, können Sie darauf verzichten, müssen ihn als Teil der Wohngebäudeversicherung aber ausdrücklich abwählen.

Häufig sinnvoller Schutz

Alle Jahre wiederkehrende Medienberichte über Hochwasser und Überschwemmungen bestätigen, dass der Elementarschadenschutz sinnvoll sein kann.

Allerdings – und das ist gerade für die hart getroffenen Anlieger an einem Fluss der große Nachteil: Diejenigen, die den Schutz am dringendsten benötigen, bekommen ihn womöglich gar nicht. Denn die Versicherer ermitteln, wie hoch das Risiko ist, im Schadensfall zahlen zu müssen. Die Höhe des Risikos entscheidet nicht nur über den Preis, sondern auch darüber, ob dem Interessenten überhaupt Versicherungsschutz erteilt wird.

Alles nass!
Die Traumwohnung mit Blick auf den Fluss kann bei Hochwasser zur Kostenfalle werden, wenn der passende Versicherungsschutz fehlt.

Die Versicherungsunternehmen haben ein „Zonierungssystem für Überschwemmung, Rückstau und Starkregen" (ZÜRS) entwickelt. Danach gehen sie von folgendem Hochwasserrisiko aus:

▸ **Gefährdungsklasse I:** statistisch seltener als einmal alle 200 Jahre ein Hochwasser.

▸ **Gefährdungsklasse II:** statistisch einmal in 50 bis 200 Jahren ein Hochwasser.

▸ **Gefährdungsklasse III:** statistisch einmal in 10 bis 50 Jahren ein Hochwasser.

▸ **Gefährdungsklasse IV:** statistisch einmal in 10 Jahren ein Hochwasser.

Jedes Gebäude wird einer dieser vier Zonen zugeteilt. Am günstigsten ist der Elementarschadenschutz für Hausbesitzer, die Zone I oder II zugeordnet werden. Auch in Zone III können die Immobilienbesitzer sich noch gegen Elementarschäden versichern, doch sie müssen dafür in der Regel deutlich höhere Beiträge zahlen.

Wer Zone IV zugeordnet wird, erhält dagegen keinen Schutz, obwohl er ihn am nötigsten hätte. Es kann auch passieren, dass der Versicherer Sie aufgrund eines erhöhten Risikos im Lauf der Zeit schlechter einstuft und Ihnen womöglich die Absicherung gegen Naturgefahren kündigt.

Wenn Sie den Versicherungsschutz für Elementarschäden bekommen können, sollten Sie darauf achten, dass Sie alle Vorgaben des Versicherers erfüllen und dass auch Schäden durch Rückstau im Schutz integriert sind. Rückstau entsteht, wenn Starkregen die Kanalisation überlastet oder sich Wasser auf der Oberfläche des Geländes sammelt, sodass die Keller überflutet werden. Es kann sein, dass der Versicherer in seinen Vertragsbedingungen vorgibt, dass eine Rückstauklappe eingebaut sein muss. Dann sollten Sie darauf achten, dass dies auch der Fall ist. Sonst gehen Sie leer aus, wenn die Kanalisation überlastet ist und dann Ihr Keller überflutet wird.

Ihr gutes Recht durchsetzen: Rechtsschutzversicherung

Ob nach einem Unfall oder im Streit mit dem Vermieter: Viele Menschen sind froh, sich den Rat eines Anwalts einholen zu können. Der Versicherer zahlt aber nicht in allen Lebenslagen.

Der Vermieter will seinen Mietern beim Auszug nur einen Teil der Kaution erstatten mit der Begründung, sie hätten die Fliesen im Bad beschädigt. Die Mieter sehen es anders – ihre Vormieter hätten bereits diese Spuren hinterlassen: Das sei doch auch beim Einzug besprochen worden. Leider haben sie das aber nicht schriftlich.

Hilfreich ist es in solch einer Situation, wenn sich die Mieter Rat von einem Mietrechtsexperten holen, zum Beispiel über den Mieterverein oder von einem Rechtsanwalt, der sich mit Mietrecht gut auskennt.

Wer zum Anwalt geht, bekommt dessen Leistung nicht umsonst. Zahlen müssen die Mieter etwa für die Beratung sowie für die Korrespondenz des Juristen mit dem Vermieter beziehungsweise dessen Anwalt. Sollte es letztlich zu einer gerichtlichen Auseinandersetzung kommen, bleibt es nicht bei Ausgaben von einigen Hundert Euro.

Auf den Ausgaben für Anwalt und eventuellen Prozesskosten müssen Mieter nicht sitzenbleiben, wenn sie eine Rechtsschutzversicherung inklusive Mietrecht abgeschlossen haben.

Die Rechtsschutzversicherer bieten Schutz für einzelne Lebensbereiche an. In Paketen bündeln sie sehr häufig Leistungen in den Bereichen Privates, Beruf und Verkehr. Schutz für Streitigkeiten mit dem Vermieter oder rund um das Eigenheim können die Kunden dann meist dazukaufen.

So ein Komplettpaket erscheint sinnvoll und bequem, doch überlegen Sie sich vor dessen Abschluss, ob Ihnen der Schutz für bestimmte Lebensbereiche wie etwa Verkehrs- und Mietrechtsschutz reicht. Achten Sie außerdem darauf, welchen Schutz Sie schon auf anderen Wegen haben – zum Beispiel durch die Mitgliedschaft in einer Gewerkschaft oder im Mieterverein.

Sinnvoll – aber nicht zwingend

Eine Rechtsschutzversicherung bringt Sicherheit und macht somit häufig Mut, sich gegen eine vermeintliche Ungerechtigkeit zu wehren.

Sehr zu empfehlen ist der Abschluss einer Verkehrsrechtsschutzversicherung für alle, die am Straßenverkehr teilnehmen. Gerade bei Unfällen kann es schnell zu Streitigkeiten über hohe Summen kommen, vor allem dann, wenn Menschen verletzt werden. Egal wer die Schuld an einem Unfall trägt: Hinterher kann es eine große Hilfe sein, wenn sich ein Rechtsanwalt um alles Weitere kümmert – zum Beispiel um die Auseinandersetzung mit der gegnerischen Versicherung oder um mögliche Forderungen nach Schmerzensgeld. Selbst wenn sich herausstellt, dass der Versicherte Schuld an dem Unfall hatte, zahlt die Verkehrsrechtsschutzversicherung für die Unterstützung durch den Anwalt. Es sei denn, die Klage hat von Beginn an keine Aussicht auf Erfolg.

Ob sich der Abschluss einer Rechtsschutzversicherung für die anderen Lebensbereiche wie Privat-, Arbeits- oder Mietrechtsschutz lohnt, hängt stark von den persönlichen Lebensumständen ab. Im Vergleich zu anderen Verträgen wie etwa der Privathaftpflichtversicherung ist die Rechtsschutzversicherung aber nicht so dringend notwendig – zumal sie nicht den absoluten Rundumschutz bietet, den viele Kunden vielleicht erwarten.

Die Rechtsschutzversicherer begrenzen zum Beispiel den Privatrechtsschutz bei Familien-, Partner- oder Erbrechtsproblemen: Sie kommen meist nur für eine Erstberatung beim Anwalt auf, und auch nur wenn tatsächlich beispielsweise ein aktueller Erbfall vorliegt.

Schlechte Karten haben häufig auch Rechtsschutzversicherte, die sich mit ihrer Bank über mangelhafte Beratung in der

Die Besten im Test

Im letzten Test schnitten unter den Leistungspaketen aus Privat-, Berufs- und Verkehrsrechtsschutz der Tarif Privat der Allrecht/Deurag und der Tarif Premium der DAS am besten ab. Mit einem Selbstbehalt von 150 Euro kosteten sie 284 und 366 Euro pro Jahr. Das günstigste gute Angebot im Test war der Tarif PBV Plus der Huk24 für 222 Euro jährlich. Hier kann aber bei ungünstigem Schadenverlauf der Selbstbehalt auf bis zu 400 Euro steigen. Wenn Sie einen Vertrag ohne Selbstbeteiligung wüschen, sollten Sie einkalkulieren, dass die Jahresbeiträge um etwa 100 Euro höher liegen.

Geldanlage streiten. Geht es etwa um Aktieninvestments, müssen sie die Kosten für die Auseinandersetzungen oft selbst zahlen.

Aus den Vertragsbedingungen geht hervor, in welchen Bereichen der Versicherer bis zu welcher Grenze einspringt. Hier gibt es Unterschiede je nach Anbieter (siehe Checkliste „Das zahlen die Versicherer", S. 138). Ist eine rechtliche Auseinandersetzung abgesichert, kommt der Versicherer für Anwalts- und Gerichtsgebühren auf sowie für die Entschädigungen von Sachverständigen und Zeugen.

Checkliste

Das zahlen die Versicherer

Die Versicherer regeln jeweils in ihren Vertragsbedingungen, wann sie für Rechtsberatung und Rechtsstreitigkeiten aufkommen. In bestimmten Bereichen gibt es kaum Unterschiede zwischen den Tarifen, in anderen schon, wie die Beispiele zeigen:

☐ **Vertrags- und Sachenrecht:** Gibt es Streit um Verträge – etwa um die schlechte Qualität einer gelieferten Ware –, kommt der Versicherer für die Anwaltskosten auf.

☐ **Sozialrecht:** Streiten Sie mit der Krankenkasse über eine Leistung, greift der Sozialrechtsschutz. Viele Versicherer zahlen aber erst, wenn es zu einem Gerichtsverfahren kommt. Gut dran sind Sie, wenn Ihr Versicherer auch die Anwaltskosten erstattet, die für die vorgerichtliche Auseinandersetzung anfallen.

☐ **Schadenersatz:** Der Versicherer zahlt, wenn Sie Schadenersatz erstreiten wollen. Dazu kann es zum Beispiel nach einem Unfall kommen, den Sie nicht verschuldet haben. Umgekehrt springt der Rechtsschutzversicherer aber nicht ein, wenn Sie Ansprüche eines Unfallgegners abwehren wollen. Dann ist Ihre Haftpflicht- oder Kfz-Haftpflichtversicherung zuständig, unberechtigte Forderungen abzuwehren.

☐ **Kapitalanlagerecht:** Hier hilft den Versicherten häufig auch die Rechtsschutzversicherung nicht. Wollen Sie sich gegen eine Falschberatung bei der Bank mithilfe eines Anwalts wehren, müssen Sie die Kosten dafür oft aus eigener Tasche zahlen, oder zumindest einen Teil davon. Einige gute Versicherer zahlen aber zumindest, wenn es bei dem Streit um „konservative" Investitionen wie Sparanlagen geht.

☐ **Steuerrecht:** Auch wenn Sie Ärger mit dem Finanzamt haben und sich für die Auseinandersetzung einen Anwalt nehmen, kann es teuer werden. Die meisten Versicherer beschränken den Rechtsschutz bei Steuerärger auf Streitigkeiten vor Gericht. Für außergerichtliche Auseinandersetzungen mit dem Finanzamt kommen nur wenige auf.

Aber: Deutet sich an, dass es zu einer Auseinandersetzung kommen wird, für die Sie anwaltlichen Rat benötigen werden, ist es für den Abschluss einer Rechtsschutzversicherung in der Regel schon zu spät:

Angenommen, Anja Kreuzer erhält am Montagmorgen die Kündigung durch ihren Arbeitgeber. Montagnachmittag geht sie zu einem Rechtsanwalt, um sich Rat für das weitere Vorgehen zu holen. Schließt sie nun noch eine Rechtsschutzversicherung ab, bringt diese ihr für ihr aktuelles Problem keine Hilfe mehr. Je nach Rechtsgebiet setzen die Versicherer häufig eine Wartezeit von zum Beispiel drei Monaten voraus.

Der Versicherer kommt dann nur für die Kosten der Auseinandersetzung nach Ablauf dieser Frist auf. Über die Wartezeiten sollten sich Kunden vor Abschluss unbedingt informieren, wenn ihnen im Hinblick auf künftige Streitigkeiten Rechtsschutz wichtig ist.

Nicht zu oft den Versicherer bitten

Zu Problemen kann es auch kommen, wenn Sie den Schutz der Versicherung zu häufig in Anspruch nehmen. Oftmals ist in den Vertragsbedingungen ein außerordentliches Kündigungsrecht des Versicherers vereinbart. Er kann dann zum Beispiel nach zwei Fällen innerhalb von zwölf Monaten den Vertrag kündigen.

Erhalten Sie eine Kündigung von Ihrem alten Versicherer, kann es sein, dass Sie keinen neuen Anbieter finden, denn die Versicherer wollen vor Vertragsabschluss wissen, wer den alten Vertrag gekündigt hat. Schwindeln lohnt sich dann nicht: Kommt heraus,

> **66 Es kann sich lohnen, dass Sie dem Versicherer zuvorkommen und von sich aus den Vertrag kündigen.**

dass Sie falsche Angaben gemacht haben, verlieren Sie Ihren Versicherungsschutz.

Um diese Problematik zu umgehen und neuen Schutz zu erhalten, kann es sich lohnen, dass Sie dem Versicherer zuvorkommen und von sich aus den Vertrag kündigen. Dann steigen Ihre Chancen, bei einem anderen Anbieter unterzukommen. Sie haben das Recht, Ihren Vertrag ordentlich zum Ablauf der Laufzeit zu kündigen oder außerordentlich nach einer Beitragserhöhung oder nachdem Sie Leistungen des Versicherers in Anspruch genommen haben. Ihre Chancen auf einen neuen Vertragsabschluss können Sie häufig auch verbessern, wenn Sie bereit sind, einen Selbstbehalt zu vereinbaren.

Unterwegs immer sicher

Egal, ob Arbeitsweg, Urlaub oder Wochenendvergnügen: Wer mit dem Auto unterwegs ist oder mit der Familie in die Sonne fliegt, muss sich absichern. Doch Sie brauchen längst nicht alles, was für unterwegs angeboten wird.

Wer ein Auto zulassen will, kommt nicht daran vorbei: Ohne den Schutz einer Kfz-Haftpflichtversicherung keine Zulassung. Der Abschluss der Versicherung ist Pflicht. Eine neue Stoßstange am Wagen eines anderen Fahrers lässt sich zwar noch aus eigener Tasche bezahlen. Doch was, wenn Sie einen anderen Verkehrsteilnehmer so schwer verletzen, dass dieser monatelang im Krankenhaus behandelt werden muss und anschließend nur noch eingeschränkt arbeiten kann? Auch dann haften Sie für den gesamten Schaden.

Während der Abschluss einer Kfz-Haftpflichtversicherung zum Schutz anderer verpflichtend ist, gibt es andere Verträge rund ums Auto, die kein Muss sind, aber doch sehr sinnvoll sein können, zum Beispiel der Vollkaskoschutz für einen Neuwagen. Bestimmte Versicherungen können sich Fahrzeughalter hingegen gleich sparen wie etwa die Insassenunfallversicherung (siehe „Was meist überflüssig ist", S. 22).

Auch für Reisen gilt: Es gibt einen Schutz, den Sie unbedingt haben sollten. Das ist der Krankenversicherungsschutz für Auslandsreisen. Wenn Sie in einer gesetzlichen Krankenkasse versichert sind, sollten Sie dafür eine private Auslandsreise-Krankenversicherung abschließen. Ohne diesen Zusatzvertrag besteht die Gefahr, dass Sie auf Behandlungskosten im Ausland entweder zum Teil oder sogar komplett sitzen bleiben, denn die Krankenkasse zahlt sie nur unter bestimmten Voraussetzungen. Für einen Krankenrücktransport nach Deutschland kommt sie gar nicht auf, auch dann nicht, wenn er medizinisch notwendig ist.

Es gibt aber durchaus Versicherungen, die rund um den Urlaub angeboten werden, auf die Sie ohne Probleme verzichten können. Dazu gehört beispielsweise die Reisegepäckversicherung. Auch eine spezielle Unfallversicherung nur für Reisen ist in der Regel nicht die beste Lösung.

→ Als Privatpatient Klarheit schaffen

Wenn Sie in Deutschland privat krankenversichert sind, sollten Sie prüfen, unter welchen Voraussetzungen dieser Schutz auch im Ausland gilt und ob der Versicherer die Ausgaben für einen Krankenrücktransport in die Heimat übernimmt. Gegebenenfalls müssen auch Sie eine zusätzliche Krankenversicherung für Auslandsreisen abschließen.

Auto absichern: Vorsorge vor allem für die schweren Fälle

Selbst ein Blechschaden von einigen Hundert Euro schmerzt einen Autofahrer. Umso wichtiger ist es, sich um den passenden Versicherungsschutz zu kümmern.

Kommt es zu einem Unfall, können die Ansprüche des oder der Geschädigten kaum vorstellbare Dimensionen annehmen: Etwa wenn ein Autofahrer auf eisglatter Autobahn eine Massenkarambolage verursacht – mit mehreren Verletzten und zahlreichen kaputten Autos.

Damit Unfallverursacher für so einen Fall finanziell gewappnet sind, hat der Gesetzgeber bestimmte Mindestdeckungssummen vorgegeben, die die Haftpflichtversicherer bieten müssen. Vorgeschrieben ist eine Mindestdeckung von 7,5 Millionen Euro für Personenschäden, 1 Million Euro für Sachschäden und 50 000 Euro für Vermögensschäden.

Über diese Mindestsummen gehen die Versicherer allerdings in der Regel deutlich hinaus. In ihren Tarifen bieten sie häufig Deckungssummen von 100 Millionen Euro oder zumindest 50 Millionen Euro für Sachschäden. Die Deckungssummen für Personenschäden liegen oft bei 8, 10 oder 12 Millionen Euro. Kunden sollten unbedingt diese höheren Deckungssummen wählen. Die Tarife sind in der Regel nicht viel teurer als die, die nur die gesetzlich vorgegebenen Summen decken.

Welcher Schutz für welches Auto?
Bei sehr alten Autos reicht es häufig aus, nur eine Kfz-Haftpflichtversicherung abzuschließen. Gerade bei einem neuen oder noch relativ jungen Auto sollten die Fahrzeughalter aber für eine zusätzliche Absicherung sorgen.

Für Neuwagen ist eine Vollkaskoversicherung zu empfehlen. Denn der Haftpflichtversicherer kommt ausschließlich für die Schäden anderer auf, nicht für selbstverursachte Schäden am eigenen Wagen.

Im Vollkaskoschutz sind neben den Folgen eines selbstverschuldeten Unfalls auch Schäden durch Vandalismus mit versichert.

Mit diesen beiden Leistungen unterscheidet sich der Vollkaskoschutz von der Teilkaskoversicherung. Zusätzlich enthält der Vollkaskoschutz sämtliche Leistungen, die auch die Teilkaskoabsicherung bietet.

Egal, welchen Kaskoschutz Sie wählen: Der Versicherer zahlt bei Diebstahl sowie für Unfälle mit Haarwild oder je nach Tarif auch anderen Tieren, für Schäden durch Brand oder Glasbruch sowie für wetterbedingte Schäden.

Hinterlässt Hagel Spuren im Lack oder fällt beispielsweise bei Sturm ein Ast auf den Wagen, zahlt die Teilkaskoversicherung. Bei Sturm gilt aber wie bei anderen Sachversicherungen: Der Versicherer zahlt nur, wenn mindestens Windstärke 8 vorlag. Das entspricht einer Windgeschwindigkeit von mindestens 62 Kilometer pro Stunde. Bei niedrigeren Windgeschwindigkeiten käme nur eine Vollkaskoversicherung auf.

Und für welches Auto genügt nun eine Haftpflichtversicherung? Wie lange sollte ein Autobesitzer Vollkaskoschutz behalten? Reicht Teilkasko auch? Genaue Richtwerte, welcher Schutz wie lange sinnvoll ist, gibt es

Wer lange unfallfrei gefahren ist, bekommt einen Schadenfreiheitsrabatt. Haben Sie einen solchen Rabatt, kann eine Vollkaskoversicherung sogar günstiger sein als eine Teilkaskoversicherung, die weniger Leistungen bietet. Vergleichen Sie die Beiträge! Es lohnt sich außerdem häufig, in der Kaskoversicherung einen Selbstbehalt zu vereinbaren. Für die Teilkasko empfiehlt Finanztest 150 Euro, für die Vollkasko 300 Euro.

nicht. Das hängt auch von Ihrem individuellen Sicherheitsbedürfnis ab. Grob lässt sich sagen, dass ein Fahrzeug zumindest in den ersten drei Jahren nach Erstzulassung vollkaskoversichert sein sollte und nach etwa zehn Jahren selbst der Teilkaskoschutz nicht mehr unbedingt nötig ist.

Die Preisfrage:
Was kostet Schutz fürs Auto?

Wenn Sie eine Versicherung für Ihr Auto abschließen wollen, müssen Sie zahlreiche Fragen beantworten: wo Sie wohnen, wie viele Kilometer Sie fahren, ob das Auto in einer Garage steht und vieles mehr.

Anhand dieser Daten ermittelt der Versicherer, zu welchem Preis Sie Haftpflicht- und wenn gewünscht auch Kaskoschutz erhalten. Er greift dabei auf statistische Werte zur Schadenshäufigkeit zurück. Hier einige der wichtigsten Größen, die für die Preisberechnung zugrunde gelegt werden:

▸ **Die Typklasse:** Jedes Fahrzeug ist einer bestimmten Typklasse zugeordnet. Die Fahrzeugtypen, bei denen rein statistisch häufiger mit einem Schaden zu rechnen ist, sind in einer höheren Typklasse und entsprechend teurer. Wenn Sie ein Auto kaufen, können Sie unter www.typklasse.de nachsehen, wie es eingestuft wird und ob es auch beim Versicherungsschutz das vermeintliche Schnäppchen ist.

▸ **Die Regionalklasse:** Es spielt auch eine Rolle, wo ein Fahrzeug zugelassen ist.

Die Besten im Test

Finanztest ermittelt jedes Jahr neu die günstigsten Tarife für die Autoversicherung für verschiedene Modellkunden. Häufig tut sich hier immer noch einiges bis Ende November. Bis Redaktionsschluss für diesen Ratgeber lagen die aktuellsten Testergebnisse und die für 2016 zu zahlenden Beiträge noch nicht vor. Am besten Sie informieren sich jeweils aktuell darüber, ob sich für Sie ein Wechsel der Autoversicherung lohnt. Die jüngsten Testergebnisse finden Sie unter www.test.de. Hier können Sie auch für 7,50 Euro eine individuelle Analyse in Auftrag geben. Dann sucht Finanztest den für Sie günstigsten Anbieter. Die Checkliste „Endspurt zum Jahresende" auf S. 148 zeigt, wie Sie beim Wechsel vorgehen können.

In Regionen, in denen das Unfall- oder das Diebstahlrisiko besonders groß ist, müssen Fahrzeughalter aufgrund ihres Wohnorts mit höheren Beiträgen rechnen. Der Gesamtverband der Deutschen Versicherungswirtschaft unterteilt anhand der statistischen Daten in der Haftpflichtversicherung in zwölf Regionalklassen, in der Teilkasko in 16 und in der Vollkasko in neun Regionalklassen. An dieser Einstufung können sich die einzelnen Versicherer orientieren, müssen es aber nicht. Wer herausfinden will, wie seine Region eingestuft ist, kann sich auf der Seite www.gdv.de/regional klassen-abfrage selbst im Internet informieren.

▶ **Die Schadenfreiheitsklasse:** Wenn es Ihnen gelingt, möglichst lange schaden- und unfallfrei zu fahren, erreichen Sie eine höhere Schadenfreiheitsklasse und zahlen entsprechend weniger Beitrag. Sobald Sie die Versicherung in Anspruch nehmen, können Sie allerdings einen Teil des bisherigen Schadenfrei-

Rund ums Auto: Welche Versicherung zahlt was?

Vor allem für neue und teure Fahrzeuge sollten Sie die Rundumabsicherung wählen.

Art der Versicherung	Leistungen	Wie lange zu empfehlen?
Kfz-Haftpflichtversicherung	Der Versicherer übernimmt die Schadenersatzzahlungen an die Unfallopfer und kommt für Personen-, Sach- und Vermögensschäden auf.	Pflichtprogramm unabhängig vom Alter des Wagens.
Teilkaskoversicherung	Der Versicherer zahlt zum Beispiel für Schäden durch Brand, Explosion, Diebstahl, Raub, Elementarereignisse wie Sturm, Hagel und Überschwemmungen sowie durch Haarwild. Er kommt auch für Glasschäden auf, zum Beispiel wenn die Windschutzscheibe nach einem Steinschlag einen Riss hat. Der Abschluss ist freiwillig.	Je nach Zustand des Autos. Bei alten Wagen ab zirka zehn Jahren nicht notwendig. Wenn das Fahrzeug dann gestohlen wird, erhält der Kunde aber keinen Ersatz.
Vollkaskoversicherung	Der Versicherer zahlt für alle Teilkaskoschäden. Darüber hinaus sind Unfallschäden am eigenen Fahrzeug und Schäden durch Vandalismus gedeckt. Der Abschluss ist freiwillig.	Für Neuwagen in den ersten drei Jahren, je nach Zustand des Fahrzeugs für weitere Jahre. Auch bei hoher Schadenfreiheitsklasse empfehlenswert.

Wenn es kracht
Reparaturkosten, Leihwagen, eventuell Behandlungskosten und Schmerzensgeld: Die Liste möglicher Forderungen ist lang. Der Haftpflichtversicherer des Unfallverursachers muss dafür aufkommen.

heitsrabatts verlieren, sodass der Beitrag steigt. Je nach Schadenshöhe kann es sich deshalb manchmal lohnen, zumindest kleinere Schäden aus eigener Tasche zu zahlen. Welches Vorgehen für Sie nach einem Unfall günstiger ist, können Sie sich bei Ihrem Versicherer ausrechnen lassen.

Schadenfreiheitsklassen gibt es sowohl in der Haftpflichtversicherung als auch in der Vollkaskoversicherung, nicht aber in der Teilkaskoversicherung. Wenn der Versicherte, der eine Vollkaskoversicherung abgeschlossen hat, also beispielsweise nach einem Hagelschaden Geld von der Versicherung bekommt, verliert er seinen bisherigen Schadenfreiheitsrabatt nicht, da er eine Leistung aus dem Teilkaskoschutz in Anspruch nimmt.

Was der Versicherer wissen will

Neben diesen Einstufungen für Fahrzeug und Schadenshäufigkeit haben die Autoversicherer ihre Preise mittlerweile immer stärker auf die individuelle Situation ihrer Kunden zugeschnitten. Viele Faktoren des alltäglichen Lebens beeinflussen die Höhe des Beitrags – zum Beispiel, ob Sie eine Garage haben oder das Auto nachts auf der Straße abstellen, wie lange Sie bereits bei einem Versicherer Kunde sind und ob Sie in einer Mietwohnung oder in einem Eigenheim leben. Wenn Sie Ihrem Versicherer schon lange treu sind und auch andere Verträge bei ihm abgeschlossen haben, bekommen Sie unter Umständen zusätzlichen Rabatt. Wenn Sie viel fahren, zahlen Sie mehr als Fahrer, die nur wenige Kilometer im Jahr unterwegs sind.

Auch das Alter der Fahrer spielt eine Rolle: Gibt ein Kunde an, dass auch der 18-jährige Sohn den Wagen fahren wird, dürfte der Schutz teurer werden, als wenn nur die Eltern im Alter von Mitte 40 als versicherte Fahrer zugelassen sind.

Gleichzeitig sind auch ältere Fahrer, die das Rentenalter bereits erreicht haben, nicht unbedingt die Lieblinge der Versicherer, sodass auch sie mit höheren Beiträgen rechnen müssen. Hier lohnt sich auf jeden Fall der Preisvergleich, denn die Angebote liegen häufig weit auseinander.

→ Schummeln bei der Abfrage ist keine gute Idee

Egal, ob Sie nach einer Garage, dem Alter oder nach der jährlichen Kilometerleistung gefragt werden: Machen Sie keine falschen Angaben. Schummeln kann Sie am Ende um einiges mehr kosten. Wenn es etwa infolge eines Unfalls doch herauskommt, zahlen Sie meist deutlich drauf. Viele Versicherer verlangen zum Beispiel als Strafe einen kompletten Jahresbeitrag oder pauschal 500 oder auch 1 000 Euro. Unter Umständen kann es sogar zur Kündigung des Vertrags kommen. Darauf sollten Sie es nicht ankommen lassen, nur um ein wenig Beitrag zu sparen.

Neben diesen persönlichen Faktoren spielt es für den Preis auch eine Rolle, bei welchem Versicherer Sie den Vertrag abschließen. Ein reiner Internetversicherer kann häufig günstigere Tarife anbieten als ein Unternehmen, das vor Ort Geschäftsstellen betreibt. Das bestätigen auch die jährlichen Tarifvergleiche von Finanztest, bei denen vor allem Direktversicherer oft die preiswertesten Angebote haben.

Im Gegenzug müssen die Kunden eines Internetversicherers aber hinnehmen, dass sie die meisten ihrer Anliegen nur telefonisch oder über das Internet klären können, während sie sich bei anderen Anbietern an den Vertreter vor Ort wenden können.

Leistungsunterschiede beim Kaskoschutz

Die Versicherungsbeiträge, die sich auf Basis all dieser Faktoren ergeben, liegen für die jeweiligen Fahrzeuge zum Teil noch weit auseinander. Beitragsunterschiede von einigen Hundert Euro pro Jahr sind keine Seltenheit.

Interessieren Sie sich nur für Haftpflichtschutz, können Sie sich vor allem an den errechneten Beiträgen orientieren und danach einen Tarif aussuchen. Allerdings sollten Sie darauf achten, dass Sie eine möglichst hohe Deckungssumme von 100 Millionen oder zumindest 50 Millionen Euro mit dem Versicherer vereinbaren.

Kaskokunden sollten sich auch die Leistungen etwas genauer ansehen: Je nach persönlichem Wunsch und nach persönlicher Lebens- und Fahrsituation kann es sich lohnen, bestimmte Extraleistungen mitzunehmen und dafür einen etwas höheren Jahresbeitrag für die Autoversicherung in Kauf zu nehmen. Klären Sie zum Beispiel folgende Fragen:

▶ Bis zu welchem Termin erstattet der Kaskoversicherer nach einem Schaden zum Beispiel den Neuwert und nicht nur den Wiederbeschaffungswert des Fahrzeugs?

▶ Was kostet mich ein zusätzlicher Rabattschutz, sodass ich nach einem Unfall nicht gleich meinen Schadenfreiheitsrabatt verliere?

▶ Kommt der Versicherer unbegrenzt für Schäden durch Tierbisse auf?

Checkliste

Autoversicherung: Endspurt zum Jahresende

In den Medien und in der Werbung der Versicherungsgesellschaften ist rund um die Autoversicherung häufig vom „Stichtag 30. November" die Rede. Warum dieser Termin so wichtig ist und wie wechselwillige Kunden vorgehen können – in bestimmten Situationen auch mitten im Jahr:

☐ **Termin:** Verträge für die Autoversicherung laufen in der Regel für ein Jahr. Kündigen Sie den Vertrag nicht, verlängert er sich automatisch um ein Jahr. Da das Versicherungsjahr in der Regel dem Kalenderjahr entspricht, ist die reguläre Kündigung zum Jahresende möglich – mit einer Kündigungsfrist von einem Monat. Deshalb ist der 30. November der Stichtag. Bis dahin muss das Kündigungsschreiben beim Versicherer vorliegen. Schicken Sie es zur Sicherheit am besten per Einschreiben mit Rückschein.

☐ **Verhandeln:** Wer ein günstigeres Angebot für sein Fahrzeug sucht, muss unter Umständen aber nicht gleich den Versicherer wechseln.

Oft lohnt es sich, beim jetzigen Anbieter nachzufragen, ob er noch etwas am Preis machen kann – zum Beispiel über einen anderen Tarif oder einen zusätzlichen Rabatt. Die Versicherer zeigen hier durchaus Gesprächsbereitschaft, wenn sie dadurch eine Kündigung vermeiden können.

☐ **Beitragserhöhung:** Abseits dieses regulären Kündigungstermins haben Sie ein außerordentliches Kündigungsrecht: Wenn der Versicherer den Beitrag erhöht, ohne gleichzeitig die Leistung zu verbessern, können Sie innerhalb von vier Wochen nach der Mitteilung darüber aus Ihrem Vertrag aussteigen.

☐ **Im Schadensfall:** Das außerordentliche Kündigungsrecht haben Sie auch, wenn Sie nach einem Schaden Leistungen des Versicherers in Anspruch genommen haben.

☐ **Musterschreiben:** Im Serviceteil ab S. 201 finden Sie Beispiele, wie eine Kündigung je nach Situation aussehen kann.

- ▸ Zahlt der Versicherer auch voll, wenn ich einen Schaden grob fahrlässig verursache, oder kürzt er dann die Leistung?
- ▸ Unfälle mit welchen Tieren sind abgesichert? Nur Schäden durch Haarwild oder auch durch andere Tiere, etwa Fasane oder Haustiere?

Zusätzliche Verträge für das Auto: Was sinnvoll ist

Haftpflicht- und Kaskoschutz bilden die Basis für die Autoversicherung. Ein weiterer Schutz, der Fahrzeughaltern und allen, die das Fahrzeug nutzen, noch zu empfehlen ist, ist die Verkehrsrechtsschutzversicherung (siehe auch „Ihr gutes Recht durchsetzen" ab S. 136). Wie schnell ist ein Unfall passiert, in dessen Folge es Streit über die Schuldfrage, über Abrechnungen und Leistungskürzungen mit dem Versicherer gibt oder über Schadenersatzforderungen eines verletzten Unfallopfers?

In solchen Situationen ist es hilfreich, wenn Sie sich einen Rechtsanwalt nehmen können, der Sie im Umgang mit Polizei, Unfallgegner und Versicherung unterstützt. Hier kommt die Rechtsschutzversicherung ins Spiel, denn der Versicherer trägt die Kosten für den Anwalt und eventuell eine Gerichtsverhandlung.

Die Verkehrsrechtsschutzversicherung zahlt im Übrigen in vielen Fällen auch, wenn Sie nicht in Deutschland, sondern im Ausland in einen Unfall verwickelt werden und dafür Rechtsbeistand benötigen. Wer

DIE 3 WICHTIGSTEN TIPPS FÜR AUSLANDS-FAHRTEN

1 **Versicherungen** Prüfen Sie, wie weit Ihr Schutz reicht. Gerade wenn Sie in bestimmte Länder Osteuropas reisen, kann es in einigen Tarifen zum Beispiel sein, dass Diebstähle aus Ihrem Kaskoschutz ausgeschlossen ist. Fragen Sie am besten direkt beim Versicherer nach.

2 **Papiere** Vergessen Sie nicht wichtige Unterlagen wie die grüne Versicherungskarte oder den europäischen Unfallbericht. Nehmen Sie außerdem die Kontaktdaten Ihrer Versicherung mit ins Gepäck, damit Sie im Notfall direkt Kontakt aufnehmen können.

3 **Information** Erkundigen Sie sich nach Regeln und Pflichten in Ihrem Reiseland, zum Beispiel zu Warnweste, Tagfahrlicht und Promillegrenze. Informationen erhalten Sie zum Beispiel über einen Automobilclub oder unter www.auswaertiges-amt.de.

viel beruflich im Ausland unterwegs ist, sollte aber prüfen, ob der Versicherer auch für Unfälle auf Geschäftsreisen aufkommt. Hier sind Einschränkungen der Versicherer möglich.

Häufig bieten die Versicherer als Ergänzung zur Kfz-Versicherung einen Autoschutzbrief an. Haben die Kunden diesen Extraschutz, bekommen sie vom Versicherer finanzielle und auch organisatorische Unterstützung bei einer Panne oder nach einem Unfall: Er kümmert sich etwa um den Abschleppdienst und ein Hotel vor Ort oder um Möglichkeiten, weiterzureisen, wenn die Fahrt weit weg von zuhause unterbrochen wurde.

Dieser Schutz ist zwar sinnvoll, doch wer ihn abschließt, sollte zunächst prüfen, ob vergleichbare Leistungen bereits anderweitig abgedeckt sind, zum Beispiel über die Mitgliedschaft in einem Auto- oder Verkehrsclub. Allerdings: Meist ist der Zusatzschutz beim eigenen Autoversicherer deutlich günstiger als im Automobilclub.

Abgesichert auf Reisen: Krankenschutz muss sein

Im Ausland hat der Schutz der gesetzlichen Krankenkassen Lücken. Deshalb benötigen Sie zusätzlich eine private Police.

Skifahren in Österreich, Sonnenbaden am Gardasee, Feiern auf Mallorca: Ganz gleich, für welche Form von Urlaub Sie sich entscheiden – Sie sollten sichergehen, dass Sie ausreichend versichert sind.

Zunächst die gute Nachricht: Bei vielen Versicherungsverträgen müssen Sie sich erst einmal keine Sorgen machen, denn ein Großteil des Versicherungsschutzes, der in Deutschland gilt, geht mit auf Reisen. Das gilt zum Beispiel für die Privathaftpflichtversicherung: Wenn ein Familienvater beispielsweise mit seiner Tochter in Spanien am Strand Ball spielt und mit einem Fehlschuss Sonnenbrille und Tablet-PC einer anderen Urlauberin beschädigt, zahlt die Privathaftpflichtversicherung der Familie für den Schaden.

Problematisch könnte es allerdings werden, wenn die Reisenden zum Beispiel im Ferienhaus Wein verschütten und die Couch beschädigen. Nicht alle Versicherer zahlen für Schäden an beweglichen Gegenständen in einem gemieteten Ferienhaus.

Mit im Gepäck haben Sie zumindest bei vorübergehenden Auslandsaufenthalten auch die Unfallversicherung: Bleiben nach einem Fahrradsturz in der Schweiz dauerhafte Beeinträchtigungen, kommt der Versicherer für die Unfallfolgen auf.

Für längere Auszeiten

Wenn Sie länger als nur ein paar Wochen unterwegs sind – zum Beispiel im Süden überwintern oder aus beruflichen Gründen für ein oder zwei Jahre Ihren Wohnsitz ins Ausland verlegen –, sollten Sie unbedingt mit Ihren Versicherern besprechen, welche Auswirkungen das auf Ihren Versicherungsschutz hat. In der Privathaftpflichtversicherung gilt zum Beispiel in der Regel, dass Auslandsaufenthalte außerhalb der EU bis zu einem Jahr mitversichert sind. Aber sprechen Sie das lieber vorher mit Ihrem Versicherer ab. Klären Sie ebenfalls, welche Vorkehrungen Sie treffen müssen, um beispielsweise während Ihrer Abwesenheit nicht den Versicherungsschutz für Ihr Eigenheim in Deutschland zu verlieren.

Ohne zusätzliche Krankenversicherung geht es nicht

Was für die private Unfall- oder Haftpflichtversicherung gilt, lässt sich leider nicht uneingeschränkt auf den Schutz der Krankenversicherung übertragen: Alle, die in Deutschland gesetzlich krankenversichert

Die Besten im Test

Der jüngste Test ergab: Den besten Jahresschutz für Familien mit Kind bietet die Ergo Direkt mit ihrem Tarif RD für 17,80 Euro. Etwa gleichauf: die Würzburger mit ihrem Tarif TravelSecure AR. Sie ist mit 33 Euro aber teurer und erstattet die Rückreisekosten von Kindern nicht, wenn die Eltern erkranken. Alleinreisende sind am besten mit dem Tarif RD der Ergo Direkt versichert. Gleichauf liegt die Hallesche mit ihrem Tarif Hallesche.Kolumbus. Interessant für Senioren: Als einziger Vertreter im Test verzichtet die Debeka mit dem Tarif AR auf Alterszuschlag und Höchsteintrittsalter. Er kostet 8 Euro.

sind, genießen im Ausland keinen umfassenden Schutz. Denn die gesetzlichen Krankenkassen zahlen bei Reisen außerhalb der EU keinerlei medizinische Behandlungskosten, es sei denn, die Länder haben mit Deutschland ein Sozialversicherungsabkommen abgeschlossen.

Und selbst innerhalb der EU kann es sein, dass die Kasse nicht alle Ausgaben trägt. Wenn der behandelnde Arzt zum Beispiel eine Behandlung für Sie als Privatpatient abrechnet, kommt die Kasse nicht für alle Kosten auf.

Die Ausgaben für einen Rücktransport eines Erkrankten nach Deutschland übernimmt die gesetzliche Krankenkasse nicht. Der Rücktransport ist ausgeschlossen – selbst wenn es sich um ein Reiseland innerhalb der EU handelt. Je nach Reiseland und Schwere der Erkrankung können so schnell mehrere Zehntausend Euro an Kosten zusammenkommen, die die Kasse nicht trägt. Um auf diesen Ausgaben nicht allein sitzen zu bleiben, sollten gesetzlich versicherte Urlauber vor der Auslandsreise unbedingt eine private Auslandsreise-Krankenversicherung abschließen.

Checkliste

Wenn Sie im Ausland ärztliche Hilfe brauchen

Fremdes Land, fremde Sprache. Wenn Sie dann zum Beispiel auch noch ins Krankenhaus müssen, sind Sie vermutlich froh, aus der Heimat Hilfe zu bekommen.

☐ **Versicherer informieren:** Die Anbieter betreiben Service-Hotlines, bei denen Sie zur Not auch Hilfe bei der Ärztesuche bekommen. Rufen Sie dort so rasch wie möglich an, auch damit man Ihnen nicht im Nachhinein vorwerfen kann, Sie hätten Ihre vertraglichen Pflichten verletzt.

☐ **Nachfragen:** Klären Sie mit dem Versicherer, wie Sie weiter vorgehen müssen, welche Belege Sie benötigen und was auf der Arztrechnung stehen muss, wenn Sie im Ausland behandelt werden. Gerade bei schwerwiegenden Erkrankungen und Verletzungen, die einen Krankenhausaufenthalt oder sogar einen Rücktransport nach Deutschland erfordern, sollten Sie unbedingt so schnell es geht mit dem Versicherer sprechen. Die Versicherer selbst arbeiten mit Ärzten zusammen, nehmen Kontakt zu den behandelnden Ärzten vor Ort auf und klären ab, welches weitere Vorgehen medizinisch sinnvoll oder auch notwendig ist.

☐ **Belege einreichen:** Reichen Sie nach der Rückkehr schnellstmöglich die Belege für Ihre eigenen Ausgaben beim Versicherer ein, damit er die Kosten erstattet.

Reisende, die in Deutschland privat krankenversichert sind, genießen zumindest in der Anfangszeit auch im Ausland umfassenden Versicherungsschutz. Allerdings sollten sie vor Abreise die Bedingungen ihres Vertrags noch einmal daraufhin prüfen, ob der Versicherer für einen Rücktransport zahlt.

Wenn Sie eine private Krankenzusatzversicherung haben – etwa für Brillen, Heilpraktikerbehandlungen und Zahnersatz –, kann es sein, dass der Auslandsreiseschutz integriert ist. Dann müssen Sie keinen separaten Vertrag abschließen.

Was „medizinisch notwendig" ist

Die private Auslandsreise-Krankenversicherung kommt für alle medizinisch notwendigen Behandlungen im Ausland auf. Das kann die Notfallversorgung sein, nachdem der Urlauber beim Volleyballspielen umgeknickt ist. Das kann ein Besuch beim Arzt sein, wenn die Tochter am Strand in einen Seeigel getreten ist, oder auch eine dringend notwendige Blinddarmoperation, die vor Ort durchgeführt werden muss.

Die medizinische Behandlung darf jedoch nicht der Anlass für die Reise gewesen sein. Entscheidet sich ein Patient zum Beispiel dafür, sich günstigen Zahnersatz in Osteuropa zu besorgen, zahlt die private Zusatzversicherung nicht für die geplante Zahnbehandlung. Darüber hinaus sind unter anderem Ausgaben für Kuren und Reha-Maßnahmen vom privaten Zusatzschutz ausgenommen.

Auf die Formulierungen achten

Die Tarifvergleiche zeigen, dass die Bedingungen, zu denen sich die Kunden versichern können, in den vergangenen Jahren deutlich besser geworden sind. Eine Vielzahl von Anbietern hat an den Klauseln in ihren Versicherungsbedingungen gearbeitet und sie ebenfalls zugunsten der Kunden verbessert. Ein neuer Vertrag kann sich also lohnen.

Trotzdem können in den Vertragsbedingungen je nach Versicherer immer noch einige Tücken lauern, auf die Sie vor Vertragsabschluss achten sollten. Anlass zu späteren Auseinandersetzungen mit dem Versicherer gibt zum Beispiel die Frage, wie er mit Vorerkrankungen umgeht: Heißt es in den Versicherungsbedingungen, dass er nur für Behandlungen zahlt, wenn die Erkrankung „plötzlich" oder „unvorhergesehen" eingetreten ist? Oder steht eine solche Einschränkung nicht in den Bedingungen? Wenn das Versicherungsunternehmen auf eine solche Vorgabe verzichtet, ist das für den Urlauber natürlich von Vorteil.

Oder: Unter welchen Voraussetzungen trägt er die Kosten für einen Krankenrücktransport? Erst wenn dieser „medizinisch notwendig" ist, oder auch schon, wenn der Rücktransport medizinisch „sinnvoll" und „vertretbar" ist?

Die einzelnen Schritte, wie Sie vorgehen sollten, wenn Sie mit Vorerkrankungen in den Urlaub fahren, zeigt die Checkliste „Nicht unvorbereitet verreisen" auf S. 154.

Checkliste

Nicht unvorbereitet verreisen

Sie hoffen auf die Leistung des privaten Versicherers, doch der will die Ausgaben für eine medizinische Behandlung nicht übernehmen, weil Sie angeblich nicht reisetauglich waren? Um es gar nicht erst zu einem solchen Streit kommen zu lassen, sollten Sie sich auf die Reise vorbereiten:

☐ **Zum Arzt gehen:** Falls Sie bereits älter sind oder an einer chronischen Erkrankung leiden, gehen Sie vor der Reise unbedingt zum Arzt und lassen Sie sich die Reisetauglichkeit schriftlich bestätigen. Holen Sie sich das schriftliche Okay für den Urlaub auch, wenn Sie beispielsweise erst vor nicht allzu langer Zeit eine Operation hinter sich gebracht oder eine schwere Erkrankung überstanden haben.

☐ **Chronische Erkrankungen angeben:** Leiden Sie zum Beispiel an Diabetes oder Asthma, sollten Sie den privaten Auslandsreise-Krankenversicherer vorab darüber informieren. Dieser wird dann zwar vor der Reise den Versicherungsschutz für medizinische Behandlungen verweigern, die infolge dieser Vorerkrankung nötig sind. Aber dann gibt es immer noch einen Ausweg. Denn in diesem Fall muss für Behandlungen dieser Krankheit im Ausland doch die gesetzliche Krankenkasse aufkommen – selbst wenn es sich um eine Reise außerhalb der EU handelt.

☐ **Zur Krankenkasse gehen:** Falls der Versicherer Erkrankungen ausschließt, gehen Sie am besten zu Ihrer Krankenkasse und legen dort die Bestätigung vor, für welche Erkrankung Sie keinen Schutz erhalten. Für diese Erkrankungen springt die Kasse ein – allerdings längstens für sechs Wochen im Jahr und maximal in Höhe der Kosten, die sie auch in Deutschland übernehmen würde. Das ist zwar je nach Reiseland wie etwa den USA unter Umständen zu wenig, um alle Ausgaben zu decken, aber immer noch besser als keinerlei Versicherungsschutz. Die Krankenkasse sollte dann schriftlich bestätigen, für welche Erkrankungen sie zahlt.

Sicherer Städtetrip

Nehmen Sie auf Auslandsreisen die Kontaktdaten Ihres privaten Krankenversicherers mit ins Gepäck, damit Sie im Ernstfall nicht noch lange nach der Nummer der Notfallhotline suchen müssen.

→ Kündigen und wechseln

Häufig verlängern sich die Jahresverträge automatisch um ein Jahr, wenn sie nicht gekündigt werden. Die Kündigung ist zum Ende des Versicherungsjahres je nach Vertrag mit einer Frist von einem Monat oder drei Monaten möglich. Das Versicherungsjahr kann dem Kalenderjahr entsprechen oder beginnt mit dem Datum des Vertragsabschlusses.

Eine lange Reise oder viele Kurztrips?

Aufpassen sollten alle, die das Fernweh packt, auch, wenn sie lange Auslandsaufenthalte planen. Für Reisen, die je nach Vertrag nicht länger als sechs bis acht Wochen dauern, reicht ein günstiger Jahresvertrag aus. Mit dieser Police dürfen Sie so oft Sie wollen im Jahr verreisen.

Dauert ein Auslandsaufenthalt allerdings noch länger, reicht ein so günstiger Vertrag nicht mehr aus. Für vier Monate Australien oder ein Jahr Studium in Tokio bieten die privaten Versicherer speziellen Versicherungsschutz für lange Auslandsaufenthalte an. Dafür zahlen Sie etwas mehr, sind aber auch für längere Phasen geschützt.

Wie viel Sie für Ihren Versicherungsschutz aufbringen müssen, hängt aber nicht nur von der Reisedauer ab, sondern auch von Ihrem Alter und vom Reiseziel. Beim Schutz für lange Einzelreisen müssen Urlauber, die zum Beispiel in die USA fliegen, häufig deutlich tiefer in die Tasche greifen als für eine Spanien- oder Chinareise. Ältere Urlauber zahlen mehr als jüngere.

Wenn Sie bereits über 60 Jahre alt sind, sollten Sie vor Vertragsabschluss unbedingt die Preise vergleichen, denn häufig ziehen die Versicherer unterschiedliche Altersgrenzen, zu denen sich die Preise erhöhen. Bei einem Versicherer zahlen Kunden zwischen 60 und 69 Jahren vielleicht denselben Preis, bei anderen Anbietern steigt der Beitrag bereits für 65-Jährige an.

Reiserücktrittsversicherung: Die Reise fällt aus

Einen Tag vor dem Abflug bekommt Ihre Tochter hohes Fieber. Für so einen Fall kann eine Rücktrittversicherung hilfreich sein.

Rund ums Reisen existieren neben der Auslandsreise-Krankenversicherung weitere Angebote, die Versicherungsunternehmen – häufig auch über die Reisebüros – für Urlauber parat haben. Sinnvoll in diesem Angebotskatalog ist eine Rücktrittversicherung für besonders teure Reisen. Was sie leistet, zeigt ein kleines Beispiel:

Corinna und Matthias Schuster haben mit ihren beiden Söhnen Finn und Lasse einen zweiwöchigen Cluburlaub in Spanien gebucht. Gesamtkosten: 3 500 Euro. Kurz vor Abflug brechen in Lasses Kindergarten die Windpocken aus. Nicht nur der Vierjährige wird krank, er steckt auch noch seinen großen Bruder an, sodass die Schusters den Urlaub wenige Tage vor Abflug absagen müssen. Das Reiseunternehmen hat wenig Verständnis für Windpocken und kassiert 50 Prozent Stornogebühren, sodass Familie Schuster 1750 Euro in den Sand gesetzt hat.

Mit einer Reiserücktrittsversicherung wäre ihnen ein solches Minus erspart geblieben. Der Versicherer übernimmt zum Beispiel im Krankheitsfall die anfallenden Stornogebühren komplett oder zahlt zumindest den Rest nach Abzug einer Selbstbeteiligung.

Damit Sie im Ernstfall auf der sicheren Seite sind, wenn die Windpocken zum Beispiel erst am Tag nach Reisebeginn auftreten, empfiehlt es sich, wenn Sie einen Tarif wählen, der auch Schutz für den Reiseabbruch bietet.

Versicherungsbeitrag hängt vom Reisepreis ab

Der Preis für den Versicherungsschutz richtet sich in erster Linie nach dem Wert der Reise. Beim letzten Tarifvergleich der Stiftung Warentest zeigte sich: Für kleinere Reisen im Wert bis 500 Euro kostet die

> 66 **Es kann sogar sein, dass für teure Reisen der Jahresvertrag günstiger ist als der Schutz für eine Reise.**

Versicherung ab 20 Euro aufwärts. Bei teuren Reisen im Wert von 6 000 Euro sind schnell 200 Euro Beitrag fällig.

Es gibt Angebote für Einzelreisende und Familientarife. Sie können entweder Schutz für einzelne Reisen abschließen, oder Sie entscheiden sich für einen Jahresvertrag. Das kann sich lohnen, wenn Sie mehrmals im Jahr verreisen wollen. Es kann sogar sein, dass für teure Reisen der Jahresvertrag günstiger ist als der Schutz für eine Reise.

Etwas teurer als die Tarife, bei denen nur der Rücktritt von der Reise versichert ist, sind die Verträge, die eine Reiseabbruchversicherung enthalten. Dann sind auch zusätzliche Kosten gedeckt, wenn Sie früher zurückfahren oder länger bleiben müssen. Solche Kombi-Verträge waren im Test um etwa 20 Prozent teurer als der reine Rücktrittsschutz. Trotzdem empfiehlt Finanztest die Kombination aus Reiserücktritts- und Reiseabbruchversicherung.

Krankheit und mehr

Der Rücktrittsversicherer springt ein, wenn wie im Fall der Schusters eine versicherte Person krank wird. Weitere Anlässe, die zur Versicherungsleistung führen, sind zum Beispiel Unfall, Tod oder große Schäden, etwa nach einem Einbruch in die Wohnung. Diese Ereignisse müssen nicht unbedingt der versicherten Person selbst zugestoßen sein. Die Versicherung kann auch bei Ereignissen, die Mitreisende, den Ehepartner, Kinder oder Enkel daheim treffen, in Anspruch genommen werden, wenn der Urlaub nicht angetreten werden kann.

Je nachdem, was in den Vertragsbedingungen vereinbart wurde, hätte der Versicherer von Familie Schuster zum Beispiel auch gezahlt, wenn kurz vor Abflug die Mutter von Frau Schuster schwer gestürzt und auf die Hilfe ihrer Tochter angewiesen gewesen wäre.

→ In den Bedingungen auf die Extras achten

Je nach Angebot akzeptieren die Versicherer weitere Ursachen für die Absage der Reise: zum Beispiel eine nicht erwartete Nachprüfung an der Uni, den Verlust des Arbeitsplatzes oder für ältere Reisende den Bruch einer Prothese. Wer solche oder andere Risiken fürchtet, sollte sich die Bedingungen im Versicherungsvertrag genau durchlesen und entsprechende Angebote auswählen.

Diese Leistungsunterschiede zeigen, wie wichtig es ist, nicht gleich das erstbeste Angebot, das beispielsweise im Reisebüro präsentiert wird, abzuschließen, sondern vor der Unterschrift nach Alternativen zu suchen. Die Rücktrittsversicherung muss nicht gemeinsam mit der Reise gebucht werden. Sie können sie auch noch später abschließen – je nach Versicherer zum Beispiel innerhalb von 14 Tagen nach Reisebuchung, oder aber meistens bis zu 30 Tage vor Reisebeginn.

Zu lange sollten Sie aber nicht warten, da sonst die Gefahr besteht, dass Sie den Termin verpassen oder der Grund für den Rücktritt bereits eingetreten ist.

Finanziell vorsorgen

Ohne private Vorsorge für das Alter geht es nicht. Eigeninitiative ist auch gefragt, wenn Sie Ihre Angehörigen absichern wollen für den Fall, dass Sie sterben. Doch nicht immer sind hier Versicherungen die beste Wahl.

Mit Mitte 30 oder selbst mit Ende 40 ist der Ruhestand noch weit weg – warum jetzt schon über das Leben im Alter nachdenken, derzeit zählt das Hier und Jetzt! So nachvollziehbar solche Gedanken sind: Besser ist es, Sie schieben die Frage, wie Sie Ihren Lebensstandard im Alter sichern können und wollen, nicht auf die lange Bank, sondern gehen das Thema Altersvorsorge zeitig an.

Auch über den Tod denkt niemand gerne nach, vor allem wenn er gesund und jung ist. Doch spätestens wenn Sie Kinder haben, sollten Sie überlegen, was eigentlich passiert, falls Ihnen oder Ihrem Partner etwas zustoßen sollte.

Stirbt der Hauptverdiener der Familie, steht der verbleibende Partner auf einmal alleine da mit den Ausgaben für Miete oder Immobiliendarlehen, mit den Kosten für den alltäglichen Bedarf und mit der Aufgabe, bei aller Trauer auch den Lebensunterhalt für die Familie zu sichern.

Gesetzliche Rente als Basis

Geht es um die finanzielle Absicherung für das Alter und im Todesfall, bildet die gesetzliche Rentenversicherung die Basis: Die allermeisten Erwerbstätigen haben Anspruch auf eine gesetzliche Altersrente, und ihre Angehörigen können im Todesfall eine Hinterbliebenenrente beziehen. Beamte sind über ein spezielles Versorgungssystem ebenfalls geschützt, sodass auch sie und ihre Angehörigen sich im Alter und im Ernstfall auf eine gewisse Unterstützung verlassen können.

Doch die Leistungen, die die ehemaligen Erwerbstätigen im Alter aus der gesetzlichen Rentenversicherung erwarten können, reichen in der Regel nicht aus, um damit den Lebensstandard von heute in etwa zu halten. Die Deutsche Rentenversicherung weist selbst darauf hin, dass das Sicherungsniveau der gesetzlichen Rente in Deutschland in den kommenden Jahrzehnten gesenkt werden muss: aufgrund der rückläufigen Geburtenrate und der steigenden Lebenserwartung. Damit steigt der Bedarf für eine eigene Vorsorge.

Auch für ehemalige Beamte bleibt häufig im Alter eine finanzielle Lücke: Ihre Altersbezüge sind ebenfalls etwas niedriger als ihr letztes Gehalt.

Finanziell besonders eng kann es werden, wenn etwa der Hauptverdiener einer Familie stirbt: Sein Ehepartner und seine Kinder haben dann zwar meist Anspruch auf eine Hinterbliebenenrente, aber die Leistungen reichen auf Dauer bei weitem nicht, um den bisherigen Lebensstandard zu sichern. Hat ein Verstorbener Rentenansprüche erworben, beträgt die Witwen- oder Witwerrente höchstens 60 Prozent der Rente, die dem Verstorbenen zugestanden hätte. Häufig ist der Anspruch aber noch deutlich niedriger. Ist zum Beispiel eine Frau beim Tod ihres Mannes erst 40 Jahre alt, hat sie keine Kinder und ist sie voll erwerbsfähig, stehen ihr nur 25 Prozent des Rentenanspruchs des verstorbenen Partners zu.

Kinder, die ein oder beide Elternteile verloren haben, können bis zur Vollendung des 18. Lebensjahres eine Halb- beziehungsweise Vollwaisenrente bekommen. Solange sie sich noch in der Ausbildung befinden oder etwa den Bundesfreiwilligendienst absolvieren, wird diese Rente maximal bis zum 27. Geburtstag gezahlt.

Diese Rentenleistungen können eine Hilfe sein, um weiter zurechtzukommen, aber meistens reichen sie für die Familie nicht, gerade wenn der verbleibende Elternteil vorübergehend nur noch wenige Stunden arbeiten kann, um die Kinder zu betreuen.

→ Rente und Pension im Überblick

Weitere Informationen zur gesetzlichen Rente und zu Leistungen im Alter und im Todesfall finden Sie unter www.deutsche-rentenversicherung. de sowie im Finanztest-Ratgeber „Der Renten-Fahrplan". Er ist für 18,90 Euro im Handel oder unter www.test. de/shop erhältlich. Dort erhalten Sie auch einen Ratgeber speziell zu „Pension und Rente im öffentlichen Dienst". Er stellt Besonderheiten vor, mit denen sich die Beschäftigten dort auseinandersetzen müssen.

Selbst aktiv werden

Zusätzliche Vorsorge tut not. Gerade mit Blick auf die Altersvorsorge gilt: Je früher Sie beginnen, desto besser ist es, damit Sie sich auf Dauer sicher regelmäßige Ausgaben wie etwa für Miete, Lebensmittel, Telefon und den Bedarf des alltäglichen Lebens leisten können.

Wenn Sie früh beginnen, Geld zurückzulegen, profitieren Sie zudem umso stärker vom Zinseszinseffekt. Das zeigt eine einfache Rechnung: Wer 35 Jahre lang jeden Monat 50 Euro spart und das Geld zu einem Zinssatz von 2 Prozent anlegt, hat am Ende rund 30 000 Euro. Eingezahlt hatte er aber nur 21 000 Euro. Rund 9 000 Euro sind also nur über die wiederkehrende Verzinsung entstanden. Wer zu diesem Zinssatz hingegen nur 15 Jahre jeden Monat 50 Euro zu-

66 Versicherungsverträge sind nicht die einzige Möglichkeit für die Vorsorge.

———

rücklegt, macht aus eingezahlten 9 000 Euro knapp 10 500 Euro. Der Zinseszinseffekt macht sich in dieser Zeit noch nicht so deutlich bemerkbar.

Auf die Frage, wie die zusätzliche Vorsorge aussehen kann, haben die Versicherer mit Angeboten wie der Riester-Rentenversicherung, der privaten Rentenversicherung, der Kapitallebensversicherung und der Rü-

rup-Rente mehrere Antworten parat. Mit ihren Angeboten stoßen sie weiterhin auf großes Interesse bei den Vorsorgesparern: Jährlich fließen über 90 Milliarden Euro an Beiträgen in Lebensversicherungen – darunter zum Beispiel auch Rentenversicherungen.

Versicherungsverträge sind aber nicht die einzige Möglichkeit für die Vorsorge. Darauf möchten wir hinweisen, bevor wir die einzelnen Produkte vorstellen, die die Versicherungsunternehmen für die Altersvorsorge anbieten. Es gibt zum Beispiel mit Sparanlagen der Banken und Investmentfonds weitere Angebote, die als Bestandteil der Altersvorsorgestrategie geeignet sind. Diese Produkte sind zum Teil deutlich flexibler als Versicherungsverträge.

Insgesamt kommt es darauf an, dass Sie die richtige Mischung finden und die verschiedenen Vorsorgemöglichkeiten sinnvoll kombinieren.

Der Staat hilft mit

Grundsätzlich gilt, dass Sie zunächst prüfen sollten, ob für Sie eine Vorsorge infrage kommt, bei der Sie staatliche Förderung erhalten. Dafür gibt es zumindest für Angestellte drei Möglichkeiten:

1 die Riester-Rente,
2 eine Rente über den Betrieb und
3 die Rürup-Rente.

Für Selbstständige kommt die Betriebsrente hingegen in der Regel nicht infrage. Riestern können sie nur unter bestimmten Voraus-

Qual der Wahl
Mit welchen Vorsorge-
produkten bin ich im Alter
gut bedient? Versiche-
rungsverträge sind nur
eine Möglichkeit für die
Altersvorsorge.

setzungen, sodass für sie die Rürup-Rente unter Umständen die einzige Möglichkeit der staatlich geförderten Vorsorge bleibt.

Sofern Sie riestern können, gilt: Wenn die gesetzliche Rente im Alter Ihre Haupteinnahmequelle sein wird und Sie das fallende Niveau dieser Rente ausgleichen wollen, ist Riestern meist eine gute Wahl – vorausgesetzt, Sie entscheiden sich für den richtigen Vertrag. Brauchen Sie hingegen keine Garantien, da Sie finanziell bereits anderweitig abgesichert sind – etwa weil Sie eine großzügige Betriebsrente erwarten oder auf eine Erbschaft bauen können –, schauen Sie sich nach renditestärkeren Möglichkeiten um, selbst wenn sie ein höheres Risiko bedeuten.

Wenn Sie einen Riester-Vertrag wählen, kommen Sie in den Genuss einer staatlichen Zulage und profitieren unter Umständen zusätzlich von Steuervorteilen. Riester-Vertrag heißt aber nicht, dass Sie zwingend eine Riester-Rentenversicherung abschließen müssen! Es gibt andere Riester-Angebote, die für Sie attraktiver sein können. Sie können sich alternativ beispielsweise für einen Riester-Banksparplan oder einen Ries-

ter-Fondssparplan entscheiden. Oder Sie nutzen die Förderung, um eine Immobilie zu finanzieren, etwa über einen staatlich geförderten Bausparvertrag.

Neben den staatlich geförderten Produkten gibt es zahlreiche Möglichkeiten, Geld für den Ruhestand anzusparen. Einige dieser Geldanlagen sind besonders sicher, versprechen dafür allerdings eher mäßige Renditen. Dazu gehört die klassische private Rentenversicherung, mit der Sie sich eine lebenslange garantierte Rente im Alter sichern (siehe „Private Rentenversicherung: Sicher, aber mit Schwächen", S. 169).

Zudem finden Sie im Angebot der Banken diverse Sparanlagen, mit denen Sie zumindest einen Teil Ihres Geldes für später sicher anlegen können. Sie können es zum Beispiel auf ein Festgeldkonto einzahlen oder in Sparbriefe investieren oder regelmäßig in einen Banksparplan einzahlen.

Diese Sparformen bringen jedoch derzeit kaum Zinsen. Deutlich höhere Renditechancen haben Sie, wenn Sie sich für Investmentfonds entscheiden. Wählen Sie etwa einen Aktienfonds, zahlen Sie quasi mit vielen anderen Anlegern gemeinsam in einen großen Topf. Das Fondsmanagement kauft mit diesem Geld Aktien verschiedener Unternehmen. Für die Altersvorsorge kommen vor allem breit streuende Fonds wie Aktienfonds Welt infrage, die in Aktien mehrerer Länder und unterschiedlicher Branchen investieren. Sie sind weniger riskant als Fonds, die nur Aktien eines Landes oder einer bestimmten Branche kaufen.

Vergessen Sie aber nicht: Mit Fonds haben Sie zwar höhere Renditechancen, doch Sie gehen auch ein höheres Risiko ein als etwa mit einem klassischen Versicherungsvertrag oder den Sparangeboten der Banken. Durch mögliche Kursschwankungen können Sie als Fondssparer nicht sicher sein, dass Sie die eingezahlte Summe komplett zurückbekommen. Es kann sein, dass Ihre Fondsanteile an Wert verlieren.

Daher sollten Sie Einzahlungen in Fonds auf lange Sicht planen und nur Geld investieren, wenn Sie einen möglichen Verlust verkraften können. Sind diese Voraussetzungen erfüllt, spricht aber vor allem für jüngere Anleger nichts dagegen, für die Altersvorsorge einen Teil ihres Geldes in Fonds zu investieren, um die Chance auf höhere Renditen zu wahren.

Für den Todesfallschutz reicht ein Vertrag

Deutlich einfacher, als die private Vorsorge für das Alter zu organisieren, ist es, die zusätzliche Vorsorge für den Todesfall auf eigene Faust in Angriff zu nehmen. Hier ist die Risikolebensversicherung geeignet, um die finanzielle Lücke im Schutz der gesetzlichen Rentenversicherung zu schließen und damit Angehörige abzusichern.

Entscheidend ist, dass Sie eine ausreichend hohe Versicherungssumme abschließen. Sie sollte das Drei- bis Fünffache Ihres Jahreseinkommens betragen. Mehr dazu lesen Sie am Ende des Kapitels im Abschnitt „Risikolebensversicherung" ab S. 174.

Jedes Produkt für die Altersvorsorge hat Vor- und Nachteile! Deshalb ist es wichtig, nicht alles auf eine Karte – zum Beispiel nur Versicherungen oder nur Investmentfonds – zu setzen, sondern die einzelnen Produkte geschickt miteinander zu kombinieren, damit Sie zu der für Sie passenden Mischung aus sicherer, flexibler und rentabler Geldanlage kommen. Die Stiftung Warentest hat zu Ihrer Unterstützung zahlreiche Bücher und Sonderhefte im Bereich „Geldanlage und Banken" veröffentlicht. Eine Übersicht finden Sie unter www.test.de/shop.

Riester-Verträge: Der Staat hilft bei der Vorsorge

Es gibt mehrere Möglichkeiten, von der Riester-Förderung zu profitieren. Eine Versicherung ist dabei aber längst nicht immer die beste Wahl.

Seit 2002 besteht die Möglichkeit, mithilfe eines Riester-Vertrags für das Alter vorzusorgen. Das kann eine Riester-Rentenversicherung sein. Aber es gibt auch andere Formen des Riester-Sparens wie Bank- oder Fondssparpläne. Riester-Banksparpläne sind beispielsweise ebenso sicher wie Riester-Rentenversicherungen und deutlich flexibler. Auch die Finanzierung eines Eigenheims können Sie mithilfe eines Riester-Vertrags angehen.

Anspruch auf die Riester-Förderung haben alle, die ein rentenversicherungspflichtiges Einkommen beziehen oder Beamte sind. Auch Mütter oder Väter in Elternzeit sind förderberechtigt sowie alle, die Arbeitslosengeld erhalten oder es bekämen, wenn ihr Partner weniger Geld hätte. Alle anderen, zum Beispiel viele Selbstständige, können riestern, wenn ihr förderberechtigter Ehepartner dies auch tut.

Der Staat zahlt einem Riester-Sparer im Jahr 154 Euro als Grundzulage, wenn er mindestens 4 Prozent seines rentenversicherungspflichtigen Bruttoeinkommens aus dem Vorjahr in einen Riester-Vertrag ein-

zahlt. Zusätzlich erhalten die Sparer Kinderzulagen: 300 Euro im Jahr für jedes ab 2008 geborene Kind, 185 Euro im Jahr für ältere Kinder. Die Zulage fließt, solange die Eltern Anspruch auf Kindergeld haben.

Neben diesen staatlichen Zulagen können die Riester-Sparer von Steuervorteilen profitieren. Denn wer in einen Vertrag einzahlt, kann die Beiträge als Sonderausgaben in der Steuererklärung geltend machen. Besonders für Menschen mit hohem Einkommen kann sich das zusätzlich auszahlen.

Unter allen Riester-Verträgen sind Rentenversicherungen zwar immer noch am häufigsten vertreten, doch in den vergangenen Jahren ist die Zahl genau dieser Verträge kaum noch gewachsen (siehe auch „30 Sekunden Fakten" rechts).

Leistungen und Kosten

Bei allen Riester-Produkten ist garantiert, dass den Sparern bei Rentenbeginn die eingezahlten Beiträge sowie die staatlichen Zulagen sicher sind. Darüber hinaus sind weitere Erträge möglich. Kunden, die seit Anfang 2015 eine Riester-Rentenversicherung abgeschlossen haben, erhalten aber nur noch einen Garantiezins von 1,25 Prozent. Bei Verträgen, die zum Beispiel bis Ende 2006 geschlossen wurden, waren es noch 2,75 Prozent. Je nachdem, wie der Versicherer mit dem Geld der Anleger wirtschaftet, können Kunden aber auf zusätzliche Überschussbeteiligungen hoffen, durch die die Rendite der Verträge steigen kann.

Im Vergleich zu den anderen Riester-Produkten hat eine Rentenversicherung vor allem den Nachteil hoher Abschlusskosten. Durch sie werden nicht die gesamten Beiträge des Kunden zu mindestens 1,25 Prozent verzinst, sondern nur der Betrag, der nach Abzug der Kosten übrig bleibt.

Neben den klassischen Riester-Rentenversicherungen gibt es auch fondsgebundene. Dann fließt ein Teil der Beiträge für die Versicherung in Investmentfonds. Diese Verträge sind allerdings nicht empfehlenswert. Die Kombination Fonds und Versicherung in einem Riester-Produkt führt zu noch höheren Kosten für den Kunden als bei einer klassischen Riester-Rentenversicherung. Hinzu kommt das Risiko, dass mit den Fonds je nach Börsenlage Verluste möglich sind, sodass der Vertrag unter Umständen weniger bringt als erhofft.

→ Alles rund um Riester

Weitere Informationen und aktuelle Tests der verschiedenen Riester-Sparformen finden Sie unter www.test.de.

30
SEKUNDEN FAKTEN

16,3 MIO.
Riester-Verträge wurden bis Frühjahr 2015 geschlossen. Überwiegend waren es geförderte Rentenversicherungen.

11 MIO.
Riester-Rentenversicherungs-Verträge gab es Anfang 2015. Die Zahl stagniert seit einigen Jahren.

1,4 MIO.
Riester-Verträge zur Immobilienfinanzierung gibt es aktuell – und damit deutliche Zuwächse beim „Wohn-Riester".

JEDER 5.
Riester-Vertrag ist Schätzungen zufolge derzeit ruhend gestellt.

Quelle: Bundesministerium für Arbeit und Soziales

Was tun mit schlechtem Vertrag?
Falls Sie mit der Rendite Ihres Riester-Vertrags nicht zufrieden sind, können Sie den Vertrag wechseln. Doch das kann Kosten verursachen. Kündigen Sie schon nach wenigen Jahren Ihre Rentenversicherung, haben Sie einen Großteil der für den Abschluss angefallenen Kosten bereits bezahlt. Das Geld bekommen Sie nicht zurück, wenn Sie den Anbieter wechseln. Ein neuer Anbieter verlangt häufig erneut Abschlusskosten.

Besser ist es deshalb in der Regel, den bisherigen Vertrag beitragsfrei zu stellen und anderswo eine andere Riester-Vertragsform abzuschließen, etwa einen geförderten Banksparplan. Für diesen neuen Vertrag können Sie dann die staatlichen Zulagen bekommen.

Rürup-Rente: Für manche, aber nicht für jeden geeignet

Ein Rürup-Vertrag lohnt sich vor allem, wenn Sie einen hohen Steuersatz haben. Flexibel ist er aber nicht.

Als zweite Möglichkeit, mit staatlicher Unterstützung für das Alter vorzusorgen, wurde 2005 die sogenannte Rürup- oder Basisrente ins Leben gerufen. Sie sollte vor allem Selbstständigen, denen häufig die Riester-Förderung versagt bleibt, die Möglichkeit bieten, mit staatlicher Unterstützung für das Alter vorzusorgen. Aber auch Arbeitnehmer und Beamte können diese Form der Vorsorge nutzen.

Auch bei den Rürup-Verträgen sind hauptsächlich Rentenversicherungen verkauft worden. Wer sich für eine Rürup-Rentenversicherung entscheidet, profitiert von einem Steuervorteil in der Ansparphase, der im Laufe der Jahre immer größer wird. Im Jahr 2015 können alleinstehende Sparer 80 Prozent ihrer Vorsorgebeiträge – maximal 17 738 Euro – als Sonderausgaben in der Steuererklärung geltend machen. Für Ehepaare ist der maximal geförderte Beitrag doppelt so hoch.

Selbstständige, die keinerlei Beiträge an die gesetzliche Rentenversicherung oder an ein anderes Alterssicherungssystem zahlen, können diese maximale Fördersumme komplett in einen Rürup-Vertrag investieren. Möglich sind aber auch niedrigere Bei-

Vorsorgen über den Betrieb kann eine Alternative sein: Haben Sie die Möglichkeit, über Ihren Arbeitgeber zum Beispiel in eine Direktversicherung oder eine Pensionskasse einzuzahlen, profitieren Sie davon, dass die Beiträge bis zu einer gewissen Grenze steuer- und sozialabgabenfrei sind. Wenn der Chef auch noch Geld dazugibt, lohnt sich diese Form der Vorsorge auf jeden Fall. Aber: In der Rentenphase holt sich der Staat einen Teil der Förderung zurück, denn die Betriebsrente ist voll steuerpflichtig. Gesetzlich Krankenversicherte müssen außerdem Sozialabgaben einplanen.

träge. Bei Angestellten fällt die Förderung geringer aus. Sie müssen vom maximalen Förderbetrag ihre eigenen Rentenversicherungsbeiträge und die Beiträge, die ihr Arbeitgeber für sie bezahlt, abziehen.

Die Höhe des Steuervorteils hängt vom Steuersatz ab. Hat ein Rürup-Sparer einen Steuersatz von 30 Prozent und zahlt 6 000 Euro im Jahr in den Vertrag ein, ergibt sich für ihn eine Ersparnis von 1 800 Euro.

Den Steuervorteil während der Ansparphase bezahlen Rürup-Rentner aber im Alter. Im Ruhestand müssen sie die Leistungen aus dem Vertrag beim Finanzamt abrechnen. Ein Teil dieser Rente ist dann steuerpflichtig: Wie hoch dieser Anteil ist, richtet sich danach, wann die Versicherten das Rentenalter erreichen. Für die Rürup-Rente gelten dieselben Steuerregeln wie für die gesetzliche Altersrente. Wenn jemand beispielsweise im Jahr 2015 seine erste Rürup-Rente erhält, sind davon 70 Prozent steuerpflichtig, für Neurentner ab dem Jahr 2040 ist die Rente voll steuerpflichtig.

Fondsgebundene Rentenversicherung nicht vollkommen sicher

Ähnlich wie bei Riester-Verträgen gibt es auch Rürup-Rentenversicherungen als sicheren klassischen Vertrag und als fondsgebundene Variante.

Bei den klassischen Produkten, bei denen die Beiträge in sichere Anlagen investiert werden, bekommt der Kunde eine garantierte Verzinsung (derzeit 1,25 Prozent für Neuverträge), je nach Anlageerfolg der Versicherer ist noch eine Überschussbeteiligung möglich. Bei der fondsgebundenen Rürup-Rentenversicherung hängt die Rendite unter anderem davon ab, wie sich die Fonds während der Ansparzeit entwickeln.

Jeder, der in einen Rürup-Vertrag investiert, der in irgendeiner Form auf Fonds aufbaut, muss sich des Risikos der Investition bewusst sein. Denn eine Garantie, dass auf jeden Fall alle eingezahlten Beiträge erhalten bleiben, gibt es bei Rürup-Verträgen anders als bei Riester-Angeboten nicht. Sie können damit Verluste machen.

Eine lohnende Alternative zu Beiträgen in eine Rürup-Rentenversicherung oder eine private Rentenversicherung kann die freiwillige Zahlung an die gesetzliche Rentenversicherung sein. Das haben Rendite-Vergleiche von Finanztest gezeigt. Allerdings sind solche Zahlungen nur unter bestimmten Bedingungen möglich, zum Beispiel für Angestellte, die damit Abschläge bei der Monatsrente ausgleichen, die ein vorzeitiger Rentenbeginn für sie mit sich bringen würde. Erkundigen Sie sich in einer Beratungsstelle der Deutschen Rentenversicherung, ob Sie freiwillige Beiträge leisten können. Einen Termin können Sie unter Tel. 0 800/10 00 48 00 vereinbaren.

Wenig Flexibilität

Entscheiden sich Vorsorgesparer für eine klassische Rürup-Rentenversicherung, müssen sie sich darüber bewusst sein, dass sie einen Vertrag abschließen, der nicht flexibel ist. Anders als bei der Riester-Rente ist es zum Beispiel nicht möglich, einen Teil des angesparten Vermögens als Kapitalauszahlung zu bekommen. Es wird ausschließlich als Rente ausgezahlt..

Mit dem Rürup-Vertrag gehen Sie eine Bindung ein, die viele Jahre oder sogar einige Jahrzehnte dauern kann. Wird in dieser Zeit das Geld knapp und wollen Sie nicht weiter einzahlen, drohen Verluste. Umso wichtiger ist es, den Vertrag nicht beim erstbesten Vertreter abzuschließen, sondern Angebote zu vergleichen. Die Kunden sollten vereinbaren, dass sie den Anbieter auch wechseln können. Das ist längst nicht immer der Fall.

Erkundigen sollten sich die Kunden zudem, welche Folgen eine Beitragsfreistellung hätte. Bei Verträgen, bei denen die Abschluss- und Vertriebskosten auf einen Schlag von den Beiträgen abgezogen werden, reicht das bis zur Freistellung angesparte Geld auf dem Konto dann womöglich nicht für eine Rente aus. Die Beiträge sind entweder komplett verloren, oder der Kunde erhält nur einen Teil des Geldes zurück. Die Steuervorteile muss er dann aber zurückerstatten.

Trotz dieser Nachteile sind dank des Steuervorteils während der Ansparphase mit einer Rürup-Rentenversicherung immer noch höhere Renditen möglich als etwa mit einer klassischen privaten Rentenversicherung ohne staatliche Förderung. Interessant kann ein solches Angebot für Gutverdiener sein sowie für diejenigen, die kurz vor der Rente stehen. Eine lohnende Alternative kann aber auch die freiwillige Zahlung an die gesetzliche Rentenversicherung sein, auch wenn Sie das vielleicht kaum glauben können (siehe Kasten „Eine lohnende Alternative" oben).

Private Rentenversicherung: Sicher, aber mit Schwächen

Auch für Verträge ohne staatliche Förderung ist der Garantiezins 2015 gefallen. Sie bieten aber immerhin eine lebenslange Einnahmequelle.

Als klassisches Vorsorgeinstrument gilt für viele Erwerbstätige die private Rentenversicherung. Sie bringt den Kunden Sicherheit und die Gewissheit, im Alter regelmäßig auf eine vorab vereinbarte Summe zugreifen zu können. Diese Sicherheit hat aber ihren Preis. Die Renditeaussichten sind niedriger als die von riskanteren Anlagen wie zum Beispiel Aktienfonds.

Private Rentenversicherungen gibt es in verschiedenen Varianten:

Zum einen gibt es ansparende Verträge – der Kunde zahlt dann regelmäßig, zum Beispiel jeden Monat, Beiträge an den Versicherer. Je nach Vertrag kann diese Einzahlphase über mehrere Jahrzehnte laufen. Aus dem angesparten Geld bekommt er dann später eine Rente.

Alternativ besteht die Möglichkeit, auf einen Schlag eine größere Summe in den Versicherungsvertrag einzuzahlen. Daraus erhält der Kunde dann entweder gleich oder aber zu einem etwas späteren Zeitpunkt eine lebenslange Rente. Eine Sofortrente gegen Einmalbeitrag kann zum Beispiel für ältere Sparer infrage kommen, die aus dem Berufsleben ausscheiden und eine größere Geldsumme zur Verfügung haben.

Außerdem unterscheiden sich die Verträge danach, wie der Versicherer die eingezahlten Gelder investiert: Wählt der Kunde einen klassischen Vertrag, fließen seine Beiträge in sichere, aber meist nur mäßig rentable Zinsprodukte. Entscheidet er sich für einen fondsgebundenen Vertrag, investiert der Versicherer einen Teil der Beiträge in Investmentfonds.

Wunsch nach Sicherheit

Bei einem klassischen Versicherungsvertrag ist den Kunden zumindest eine im Vertrag vereinbarte Garantieleistung sicher. Für ab 2015 abgeschlossene Verträge liegt der Garantiezins allerdings nur noch bei 1,25 Prozent. Und diesen Zinssatz gibt es nicht für sämtliche geleisteten Beiträge, sondern nur für das, was nach Abzug von Abschluss- und Verwaltungskosten übrig bleibt.

Da die Versicherer mit unterschiedlichen Ausgaben für Verwaltung und Abschluss kalkulieren, ergeben sich auch unterschiedliche Garantierenten. Je niedriger sie ausfallen, desto mehr zieht der Versicherer für Kosten ab. Anhand der garantierten Renten sollten Interessenten vor Vertragsabschluss Angebote vergleichen.

Diese Garantierente muss aber nicht alles sein. Interessant wird die Rentenversicherung vor allem durch das, was der Kunde

66 Die private Rentenversicherung lohnt sich in erster Linie für diejenigen, die besonders alt werden.

darüber hinaus vom Versicherer bekommen kann: Denn dieser muss die Kunden an den Überschüssen beteiligen, die er mit ihren Beiträgen am Kapitalmarkt erzielt.

Insgesamt bleibt es trotz der Überschussbeteiligung aber dabei: Die private Rentenversicherung lohnt sich in erster Linie für diejenigen, die besonders alt werden. Berechnungen der Stiftung Warentest zur Sofortrente haben zum Beispiel gezeigt, dass die Kunden mehr als 20 Jahre brauchen, ehe sie die Einzahlung garantiert wieder herausbekommen.

Fondspolicen mit mehr Risiko
Wer auf höhere Erträge hofft, setzt womöglich auf fondsgebundene Versicherungsverträge: Ein Teil der Beiträge fließt dann nicht in sichere Zinspapiere mit eher mäßigen Renditen, sondern in Investmentfonds.

Zwar haben Sie so Chancen auf höhere Renditen – aber auch das Risiko, bei schlechter Börsenlage Verluste zu machen. Ist das der Fall, sind Sie mit Ihren Erträgen erst einmal im Minus. Eine Kündigung zu diesem Zeitpunkt wäre schlecht, zumal auch die Abschlusskosten auf die ersten Jahre nach Vertragsabschluss verteilt werden, sodass noch weniger übrig bleibt. Dieses Risiko sollten Sie sich bewusst machen.

Erfahrene Fondsanleger können mit einer Fondspolice ihre Altersvorsorge ergänzen. Alternativ können Fondsanleger aber auch direkt in Investmentfonds investieren – ohne Versicherungsmantel. Beide Varianten haben Vor- und Nachteile. Mit dem reinen Fondsinvestment sind Sie beispielsweise flexibler, da Sie die Anteile wenn nötig einfacher wieder loswerden können. Bei einem Fondssparplan können Sie die Zahlungen auch mal aussetzen oder reduzieren, wenn Ihre finanzielle Situation das erfordert. Hingegen ist beispielsweise die fondsgebundene Rentenversicherung unter Umständen im Alter steuerlich etwas günstiger als das Fondsinvestment. Interessant ist sie auch für Fondskenner, wenn sie sich ihre Fonds selbst aussuchen können.

Wenig Mühe – aber wenig flexibel
Die klassische private Rentenversicherung ohne Fonds kann für diejenigen interessant sein, die sich eine bequeme und sichere Form der Vorsorge wünschen, sich sicher sind, sehr alt zu werden und die Beiträge für

Früh anfangen
Je früher Sie mit dem Sparen fürs Alter beginnen, desto eher haben Sie die Chance, auch mit kleinen Beiträgen ans Ziel zu kommen.

den Versicherungsvertrag auch auf Dauer aufbringen zu können.

Der große Vorteil der Versicherung ist die Gewissheit, bis ans Lebensende eine feste Summe zur Verfügung zu haben. Der Versicherer muss eine lebenslange Rente zahlen – egal, ob der Kunde 66 Jahre alt wird oder über 90. Besonders wenn Sie noch jünger sind, sollten Sie sich aber gut überlegen, ob Sie sich auf einen solchen Versicherungsvertrag einlassen. Denn durch die lange Bindung an den Versicherer nehmen Sie sich einiges an Flexibilität.

Was passiert, wenn Ebbe in der Haushaltskasse ist und Sie das Geld, das in den Rentenvertrag fließt, eigentlich besser für den Kindergartenbeitrag des Sohnes gebrauchen könnten? Dann können Sie zwar den Vertrag kündigen, doch so ein Schritt führt in aller Regel zu Verlusten. Die Kosten, die mit dem Vertragsabschluss verbunden sind, fallen mit oder ohne spätere Kündigung an: Sie bekommen sie nicht erstattet.

Gut kalkulieren sollten Sie auch, wenn Sie überlegen, eine größere Summe als Sofortrente anzulegen. Sie sollten nur so viel in den Vertrag investieren, wie Sie als sichere Zusatzeinnahme benötigen, um Ihren Grundbedarf etwa für Miete oder den Unterhalt des Hauses, für Lebensmittel und Krankenversicherung decken zu können.

Für das restliche Vermögen ist es besser, flexiblere Geldanlagen zu wählen. Wer seine Ersparnisse etwa auf ein Tages- oder ein Festgeldkonto packt, kann kurzfristiger über die Mittel verfügen und damit besser auf plötzliche Engpässe reagieren – etwa darauf, dass die Waschmaschine nicht mehr repariert werden kann und ersetzt werden muss..

→ Den richtigen Zeitpunkt finden

Unabhängig davon, ob und welche Form der privaten Rentenversicherung für Sie geeignet ist: Entscheiden Sie sich erst für eine solche Police, wenn Sie abschätzen können, ob Sie sich die Versicherungsbeiträge auch auf Dauer leisten können. So lange, bis Sie eine Rentenversicherung abschließen, können Sie Ihr Geld erst einmal anders anlegen.

Die Angehörigen absichern

Die private Rentenversicherung schützt in erster Linie denjenigen, der den Vertrag auch abschließt. Will jemand seine Angehörigen absichern, muss er dafür besondere Leistungen vereinbaren, die zu Lasten der Rentenhöhe gehen.

Eines dieser Extras ist die Beitragsrückgewähr: Sie können für die Ansparphase eine Beitragsrückgewähr vereinbaren. Dieser Zusatz kostet nicht zu viel Rente und bewirkt, dass der Versicherer die eingezahlten Beiträge zurückzahlt, falls Sie vor der ersten Rentenzahlung sterben sollten. Das ist unbedingt sinnvoll. Denn die Beitragsrückgewähr ist auch Voraussetzung dafür,

dass Sie Geld zurückerhalten, wenn Sie den Vertrag noch während der Sparphase kündigen. Aber: Eine Beitragsrückgewähr für die Zeit, in der die Rente bereits fließt, sollten Sie vermeiden. Diese Leistung reduziert die garantierte Rente deutlich.

Sinnvoll ist aber, eine Rentengarantiezeit zu vereinbaren. Sie gewährleistet, dass die Rente zumindest für eine vorgegebene Zeitspanne – zum Beispiel 5, 10 oder 15 Jahre – fließt, selbst wenn die versicherte Person schon kurz nach der ersten Rentenzahlung stirbt. Eine Garantiezeit von 10 Jahren kostet zwar etwas, doch sie schmälert die Rendite nicht zu sehr. Für längere Garantiezeiten müssen Sie aber mehr aufbringen.

Kapitallebensversicherung: Neuverträge nicht attraktiv

Der Garantiezins ist niedrig wie nie. Der frühere Vorteil, dass die Erträge steuerfrei sind, gilt für Neuverträge längst nicht mehr.

Neben Rentenversicherungen galten seit jeher Lebensversicherungen, und zwar ganz konkret Kapitallebensversicherungen, als wichtiger Bestandteil der privaten Altersvorsorge. Mit ihnen sicherten sich die Kunden die einmalige Auszahlung einer größeren Summe anstatt einer Rente.

Aber: Dieses Produkt ist für den Kunden mit enormen Kosten verbunden. Eine Kapitallebensversicherung kombiniert den Todesfallschutz mit der Geldanlage. Beim Abschluss eines solchen Vertrags fallen Kosten für Vertrieb und Verwaltung an. Das war schon immer so. Verträge, die bis Ende 2004 abgeschlossen wurden, hatten allerdings den Vorteil, dass die Kunden die Erträge unter bestimmten Voraussetzungen steuerfrei erhielten.

Wenn Sie heute einen neuen Vertrag abschließen, ist das anders: Die Erträge aus einer solchen Versicherungspolice sind zunächst komplett steuerpflichtig. Es sei denn, der Versicherungsnehmer hat mindestens zwölf Jahre Beiträge gezahlt und das angesparte Vermögen wird nicht vor dem 62. Lebensjahr ausgezahlt (für Verträge, die bis Ende 2011 geschlossen wurden: nicht vor dem 60. Lebensjahr). Dann sind die Erträge immerhin zur Hälfte steuerfrei. Den Rest muss der Vorsorgesparer aber zu seinem persönlichen Steuersatz beim Finanzamt abrechnen.

Hinzu kommt, dass die Erträge aus einem solchen Vertrag im Vergleich zu früher deutlich gesunken sind. Wer Anfang 2015 einen Vertrag abgeschlossen hat, erhält einen garantierten Zinssatz von 1,25 Prozent. Durch die Überschussbeteiligung kann es noch zusätzliches Geld geben, aber das hängt von der Marktlage ab und davon, wie das Versicherungsunternehmen wirtschaftet. Sicher ist die zusätzliche Leistung nicht. Der Abschluss eines neuen Vertrags ist somit in der Regel heute nicht mehr attraktiv.

Nicht voreilig aus laufendem Vertrag aussteigen

Viele Kunden sind verunsichert, wie sie mit einem bestehenden Vertrag umgehen sollen. Sind Sie mit Ihrer Police, die Sie vielleicht schon vor vielen Jahren mit einem deutlich höheren Garantiezins geschlossen haben, unzufrieden? Dann überlegen Sie sich gut, ob Sie ihn gleich kündigen. In dem Fall müssen Sie in der Regel mit Verlusten rechnen. Außerdem können bei vorzeitiger Kündigung Steuern fällig werden.

Die bessere Alternative ist, den Vertrag beitragsfrei zu stellen. Dann wird er quasi auf dem bisherigen Stand eingefroren. Sie zahlen keine weiteren Beiträge ein, werden aber trotzdem weiter an den Überschüssen des Versicherers beteiligt und erhalten im Alter eine Summe ausgezahlt.

Es gibt Angebote, die eine Renten- oder auch eine Kapitallebensversicherung mit dem Berufsunfähigkeitsschutz kombinieren. Diese Kombination aus Sparen und Invaliditätsschutz ist in der Regel nicht zu empfehlen. Besser ist es, die Berufsunfähigkeitsversicherung als Einzelvertrag abzuschließen oder an eine Risikolebensversicherung zu binden und separat Geld für das Alter zurückzulegen.

Risikolebensversicherung: Ein Muss für Familien

Niemand, der andere zu versorgen hat, sollte auf diese Absicherung für den Todesfall verzichten. Im Vergleich zur Kapitallebensversicherung ist der Schutz eher günstig.

Eine Renten- oder Kapitallebensversicherung soll helfen, im Alter finanziell auf der sicheren Seite zu stehen. Auf die Leistungen aus einer Risikolebensversicherung können Familien schon deutlich früher angewiesen sein – wenn jemand stirbt.

Um die Angehörigen für diesen Fall finanziell abzusichern, ist eine Risikolebensversicherung unbedingt empfehlenswert. Anders als die Kapitallebensversicherung beschränkt sie sich auf eine reine Todesfallabsicherung – Risikoschutz und Sparen für das Alter werden nicht miteinander kombiniert. Nicht nur der Hauptverdiener der Familie sollte sich um diesen Versicherungsschutz kümmern: Auch Mütter oder Väter, die für die Kinderversorgung beruflich kürzertreten, sollten eine Risikolebensversicherung abschließen. Denn auch wenn sie sterben, kann das zu einer kaum zu stemmenden finanziellen Belastung für den Partner werden: Beispielsweise wenn der Hauptverdiener anschließend im Job zurücksteckt, um die Kinder zu versorgen. Oder er arbeitet weiter wie bisher und engagiert jemanden für die Kinder – was natürlich auch ein riesiges Loch in das Familienbudget reißen kann.

Zwei Personen – egal, ob verheiratet oder nicht – können auch einen gemeinsamen Vertrag abschließen und sich so gegenseitig absichern. So ein gemeinsamer Vertrag in der Form „verbundene Leben" ist in der Regel günstiger als zwei Einzelverträge.

Allerdings wird die Versicherungssumme nur ausgezahlt, wenn der erste Partner stirbt. Bevor Sie sich für eine solche Variante entscheiden, sollten Sie bei anderen Versicherern Angebote einholen und prüfen, ob dort zwei getrennte Verträge günstiger sind als das vorliegende Verbundangebot.

Schutz hoch genug wählen

Die Versicherungssumme sollte in etwa das Drei- bis Fünffache Ihres Jahreseinkommens betragen. Ein solches Polster hilft der Familie erst einmal über die Runden. Wenn Sie zum Beispiel als Industriemechaniker eine Versicherungssumme von 250 000 Euro vereinbaren und das Geld nach der Auszahlung sicher zu einem Zinssatz von 2 Prozent angelegt wird, reicht es immerhin aus, um knapp zwölf Jahre lang jeden Monat 2 000 Euro zu entnehmen.

Diese Rechnung berücksichtigt keine steuerlichen Aspekte. Dennoch zeigt sie, dass die Auszahlung selbst in Zeiten mäßiger Zinsen für die Hinterbliebenen eine große Hilfe ist, um zumindest die finanzielle Lücke zu schließen.

→ Versicherungssumme nachträglich erhöhen

Entscheiden Sie sich schon früh für eine Risikolebensversicherung, wählen Sie einen Vertrag mit einer sogenannten Nachversicherungsgarantie. Dann haben Sie die Möglichkeit, bei bestimmten Anlässen wie der Geburt eines Kindes die Versicherungssumme ohne erneute Gesundheitsprüfung zu erhöhen.

Alter und Gesundheit bestimmen den Preis

Neben der vereinbarten Versicherungssumme beeinflussen die Laufzeit des Vertrags, das Alter und der Gesundheitszustand der versicherten Person die Höhe des Beitrags. Je kürzer die Vertragslaufzeit und je jünger der Versicherte bei Abschluss ist, desto preiswerter kann er den Schutz bekommen.

Hinzu kommt, dass die Versicherer Gesundheitsfragen stellen, um ermitteln zu können, wie groß das Risiko ist, dass sie tat-

Die Besten im Test

Mit wenigen 100 Euro im Jahr können Sie vorsorgen, wie der jüngste Tarifvergleich von Finanztest gezeigt hat: Danach kann ein 35-jähriger Verwaltungsfachangestellter, der nicht raucht, schon ab 176 Euro Jahresbeitrag Risikoschutz mit einer Versicherungssumme von 250 000 Euro erhalten, ein Industriemechaniker ab 192 Euro. Bei den Modellfällen im Test tauchten unter den günstigen Anbietern häufig auf: Cosmos-Direkt, Europa, WGV, Credit Life und Hannoversche.

sächlich zahlen müssen. Diese Gesundheitsfragen sollten Sie unbedingt korrekt beantworten. Sonst kann es im Ernstfall passieren, dass der Versicherer sich weigert, aufgrund verschwiegener Vorerkrankungen die Versicherungssumme auszuzahlen.

Leiden Sie an einer chronischen Erkrankung, kann es jedoch sein, dass der Versicherer Risikozuschläge von Ihnen verlangt. Vielleicht bekommen Sie auch gar keinen Schutz.

Auch Raucher müssen bei vielen Versicherern deutlich mehr zahlen, weil sie im Durchschnitt eine geringere Lebenserwartung haben. Für einen Kunden im Alter von Mitte 30 kann sich bei einer Versicherungs-

Eine ungesunde Lebensweise und Risikosportarten treiben häufig die Beiträge für die Risikolebensversicherung in die Höhe. So müssen Sie bei Übergewicht und erhöhten Blutfettwerten mit Risikozuschlägen auf den Beitrag rechnen. Riskante Berufe und Hobbys treiben den Beitrag ebenfalls in die Höhe. Fallschirmspringer, Taucher oder Motorradfahrer müssen bei vielen Anbietern damit rechnen, mehr für ihren Schutz zu zahlen. Allerdings sind hier nicht alle Versicherer so streng, sodass es sich unbedingt lohnt, die Bedingungen mehrerer Anbieter zu vergleichen.

summe von 250 000 Euro ein Beitragsunterschied von mehreren Hundert Euro im Jahr ergeben. Als Nichtraucher gilt in der Regel, wer in den letzten zwölf Monaten vor dem Vertragsabschluss überhaupt nicht geraucht hat.

Schummelt ein Raucher bei der Angabe und stirbt er später an einer Krankheit, die auf sein Rauchen zurückzuführen ist, zahlt der Versicherer den Hinterbliebenen höchstens die Versicherungssumme aus, die der Versicherte als Raucher mit den geleisteten Versicherungsbeiträgen hätte absichern können. Bei manchen Versicherern gehen die Angehörigen bei falschen Angaben sogar komplett leer aus.

Wichtig: Achten Sie darauf, ob der Versicherer im Antragsformular darauf hinweist, dass Sie Ihren Schutz verlieren, wenn Sie unwahre oder unvollständige Angaben machen. Versäumt ein Unternehmen diesen Hinweis, darf es Ihnen nicht aufgrund fehlender oder falscher Angaben die Leistung verweigern.

Erbschaftsteuer sparen

Stirbt die versicherte Person, erhält der Bezugsberechtigte das Geld aus der Lebensversicherung. Für die ausgezahlte Summe kann allerdings Erbschaftsteuer fällig werden. Verheiratete Partner müssen sich häufig keine Gedanken um die Erbschaftsteuer machen. Für sie bleibt die Versicherungsleistung allein ohne steuerliche Folgen. Mit Steuern müssen vor allem Bezugsberechtigte rechnen, die mit dem Verstorbenen nicht verwandt waren und zum Beispiel in einer Partnerschaft ohne Trauschein mit ihm zusammengelebt haben.

Wenn beispielsweise Hans Mayer als Versicherungsnehmer eine Lebensversicherung abschließt und auch die Beiträge für den Vertrag zahlt, der seiner Lebensgefährtin Christina Schneider im Falle seines Todes 120 000 Euro garantiert, müsste Frau Schneider Steuern zahlen. Für sie gilt bei Erbschaften ein Freibetrag von 20 000 Euro, für die restlichen 100 000 Euro aus der Versicherung gilt ein Steuersatz von 30 Pro-

Riskante Hobbys
Als Bergsteiger, Rennradfahrer oder Taucher kann es Ihnen in einigen Tarifen passieren, dass Sie für Ihre Lebensversicherung mehr zahlen müssen. Besonders teuer kann es zum Beispiel für Fallschirmspringer und Drachenflieger werden.

zent, sodass immerhin 30 000 Euro Steuern fällig würden.

Umgehen könnten Herr Mayer und Frau Schneider die Steuer, wenn nicht er die Beiträge für die Versicherung überweist, sondern Frau Schneider sie übernimmt. Dies muss sie aber auch belegen können, etwa mithilfe ihrer Kontoauszüge.

Eine zweite Möglichkeit wäre, dass Frau Schneider gleich Versicherungsnehmerin und Bezugsberechtigte der Risikolebensversicherung wird. Herr Mayer bleibt aber die versicherte Person: Stirbt er, kann Frau Schneider als Versicherungsnehmerin die Summe aus der Versicherung steuerfrei erhalten.

Wären Frau Schneider und Herr Mayer verheiratet, könnten sie sich diese Überlegungen häufig sparen: Für verheiratete Partner gilt bei Erbschaften ein Steuerfreibetrag von 500 000 Euro, sodass die Versicherungsleistung allein noch ohne steuerliche Folgen bliebe.

→ Wer bekommt das Geld?

Die Auszahlung aus einer Lebensversicherung bekommt, wer als Bezugsberechtigter im Vertrag genannt ist. Lassen Sie sich zum Beispiel scheiden und Ihre Exgattin bleibt als Bezugsberechtigte eingetragen, geht eine neue Partnerin leer aus, auch wenn Sie gar keinen Kontakt mehr zu Ihrer früheren Frau haben. Deshalb sollten Sie hin und wieder prüfen, ob Sie den Bezugsberechtigten ändern möchten, beispielsweise nach einer Scheidung.

Rund um den Vertrag

Aus den vorherigen Kapiteln wissen Sie, welche Absicherung Sie je nach Lebenssituation benötigen und wie Sie Ihren Schutz verbessern können. Hier erfahren Sie, über wen und wie Sie an die passenden Verträge kommen.

Versicherungskunden haben es häufig nicht ganz einfach: Das Angebot an Produkten und Tarifen ist vielfältig, und die Vertragsbedingungen sind oft nicht leicht zu verstehen, sodass es schwerfallen kann, den passenden Schutz zu bekommen. Immerhin hat sich die Situation der Kunden vor einigen Jahren durch eine Reform des Versicherungsvertragsgesetzes und der Informationspflichtenverordnung etwas verbessert:

▸ Sie erhalten seither vor der Unterschrift des Vertrags mehr Informationen. Vor der Reform bekamen die Kunden einige wichtige Informationen in der Regel erst nach dem Abschluss des Vertrags.

▸ Es gelten neue Regeln, um den Ablauf des Vermittlungsgesprächs zu dokumentieren.

▸ Sie können früher aus langlaufenden Versicherungsverträgen aussteigen.

▸ Sie verlieren bei bestimmten Versicherungen den Schutz nicht mehr komplett, wenn Sie einen Schaden grob fahrlässig verursachen.

Aber natürlich gibt es weiterhin zahlreiche wichtige Punkte, die Sie im Umgang mit dem Versicherungsunternehmen und auch mit dem Versicherungsvermittler beachten sollten, damit alles glatt läuft und Sie tatsächlich gut geschützt sind.

Wer ist der passende Ansprechpartner?

Wem kann ich vertrauen? Wer verkauft mir keine überflüssigen Verträge? Hier einige Tipps, wie Sie zum passenden Vertrag kommen können.

Ein neues Auto soll versichert werden, für den kleinen Sohn wollen Sie eine Krankenhaus-Zusatzversicherung abschließen und der Privathaftpflichtschutz der Familie könnte eine Auffrischung vertragen. Doch an wen wenden sich Verbraucher, die etwas an ihrem Versicherungsschutz ändern wollen?

Am unkompliziertesten erscheint es vielen, wenn sie „ihren" Versicherungsvertreter vor Ort haben, dem sie vertrauen und der sich als hilfsbereiter und zuverlässiger Ansprechpartner erwiesen hat.

„Ihr" Ansprechpartner in Versicherungsfragen kann zum Beispiel der örtliche Vertreter einer bestimmten Versicherungsgesellschaft sein. Es kann aber auch ein Versicherungsmakler sein, der die Angebote verschiedener Unternehmen vertreibt und langjährigen Kunden auch nach Vertragsabschluss hilfreich zur Seite steht.

Direkte Ansprechpartner, um zum passenden Versicherungsschutz zu kommen, sind unter anderem folgende Personen:

▶ **Einfirmenvertreter/Ausschließlichkeitsvertreter:** Sie arbeiten für einen einzelnen Versicherer, der dem Vermittler eine Provision für den Verkauf der hauseigenen Produkte zahlt. Der Versicherer haftet uneingeschränkt für Fehler des Vermittlers.

▶ **Mehrfachvertreter:** Ein Mehrfachvertreter arbeitet für mehrere Versicherungsunternehmen. So wie der Einfirmenvertreter erhält er Provisionen der Unternehmen, wenn er deren Produkte verkauft. Auch hier haftet der jeweilige Versicherer für Fehler.

▶ **Nebenberufliche Vermittler:** Das kann zum Beispiel ein Fahrradhändler sein, der passend zum neuen Rad eine Fahrradversicherung verkauft.

▶ **Versicherungsmakler:** Sie arbeiten stets mit vielen Gesellschaften zusammen und halten daher eine große Auswahl an Angeboten bereit. Sie ermitteln im Auftrag des Kunden eine günstige Police, vermitteln sie und haften persönlich, wenn sie bei der Beratung einen Fehler machen. Für die Vermittlung kassieren aber auch sie Provisionen der Versicherer. In der Regel verwalten sie im Rahmen eines Maklervertrages mehrere Versicherungen eines Kunden.

► **Versicherungsberater:** Eine von Provisionen der Versicherungsgesellschaften unabhängige Beratung erhalten Sie bei einem Versicherungsberater. Diesen müssen Sie dann allerdings für seine Beratungstätigkeit bezahlen.

Wenn Sie eine neue Versicherung abschließen wollen, sollten Sie sich auf das Gespräch mit dem Versicherungsvermittler gut vorbereiten – umso mehr, je teurer der gewünschte Schutz ist. Was Sie im Gespräch beachten sollten, zeigt die Checkliste „Fehler beim Vermittlergespräch vermeiden", S. 183.

Wer einmal seinen Ansprechpartner in Sachen Versicherungen gefunden hat und nur einem Unternehmen treu bleibt, geht einen bequemen Weg. Er nimmt allerdings auch in Kauf, dass er günstigere und wahrscheinlich auch bessere Angebote verpasst. Denn die Tests der Stiftung Warentest bestätigen, dass es keinen Versicherer gibt, der in allen Versicherungssparten gleichermaßen eine Spitzenplatzierung einnimmt. Wer eine empfehlenswerte Hausratversicherung im Angebot hat, muss etwa bei der Autoversicherung nicht zu den besten oder günstigsten Anbietern gehören.

Deshalb gilt: Auch wenn Sie sich möglichst wenig um Versicherungen kümmern wollen, kann es sich für Sie lohnen, vor Vertragsabschluss Angebote zu vergleichen, sich verschiedene Preise einzuholen und darauf zu achten, welche Leistungen der jeweilige Versicherer bietet.

Eine zunehmend wichtige Rolle haben bei den Vergleichen der einzelnen Produkte in den vergangenen Jahren die Angebote aus dem Internet bekommen. Versicherer, die kein Geschäftsstellennetz betreiben und dadurch weniger Ausgaben für Vertrieb und Verwaltung haben als Versicherer vor Ort, glänzen zum Beispiel mit günstigen Tarifen für die Autoversicherung, und auch der Vertragsabschluss online klappt häufig reibungslos. Nachteil für die Kunden ist allerdings, dass Rückfragen häufig nur online oder am Telefon möglich sind, nicht aber in einem direkten Gespräch mit einem Ansprechpartner vor Ort. Der Online-Abschluss eignet sich auch deshalb längst nicht für alle Produkte. Besonders für beratungsintensive Verträge wie eine private Krankenversicherung oder Berufsunfähigkeitsschutz kommt er nicht infrage.

Keine kostenlose Beratung

Über eines sollten Sie sich aber im Klaren sein, wenn Ihnen bestimmte Versicherungsangebote präsentiert werden: Der Vermittler oder Makler, der Ihnen ein Angebot macht, tut dies nicht kostenlos. Er erhält von der Versicherungsgesellschaft Provisionszahlungen, wenn er Ihnen etwas verkauft. Davon lebt er.

Vertrauen in den Ansprechpartner ist zwar gut, doch besser ist es, sich zusätzlich selbst ein Bild zu machen und nicht gleich

Fachchinesisch?
Haben Sie Probleme, die
Vertragsbedingungen zu
verstehen, fragen Sie nach.
Klären Sie, welche Leistungen
der angebotene Tarif bietet.

zu unterschreiben, wenn der Vermittler in einem freundlichen Gespräch die dringende Notwendigkeit eines Vertrags anpreist.

Hilfreich ist hier wiederum, dass sich die Position der Kunden gegenüber den Versicherungsvermittlern seit den Gesetzesänderungen vor einigen Jahren verbessert hat und Sie Anspruch auf mehr und vor allem frühere Informationen haben, wie oben schon einmal angedeutet.

Zudem gilt, dass die Vermittler seither unter anderem nachweisen müssen, dass sie nicht verschuldet sind, dass sie eine Berufshaftpflichtversicherung abgeschlossen und eine Sachkundeprüfung bei der Industrie- und Handelskammer bestanden haben oder eine anerkannte Berufsqualifikation besitzen. Eine neue EU-Richtlinie, die noch nicht in deutsches Recht überführt wurde, sieht zudem vor, dass die Vermittler künftig berufliche Weiterbildungen nachweisen müssen. Notwendig ist außerdem ein polizeiliches Führungszeugnis..

Eine etwas andere Regelung gilt für die Einfirmenvertreter, die ausschließlich für ein Unternehmen, und für Mehrfachvertreter, die für mehrere Versicherer eines Konzerns tätig sind. Hier ist das Unternehmen, für das sie Versicherungen vermitteln, verpflichtet, die Voraussetzungen für eine persönliche Berufserlaubnis wie Qualifikation oder Vermögensverhältnisse zu gewährleisten.

Für alle Vermittler gilt außerdem eine Registrierungspflicht. Diese gilt auch für Versicherungsberater.

→ Selbst ins Register schauen

Sie können selbst überprüfen, ob der Vermittler die notwendigen Voraussetzungen erfüllt und ob es sich zum Beispiel um einen Makler, Mehrfachvertreter oder Ausschließlichkeitsvertreter handelt. Sie alle müssen sich von Beginn ihrer Tätigkeit an in ein Register beim Deutschen Industrie- und Handelskammertag eintragen lassen. In dieser frei zugänglichen Datenbank können sich auch die Verbraucher informieren. Sie finden sie unter www.vermittlerregister.info.

Checkliste

Fehler beim Vermittlergespräch vermeiden

Die folgenden Fehler sollten Sie nicht machen, wenn Sie den Versicherungsvermittler treffen:

☐ **Blind vertrauen:** Verlassen Sie sich nicht blind auf die Informationen des Vermittlers. Fragen Sie nach Nachteilen und Risiken eines Vertrags und nach Lücken im Schutz.

☐ **Zu zurückhaltend sein:** Haken Sie nach, wenn Sie etwas nicht verstehen oder nicht sicher sind, ob der gewünschte Schutz wirklich zu den Leistungen des Vertrags gehört.

☐ **Alleine gehen:** Nehmen Sie jemanden mit zu dem Gespräch. Dann haben Sie einen Zeugen, falls doch etwas schiefläuft.

☐ **Sofort unterschreiben:** Nehmen Sie sich Zeit vor dem Abschluss. Lesen Sie sich die Bedingungen und das Produktinformationsblatt durch, das Sie vor Vertragsabschluss erhalten. Fragen Sie konkret nach den Leistungen, die Ihnen wichtig sind. Lassen Sie sich die entsprechenden Stellen im Angebot zeigen.

☐ **Das Kleingedruckte übersehen:** Schauen Sie sich auch das Kleingedruckte in den Unterlagen an und verlassen Sie sich nicht einfach auf das Produktinformationsblatt, das die wichtigsten Leistungen des Angebots zusammenfasst.

☐ **Nur ein Angebot ansehen:** Holen Sie mehrere Angebote ein und vergleichen Sie diese. Fragen Sie auch bei einem Anbieter nach unterschiedlichen Tarifvarianten. Nutzen Sie Beratungsangebote, zum Beispiel bei der Verbraucherzentrale (Adressen der Beratungsstellen unter www.verbraucherzentrale.de).

☐ **Dokumentation unterschätzen:** Sie haben Anspruch auf ein Beratungsprotokoll, aus dem hervorgeht, was besprochen und angeboten wurde. Prüfen Sie dieses Protokoll sorgfältig, bevor der Vermittler es unterschreibt. Es sollte nur enthalten, worüber tatsächlich gesprochen wurde. Ändern Sie es, wenn es nicht passt. Unterschreiben Sie nur, wenn Sie in allen Punkten mit dem Protokoll einverstanden sind.

So kommt der Vertrag zustande

Es sind ein paar Schritte vom Antrag bis hin zur Versicherungspolice. Wir zeigen, was wann passiert.

Wie geht es weiter, nachdem Sie sich informiert und für ein bestimmtes Angebot entschieden haben?

In den meisten Fällen ist es so, dass Sie zunächst das Antragsformular unterschreiben müssen. Geht es beispielsweise um eine Hausratversicherung, geben Sie in diesem Antrag an, wo sich die Wohnung befindet, welchen Wert Ihre Einrichtung hat und in welcher Höhe Sie Ihr wertvolles Trekkingrad mitversichern möchten. Gibt die Versicherungsgesellschaft das O. K. zu diesem Antrag, ist der Vertrag geschlossen. Das Versicherungsunternehmen ist Versicherungsgeber, Sie sind Versicherungsnehmer.

Als Versicherungsnehmer sind Sie Vertragspartner des Versicherers. Kurze Zeit später erhalten Sie Ihren Versicherungsschein, der auch Police genannt wird, zugeschickt. Dieser dient als Nachweis, dass Sie Versicherungsschutz haben.

Es gibt noch eine zweite Form des Vertragsabschlusses, die jedoch seltener vorkommt. In dem Fall füllen Sie zwar auch ein Formular aus mit den Daten zum gewünschten Versicherungsschutz. Dabei handelt es sich aber nicht um ein Antragsformular, sondern um eine Anfrage mit der Bitte an den Versicherer, Ihnen ein Versicherungsangebot zu machen.

Der Versicherer schickt daraufhin ein verbindliches Angebot mit sämtlichen Vertragsunterlagen. Der Vertrag kommt erst zustande, wenn Sie mit Ihrer Unterschrift bestätigen, dass Sie das Angebot annehmen.

Versicherer müssen informieren

Vor der Unterschrift des Versicherungsvertrags müssen Sie vom Versicherer sämtliche Unterlagen erhalten, mit deren Hilfe Sie sich ein umfassendes Bild von dem Angebot machen können.

Beispiel: Christian Schmitt hat sich sein erstes Auto gekauft. Der Versicherungsvermittler hat ihm gesagt, was er zahlen muss, wenn er sich für Haftpflicht- und Vollkaskoschutz entscheidet. Bevor Christian Schmitt den Versicherungsantrag unterschreibt, sollte er sich die Vertragsbedingungen genau ansehen oder den Vermittler konkret danach fragen. Was bietet die Kaskoversicherung, zum Beispiel: Wann zahlt der Versicherer für Kollisionen mit Tieren – nur für Unfälle mit Haarwild oder auch für Unfälle mit anderen Tieren? Was übernimmt er, wenn ein Marder unter der Motorhaube sein Unwesen treibt?

Heute bekommen die Kunden die wichtigsten Informationen zum Vertrag in der Regel vor der Unterschrift. Der Versicherungsvermittler muss seinem Kunden vorab nicht nur die vollständigen Vertragsbestimmungen einschließlich der Versicherungsbedingungen vorlegen, sondern auch ein Produktinformationsblatt, in dem das Angebot kurz erläutert ist.

Vor einigen Jahren war das noch anders: Damals war es erlaubt und auch üblich, dass der Kunde Vertrags- und Versicherungsbedingungen komplett erst nach der Unterschrift des Antrags zusammen mit dem Versicherungsschein erhielt. Heute geht das nur, wenn der Kunde durch eine schriftliche Erklärung ausdrücklich darauf verzichtet.

Beratung samt Protokoll

Die Vermittler müssen den Kunden zudem in einem Umfang beraten, der dem jeweiligen Versicherungsprodukt angemessen ist: Für eine private Kranken- oder Berufsunfähigkeitsversicherung ist auf jeden Fall eine ausgiebigere Beratung notwendig als beispielsweise für eine Hausratversicherung.

Der Vermittler muss Sie nach Ihrem Bedarf und Ihren Wünschen fragen und diese dann in einem Beratungsprotokoll angeben. In dieses Protokoll muss der Vermittler auch noch eintragen, welchen Rat er Ihnen gegeben hat inklusive einer Begründung.

Das Protokoll müssen Sie ebenfalls vor Vertragsabschluss erhalten. Ausnahme: Erteilt der Versicherer eine vorläufige Deckungszusage – zum Beispiel, wenn der Kunde sein neues Auto bereits nutzen will, bevor der Versicherungsschein da ist –, reicht es, wenn das Protokoll gemeinsam mit der Police verschickt wird. Erst wenn Sie den Antrag unterschrieben haben, erhalten Sie den Versicherungsschein und die Widerrufsbelehrung: Denn nach der Unterschrift bleiben Ihnen einige Tage Zeit, wieder vom Vertrag zurückzutreten.

Die Begriffe „Versicherungsnehmer" und „Versicherter" werden oft in gleicher Bedeutung verwendet. Schließt ein Single für sich eine private Krankenversicherung ab, ist es tatsächlich so: Er ist Versicherungsnehmer – also Vertragspartner des Unternehmens – und gleichzeitig die versicherte Person – kurz: der Versicherte. Das muss aber nicht so sein: Felix Bauer schließt für seinen Sohn Max eine Kinderunfallversicherung ab. Dann ist der Vater Versicherungsnehmer, der Sohn die versicherte Person.

So können Sie widerrufen

Ihnen kommen Zweifel, ob es richtig war, eine Versicherung zu wählen? Kurz nach Vertragsabschluss haben Sie noch die Chance, alles rückgängig zu machen.

☐ **Frist einhalten:** Die meisten Versicherungsverträge können Sie innerhalb einer Frist von 14 Tagen widerrufen, bei einer Renten- oder Lebensversicherung gilt eine Frist von 30 Tagen. Die Frist beginnt am Tag, nachdem Ihnen sämtliche Unterlagen für den Vertrag vorliegen: Dazu zählen neben den Vertragsbedingungen und dem Produktinformationsblatt auch der Versicherungsschein und eine Widerrufsbelehrung.

☐ **Prüfen:** Rechnen Sie nach, ob die Widerrufsfrist in Ihrem Fall noch gilt. Ist sie bereits abgelaufen, prüfen Sie, ob Sie vom Versicherer eine ausreichende Widerrufsbelehrung erhalten haben. Meistens ist das der Fall. Die Belehrung muss zum Beispiel einen Hinweis auf den Beginn der Frist sowie die Adresse, an die der Widerruf zu senden ist, enthalten. Fehlt die Widerrufsbelehrung oder ist sie nicht komplett, beginnt die Frist nicht. Sie können den Vertrag dann auch nach Ablauf der 14 beziehungsweise 30 Tage noch widerrufen.

☐ **Schreiben:** Formulieren Sie den Widerruf schriftlich und senden Sie ihn per Post oder Fax. Ein Musterschreiben finden Sie auf S. 200. Entscheidend ist, dass Sie das Schreiben innerhalb der Widerrufsfrist abschicken, nicht, wann es beim Versicherungsunternehmen eingeht. Sie müssen den Widerruf nicht begründen. Zu viel gezahlte Beiträge erhalten Sie zurück.

Ihre Pflichten als Kunde

Vermittler und Versicherer müssen sich an Vorgaben halten.
Aber auch Sie müssen als Vertragspartner Aufgaben erfüllen.

Als Versicherungskunde werden Sie mit einigen besonderen Pflichten, den sogenannten Obliegenheiten, konfrontiert. Das fängt bereits bei Vertragsabschluss an. Denn eine Ihrer entscheidenden Pflichten ist es, im Versicherungsantrag wahre Angaben zu machen: Ganz egal, ob Sie gefragt werden, wie viele Kilometer Sie mit Ihrem Wagen im Jahr fahren, oder welche Vorerkrankungen Sie in den vergangenen fünf Jahren hatten – Sie sollten unbedingt korrekte Angaben machen und nicht versuchen, durch Schummelei günstigeren Versicherungsschutz zu bekommen.

Der Versicherungsvermittler fragt verschiedene Kriterien ab, damit das Versicherungsunternehmen einordnen kann, ob es bereit ist, die Absicherung eines bestimmten Risikos zu übernehmen. Vor der Unterschrift unter den Antrag sollten Sie diese Angaben noch einmal überprüfen. Versicherungsvermittler neigen manchmal dazu, Angaben zu Erkrankungen zu „schönen", damit der Vertrag zustande kommt. Den Schaden hat später der Versicherte.

Vor allem bei den Gesundheitsfragen, die zum Beispiel für eine Kranken- oder Berufsunfähigkeitsversicherung entscheidend sind, sollten Sie besonders sorgfältig vorgehen und sich genügend Zeit nehmen. Es empfiehlt sich außerdem, gegebenenfalls Rücksprache mit Ihrem Arzt zu halten, um alle Fragen richtig zu beantworten. Denn

66 Schlimmstenfalls müssen Sie sogar Geld für erhaltene Leistungen zurückerstatten.

wenn Sie falsche Angaben machen oder bestimmte Vorerkrankungen oder Beschwerden verschweigen, riskieren Sie, doch kein Geld vom Versicherer zu erhalten, wenn Sie zum Beispiel im Falle von Berufsunfähigkeit eigentlich eine Rente bekommen sollten. Schlimmstenfalls müssen Sie sogar Geld für bereits erhaltene Leistungen zurückerstatten – wenn beispielsweise der private Krankenversicherer vom Vertrag zurücktritt oder diesen wegen arglistiger Täuschung anficht.

Das korrekte Beantworten der Gesundheitsfragen gehört zu den vorvertraglichen Anzeigepflichten. Der Versicherer ist verpflichtet, den Kunden darauf hinzuweisen, welche Folgen falsche Angaben für ihn haben können.

Pflichten nach Vertragsabschluss

Ist der Vertrag zustande gekommen, bleiben der Versicherungsnehmer und gegebenenfalls mitversicherte Personen weiter in der Pflicht. Sie dürfen sich beispielsweise nicht ausgesprochen fahrlässig verhalten. Bricht ein Feuer aus, weil Sie eine brennende Kerze unbeaufsichtigt stehen gelassen haben, kann der Hausrat- oder der Wohngebäudeversicherer Ihnen grobe Fahrlässigkeit vorwerfen. Dann muss er den Schaden nur zum Teil zahlen.

Sobald etwas passiert ist, sind die Versicherten verpflichtet, die Schäden so gering wie möglich zu halten. Weitere Pflichten hängen auch davon ab, um welche Art von Versicherung es sich handelt. Eine Pflicht bei sämtlichen Versicherungen ist es, den Versicherer innerhalb einer Frist zu informieren. Oft steht im Vertrag, dass der Kunde einen Schaden „unverzüglich" melden muss, sobald er davon Kenntnis hat. Unverzüglich bedeutet so bald wie möglich.

Als grober Richtwert gilt, dass der Versicherer spätestens nach einer Woche Bescheid wissen sollte. Doch je eher Sie handeln, desto besser ist dies auch für Sie: zum einen, weil der Versicherer vielleicht Hinweise hat, wie der Schaden zu mindern ist. Und zum anderen, weil dann der Prozess der Schadensregulierung direkt in Gang kommt und Sie schneller an Ihr Geld kommen können.

Wenn ein Angehöriger stirbt

Eine besondere Situation ergibt sich immer, wenn der Versicherungsnehmer oder die versicherte Person stirbt. Auch für diesen Fall haben die Versicherungsunternehmen genau geregelt, welche Pflichten die Angehörigen zu erfüllen haben. Stirbt etwa eine versicherte Person infolge eines Unfalls, haben die Angehörigen maximal 48 Stunden Zeit, den privaten Unfallversicherer über den Tod zu informieren.

In den Musterbedingungen des Gesamtverbandes der Deutschen Versicherungswirtschaft für die private Rentenversicherung heißt es hingegen, der Versicherer muss „unverzüglich" über den Tod der versi-

Besser frühzeitig regeln: Zeigen Sie Ihren Angehörigen frühzeitig, wo sie im Fall Ihres Todes sämtliche Unterlagen zum Versicherungsschutz finden. Wenn Sie die Unterlagen in einem Bankschließfach haben, sorgen Sie dafür, dass eine vertrauenswürdige Person darauf zugreifen kann. Angehörige sollten bei einem Todesfall keine Zeit verlieren und den Versicherer informieren. Das erspart Ärger, denn der Versicherer kann sich sonst zum Beispiel weigern zu zahlen, weil die Information zu spät kam.

cherten Person informiert werden, also ohne schuldhafte Verzögerung. Die Angehörigen müssen dem Versicherer eine amtliche Sterbeurkunde zusenden oder zumindest eine Kopie davon. Hatte der Versicherte eine Hinterbliebenenversorgung oder eine Rentengarantiezeit vereinbart, verlangt der Versicherer in der Regel außerdem ein ärztliches Gutachten zur Todesursache und zu einem vorherigen Krankheitsverlauf.

Checkliste

So gehen Sie im Schadensfall vor

☐ **Keine Zeit verlieren:** Schieben Sie die Meldung beim Versicherer nicht unnötig hinaus. Je schneller Sie ihn informieren, desto besser. Nutzen Sie zum Beispiel die Schaden-Rufnummern der Versicherer. Oder wenden Sie sich an deren Ansprechpartner in der Geschäftsstelle vor Ort. Je nach Anbieter und Schadensfall kann es auch möglich sein, einen Schaden online zu melden.

☐ **Anweisungen befolgen:** Erhalten Sie von der Versicherung Anweisungen für das weitere Vorgehen, sollten Sie diese befolgen. Sie gibt Ihnen zum Beispiel vor, wie Sie nach einem Sturmschaden vorgehen sollen und wann die Handwerker mit den Reparaturarbeiten beginnen können. Halten Sie sich daran, dann sind Sie auf der sicheren Seite.

☐ **Formular korrekt ausfüllen:** Wenn Sie dem Versicherer zum Beispiel mitgeteilt haben, dass Ihre elfjährige Tochter auf Rollschuhen ein geparktes Auto beschädigt hat, wird dieser Ihnen ein Formular zuschicken, in dem Sie den Schadenshergang schildern müssen. Seien Sie dabei genau und machen Sie korrekte Angaben. Unterschreiben Sie die Schadenanzeige und senden Sie sie an den Versicherer zurück.

☐ **Alle informieren:** Je nach Schaden kann es sein, dass mehrere Versicherungsverträge betroffen sind, zum Beispiel nach einem Sturm Hausrat- und Wohngebäudeversicherung. Wenn Sie nicht sicher sind, wer etwa für die zerstörte Markise aufkommen muss, wenden Sie sich an beide Versicherer.

So wehren Sie sich, wenn der Versicherer nicht zahlt

Autounfall oder Sturmschaden – und die Versicherung will nicht zahlen? Dann sollten Sie die Initiative ergreifen.

Es kann alles ganz glatt laufen: Der Sturm hat das Haus abgedeckt, der Kunde meldet den Schaden der Versicherung, und das Versicherungsunternehmen erstattet die anfallenden Kosten komplett. Ganz so reibungslos läuft es im Umgang mit einem privaten Versicherungsunternehmen aber längst nicht immer.

Kommt es zu Problemen, etwa weil der Versicherer Ihnen Leistungen verweigert, sollten Sie zunächst versuchen, im direkten Gespräch zu klären, warum er dies tut, und ihn von Ihrer Sicht der Dinge zu überzeugen. Bleibt der Versicherer bei seiner Entscheidung, sollten Sie Rat bei einem neutralen Versicherungsexperten suchen. Ansprechpartner sind zum Beispiel die Verbraucherzentralen. Die Adressen der Beratungsstellen finden Sie unter www.verbraucherzentrale.de.

Kommen Sie im Gespräch oder mithilfe eines Beraters nicht weiter, müssen Sie nicht gleich vor Gericht ziehen. Bevor Sie gegen den Versicherer klagen, können Sie sich an den Ombudsmann wenden. Die Ombudsmänner sind neutrale Schlichter, an die sich Versicherungskunden wenden können, um einen Streit mit dem Versicherungsunternehmen außergerichtlich klären zu lassen. Dieses Verfahren ist für die Versicherten kostenlos.

Für die meisten Fragen, die private Versicherungen und Versicherungsvermittler betreffen, ist der Versicherungsombudsmann Günter Hirsch zuständig. Er ist ehemaliger Präsident des Bundesgerichtshofs. Nur bei Problemen rund um die private Kranken- und Pflegeversicherung ist er außen vor: Dann wenden sich die Versicherten an Ombudsmann Heinz Lanfermann.

Für beide Ombudsmänner gilt: Die Zahl der Beschwerden, die gegen die Versicherer eingingen, ist in den vergangenen Jahren deutlich gestiegen. Allerdings konnten nicht alle bearbeitet werden, etwa weil die Beschwerde sich nicht gegen einen Versicherer, sondern gegen eine Bank richtete.

In den vorgetragenen Fällen mussten die Ombudsmänner darüber entscheiden, ob das Verhalten des Versicherungsunternehmens gegenüber dem Kunden angemessen war, ob der Versicherer etwa zu Recht einem Kunden die Kostenübernahme bestimmter Behandlungskosten verweigert hat.

Voraussetzungen erfüllen

Damit die Ombudsmänner eine Entscheidung in der Auseinandersetzung mit einer Versicherungsgesellschaft treffen können, müssen allerdings einige Vorgaben erfüllt sein: So gilt unter anderem, dass zu der kritischen Frage noch kein Verfahren vor Gericht anhängig sein darf.

Kunden können Streitfälle im Wert von bis zu 100 000 Euro von Ombudsmann Günter Hirsch prüfen lassen. Bis zu einer Höhe von 10 000 Euro ist seine Entscheidung verbindlich. Der Ombudsmann für die private Krankenversicherung Heinz Lanfermann kann dagegen keine verbindlichen Entscheidungen treffen, sondern nur Empfehlungen aussprechen, denen die Unternehmen nach seinen Angaben aber in der Regel folgen.

Wollen Sie diese Chance auf eine kostenlose Klärung des Streitfalls nutzen, gehen Sie am besten folgende Schritte:

▶ **Unterlagen zukommen lassen:** Wenn Sie beim Versicherer keinen Erfolg hatten, schicken Sie eine Kopie Ihres Schriftverkehrs mit dem Versicherungsunternehmen sowie eine Kopie Ihres Versicherungsscheins an den Ombudsmann.

▶ **Entscheidung abwarten:** Warten Sie auf die Entscheidung des Ombudsmannes. Das Verfahren kann durchaus mehrere Monate dauern.

▶ **Gericht einschalten:** Sind Sie mit der Entscheidung des Ombudsmannes

HÄTTEN SIE'S GEWUSST?

Chance: Versuchen Sie, mithilfe des Ombudsmannes kostenlos gegen die Entscheidung Ihres Versicherers vorzugehen.

Erfolg: Ombudsmann Günter Hirsch hat 2014 rund 42 Prozent der Beschwerden aus sämtlichen Versicherungssparten mit Ausnahme der Lebensversicherungen zu Gunsten der Versicherten entschieden. In der Lebensversicherung lag die Erfolgsquote bei 28,3 Prozent.

Krankheit und Pflege: Ombudsmann Heinz Lanfermann konnte den Versicherten in 27 Prozent der Fälle helfen.

Quelle: www.versicherungsombudsmann.de; www.pkv-ombudsmann.de.

nicht einverstanden, bleibt Ihnen immer noch die Möglichkeit, vor Gericht zu ziehen und zu klagen. Die Fristen für die Verjährung eines möglichen Leistungsanspruchs werden durch das Ombudsverfahren unterbrochen, sodass Sie durch den vorherigen Versuch der außergerichtlichen Klärung keine Ansprüche verlieren.

→ Wo finde ich Ansprechpartner und Informationen?

Sämtliche Kontaktdaten und weitere Informationen finden Sie im Internet unter www.versicherungsombuds mann.de beziehungsweise für die private Krankenversicherung unter www.pkv-ombudsmann.de.

Beschwerden zu Versicherungen können Sie übrigens auch bei der Bundesanstalt für Finanzdienstleistungsaufsicht (Bafin) kostenlos einreichen. Nach der schriftlichen Beschwerde holt die Bafin die Stellungnahme des Versicherungsunternehmens ein, um zu prüfen, ob das Unternehmen verbindliche gesetzliche Vorgaben und maßgebliche Urteile einhält.

Mehr Informationen zur Beschwerde bei der Bafin finden Sie im Internet unter www.bafin.de (Rubrik Verbraucher, Stichwort „Beschwerden und Ansprechpartner").

Im letzten Schritt bleibt die Klage

Wenn selbst das Ombudsverfahren keine für Sie akzeptable Lösung bringt, bleibt Ihnen letztlich noch die Möglichkeit, vor Gericht zu ziehen. Holen Sie sich dafür am besten die anwaltliche Unterstützung eines ausgewiesenen Experten.

Um einen Fachanwalt zu finden, können Sie es zum Beispiel telefonisch über die Rechtsanwaltskammern probieren. Im Internet können Sie beim Portal des Deutschen Anwaltvereins unter www.Anwaltaus kunft.de sowie unter www.Anwalt24.de selbst auf die Suche gehen. Wenn es um Auseinandersetzungen zu Versicherungen und gesundheitlichen Fragen geht, kommen Sie vielleicht auch über Patientenverbände oder Selbsthilfegruppen weiter.

Eines sollten Sie für Ihr weiteres Vorgehen nicht aus den Augen verlieren: Eine zivilrechtliche Klage gegen einen Versicherer kann nicht nur langwierig, sondern auch sehr teuer werden. Gerichtsgebühren und Anwaltshonorare richten sich nach dem Streitwert, es gibt keine Begrenzung. Verlieren Sie als Versicherter vor Gericht, müssen Sie die eigenen und die Kosten des Gegners tragen, zum Beispiel auch für teure medizinische Gutachten.

Raus aus dem Vertrag: Die Kündigungsrechte

Zwar ist es bequem, bei ein und demselben Versicherer zu bleiben, doch an zahlreiche Versicherungsverträge müssen Sie sich nicht über viele Jahre binden.

→ **Auseinandersetzungen** über verweigerte Leistungen, höhere Beiträge, unfreundliche Ansprechpartner: Die Gründe, warum Versicherungsnehmer irgendwann genug haben und einen bestehenden Vertrag kündigen wollen, sind vielfältig. Ist der Kunde unzufrieden, hat er in vielen Situationen die Möglichkeit, über kurz oder lang aus dem laufenden Versicherungsvertrag auszusteigen. Entsprechende Musterschreiben finden Sie auch ab S. 201.

Ordentliches Kündigungsrecht

Sie können zahlreiche Verträge zum Ende der Vertragslaufzeit oder auch schon früher ordentlich kündigen.

So gilt beispielsweise der Versicherungsschutz für ein Auto in der Regel für ein Jahr, Sie können ihn mit einer Frist von einem Monat kündigen. Haben Sie eine Versicherung mit einer Laufzeit von zehn Jahren abgeschlossen, zum Beispiel eine Wohngebäudeversicherung, haben Sie nach drei Jahren erstmals die Möglichkeit, den Vertrag zu wechseln, danach jährlich zum Ende jedes weiteren Versicherungsjahres.

Zur Sicherheit sollten Sie früh genug in Ihre Vertragsunterlagen schauen, wenn Sie vorhaben einen Vertrag in absehbarer Zeit loszuwerden. Wenn Sie unsicher sind, fragen Sie beim Versicherer oder einer neutralen Beratungsstelle wie einer Verbraucherzentrale nach.

Aber Vorsicht: Bei einigen Verträgen sollten Sie sich die vorzeitige Kündigung gut überlegen. Können Sie wirklich auf den Berufsunfähigkeitsschutz verzichten, auch wenn er teuer ist? Oder: Wollen Sie wirklich die Verluste in Kauf nehmen, die Ihnen bei Kündigung Ihrer Kapitallebensversicherung drohen?

Außerordentliches Kündigungsrecht nach Beitragserhöhung

Erhöht der Versicherer die Versicherungsbeiträge, ohne dafür gleichzeitig mehr Leistung zu bieten, müssen Sie nicht bis zum Ende des Versicherungsjahres oder der Vertragslaufzeit warten, um aus dem Vertrag auszusteigen: Sie haben in dem Fall ein außerordentliches Kündigungsrecht. Ihr Kündigungsschreiben muss spätestens einen

Lieber zu früh ...

... als zu spät! Selbst wenn Sie erst in einigen Wochen ordentlich aus Ihrem Vertrag aussteigen können, schicken Sie die Kündigung ruhig gleich ab, damit Sie den Termin nicht verpassen.

Monat, nachdem der Versicherer die Beitragserhöhung angekündigt hat, beim Versicherungsunternehmen vorliegen. Die Kündigung wird wirksam zu dem Zeitpunkt, zu dem der höhere Beitrag fällig wäre.

Außerordentliches Kündigungsrecht nach einem Schaden

Ebenfalls gleich kündigen können Sie nach einem Schadensfall. Dabei ist es unerheblich, ob der Versicherer die erhofften Leistungen gezahlt hat oder ob er weniger geleistet hat als erwartet. Teilt Ihnen der Kaskoversicherer zum Beispiel mit, dass er die Kosten für eine Autoreparatur nicht vollständig übernimmt, haben Sie nach dieser Entscheidung einen Monat Zeit, den Vertrag schriftlich zu kündigen.

Nutzen Sie nach einem Schadensfall Ihr außerordentliches Kündigungsrecht, müssen Sie nicht fürchten, eine Leistung, die der Versicherer übernommen hat, zurückerstatten zu müssen.

→ Anteiligen Jahresbeitrag zurückbekommen

Wenn Sie Versicherungsverträge außerordentlich kündigen, können Sie dies mit sofortiger Wirkung tun oder zum Ablauf des Versicherungsjahres. Steigen Sie mit sofortiger Wirkung aus, muss der Versicherer Ihnen anteilig die Beiträge zurückerstatten, die Sie im Voraus für das gesamte Jahr geleistet haben.

Das ist bei der Kündigung zu beachten

Wollen Sie zwar den Anbieter wechseln, aber nicht komplett auf den entsprechenden Versicherungsschutz verzichten, sollten Sie den Vertrag erst kündigen, wenn Sie die Gewissheit haben, bei einem anderen Versicherer unterzukommen. Außerdem sollten Sie bei jeder Kündigung einige Vorgaben beachten:

- **Schriftlich:** Die Kündigung muss immer schriftlich erfolgen. Das Schreiben muss Ihre Unterschrift tragen.
- **Versicherungsnummer/Versicherungsscheinnummer:** Damit der Versicherer weiß, um welchen Vertrag es sich handelt, sollten Sie die Versicherungsscheinnummer in die Betreffzeile schreiben.
- **Begründung:** Das Kündigungsschreiben muss keine Begründung enthalten, wenn Sie den Vertrag ordentlich zum Ablauf der Versicherungslaufzeit oder zum Ende des Versicherungsjahres kündigen. Es reicht, wenn Sie auf die fristgerechte Kündigung zu dem jeweiligen Datum hinweisen. Wenn Sie jedoch außerordentlich kündigen, geben Sie zusätzlich den Hintergrund an – zum Beispiel Kündigung aufgrund von Beitragserhöhung.
- **Bestätigung:** Fordern Sie den Versicherer auf, Ihnen eine Kündigungsbestätigung zu schicken. Dann wissen Sie, dass alles glatt gelaufen ist.
- **Dokumentation:** Schicken Sie Ihre Kündigung per Einschreiben mit Rückschein, damit Sie belegen können, dass Sie tatsächlich pünktlich waren. Wenn Sie für die Kündigung ein Fax senden, sollten Sie darauf achten, dass Sie eine Sendebestätigung vorweisen können.

Hilfe

Fachbegriffe erklärt

1 Fachbegriffe erklärt
Was bedeutet eigentlich „abstrakte Verweisung", was „Ertragsanteil"? Die wichtigsten Begriffe aus dem Versicherungschinesisch finden Sie hier erklärt.

2 Musterbriefe
Was muss in ein Kündigungsschreiben? Damit Sie darüber gar nicht erst nachdenken müssen, haben wir für Sie Musterbriefe erstellt, an denen Sie sich orientieren können.

3 Stichwortverzeichnis
Wo finde ich etwas zu „Allmählichkeitsschäden", wo zu „Zusatzversicherungen"? Über das Stichwortverzeichnis können Sie sich das Buch erschließen und gezielt nach dem suchen, was Sie besonders interessiert.

Abstrakte Verweisung: Bei der Berufsunfähigkeitsversicherung kann sich der Versicherer das Recht vorbehalten, den Kunden bei Berufsunfähigkeit auf einen anderen Beruf zu verweisen: vom Installateur von Solaranlagen zum Beispiel zu verlangen, als Verkäufer von Solaranlagen tätig zu werden. Achten Sie darauf, dass der Versicherer in seinen Bedingungen ausdrücklich auf dieses Recht der abstrakten Verweisung verzichtet.

Alterungsrückstellung: Für Kunden in der privaten Krankenversicherung bilden die Versicherungsunternehmen Alterungsrückstellungen. Ein Teil der Beiträge von jüngeren Versicherten wird quasi für später angespart, damit ihre Beiträge nicht so stark steigen, wie sie es aufgrund der im Alter zunehmenden Gesundheitskosten eigentlich müssten. Wollen privat Versicherte ihren Versicherungsvertrag bei einem Anbieter kündigen und zu einem anderen Versicherer wechseln, haben sie das Problem, dass sie ihre Alterungsrückstellungen entweder gar nicht oder nur zum Teil mitnehmen können.

Anwartschaftsversicherung: Besondere Leistung in der privaten Krankenversicherung. Benötigt ein Versicherer vorübergehend die Leistungen aus dem Versicherungsvertrag nicht, sichert er sich mit der Anwartschaftsversicherung die Möglichkeit, zu einem späteren Zeitpunkt ohne erneute Gesundheitsprüfung wieder in den Vertrag einsteigen zu können.

Beitragsfreistellung: Kann ein Versicherungsnehmer beispielsweise den Beitrag für eine private Rentenversicherung nicht mehr aufbringen, kann er den Vertrag beitragsfrei stellen lassen. Dann wird der Vertrag quasi auf dem aktuellen Stand eingefroren.

Beitragsrückgewähr: Vereinbarung zum Beispiel in der privaten Rentenversicherung. Stirbt die versicherte Person, können die Angehörigen zumindest einen Teil der eingezahlten Beiträge zurückbekommen.

Beitragssatz: Bestimmter Anteil des Bruttoeinkommens des Versicherten, den er als Beitrag zu den einzelnen Zweigen der Sozialversicherung leisten muss. Für die gesetzliche Krankenversicherung liegt der allgemeine Beitragssatz seit Anfang 2015 bei 14,6 Prozent. Zusätzlich dürfen die Krankenkassen seither von ihren Mitgliedern einkommensabhängige Zusatzbeiträge verlangen.

Bezugsberechtigter: Die Person, die beispielsweise bei einer Risikolebensversicherung bestimmt wurde, die Todesfallleistung zu beziehen.

Eintrittsalter: Das Alter, das der Versicherungsnehmer zu Beginn des Versicherungsschutzes hat. Je jünger er ist, desto größer ist zum Beispiel bei der privaten Krankenversicherung oder in der Berufs-unfähigkeitsversicherung die Chance, für den Schutz niedrigere Beiträge zahlen zu müssen.

Endalter: Alter, bis zu dem der Schutz läuft, beispielsweise bei einer Berufsunfähigkeitsversicherung. Ist dieses Alter erreicht, endet der Vertrag automatisch, ohne dass Sie ihn kündigen müssen.

Ertragsanteil: Viele Renten aus privaten Versicherungen sind mit dem sogenannten Ertragsanteil steuerpflichtig. Die Höhe dieses Anteils richtet sich danach, in welchem Alter die Rente erstmals gezahlt wird und für welche Laufzeit die Rente fließt. Eine lebenslange Rente aus einer privaten Rentenversicherung ist beispielsweise zu 18 Prozent steuerpflichtig, wenn die Rente erstmals im Alter von 65 Jahren ausgezahlt wird. Für zeitlich befristete Renten wird anders gerechnet: Wenn etwa die private Berufsunfähigkeitsversicherung lediglich für sechs Jahre eine Rente zahlt, liegt der steuerpflichtige Ertragsanteil bei 7 Prozent.

Gefahrerhöhung: Sie liegt aus Sicht der Versicherungsunternehmen vor, wenn sich die Umstände für den Versicherungsschutz so verändern, dass es wahrscheinlicher wird, dass ein Versicherungsfall eintritt oder ein Schaden größer ausfällt. Über eine solche Gefahrerhöhung muss der Versicherungsnehmer den Versicherer informieren, auch wenn er selbst keinen Einfluss darauf hat. Beispiel: Wenn um das

Mietshaus ein Baugerüst aufgestellt wird, muss der Hausratversicherer das erfahren, da das Risiko eines Einbruchs steigt.

GOÄ/GOZ: Ist jemand privat krankenversichert, rechnen die Ärzte nach der „Gebührenordnung für Ärzte", kurz GOÄ, ab. Diese Gebührenordnung sieht für jede Leistung eine Gebühr vor und erlaubt dem Arzt, sein Honorar je nach Schwierigkeit der Behandlung – ohne besondere Begründung – bis zum 2,3-Fachen des Einfachsatzes zu steigern. In den Vertragsbedingungen für eine private Krankenversicherung ist festgelegt, bis zu welchem Satz der Versicherer die Honorare erstattet. Finanztest empfiehlt, nur Tarife zu wählen, die Arzthonorare mindestens bis zum GOÄ-Höchstsatz (3,5-fach) erstatten. Zahnärzte rechnen nach der GOZ – der Gebührenordnung für Zahnärzte – ab.

Nachversicherungsgarantie: Der Kunde hat zum Beispiel in der Berufsunfähigkeitsversicherung die Möglichkeit, die vereinbarte Rente zu bestimmten Anlässen wie etwa Geburt eines Kindes ohne erneute Gesundheitsprüfung aufzustocken.

Obliegenheiten: Ein Versicherungsnehmer muss bestimmte Pflichten, die sich aus dem Versicherungsvertrag ergeben, erfüllen, damit der Versicherer im Schadensfall tatsächlich einspringt. Zu diesen sogenannten Obliegenheiten zählt zum Beispiel, den Schadensfall innerhalb einer bestimmten Frist zu melden oder auch schon bei Vertragsabschluss den Versicherer über bestimmte Risiken wie Vorerkrankungen zu informieren.

Rentenfaktor: Faktor, mit dessen Hilfe die Höhe einer Rente aus einem privaten Versicherungsvertrag errechnet wird. Der Rentenfaktor, den das Versicherungsunternehmen zu Rentenbeginn ermittelt, gilt für die gesamte Zeit, in der die Rente gezahlt wird. Der Faktor ist dem Kunden garantiert und wird im Versicherungsschein angegeben.

Rentengarantiezeit: Vereinbart ein Versicherungsnehmer in der privaten Rentenversicherung eine Rentengarantiezeit von zum Beispiel 5, 10 oder 15 Jahren, ist gewährleistet, dass die vereinbarte Rente auch tatsächlich so lange fließt, selbst wenn der Versicherungsnehmer vor Ablauf dieser Frist stirbt. In dem Fall fließt die Rente an seine Angehörigen weiter.

Risikoprüfung: Das Versicherungsunternehmen will vor Vertragsabschluss wissen, wie hoch das Risiko ist, dass tatsächlich ein Versicherungsfall eintritt. Deshalb fragt es zum Beispiel vor Abschluss einer Risikolebensversicherung, ob der Kunde raucht. Den Antragstellern ist unbedingt zu empfehlen, diese Fragen möglichst genau und richtig zu beantworten. Stellt sich im Schadensfall heraus, dass sie falsche Angaben gemacht haben, zahlt der Versicherer womöglich nicht. Bei absichtlichen Falschangaben kann der Versicherer vom Vertrag zurücktreten, und unter Umständen muss der Kunde die bis dahin erhaltenen Leistungen zurückerstatten.

Rückkaufswert: Kündigt ein Versicherungsnehmer zum Beispiel eine private Rentenversicherung oder eine Kapitallebensversicherung, ist der Rückkaufswert der Wert, den der Versicherer ihm dann auszahlt. Dieser Rückkaufswert liegt unter der Summe der bis dahin eingezahlten Versicherungsbeiträge, da der Versicherer unter anderem seine Ausgaben für Verwaltung und Vermittlerprovisionen abzieht.

Überschussbeteiligung: Der Versicherer ist verpflichtet, Kunden, die eine Lebens- oder Rentenversicherung abgeschlossen haben, finanziell an seinen Anlageerfolgen am Kapitalmarkt zu beteiligen. Diese Überschussbeteiligung ist aber nicht garantiert.

Unterversicherung: In bestimmten Versicherungspolicen, zum Beispiel in der Hausratversicherung, besteht die Gefahr, dass der Kunde eine zu niedrige Versicherungssumme vereinbart. Das kann zur Folge haben, dass das Versicherungsunternehmen im Schadensfall nicht den kompletten Schaden erstattet.

Versicherungsnehmer: Er ist Vertragspartner des Versicherungsunternehmens, der den Schutz einer Versicherung in Anspruch nimmt. Der Versicherungsnehmer ist verpflichtet, die Beiträge für diesen Schutz zu leisten. Es ist aber nicht zwingend so, dass der Versicherungsnehmer etwa bei einer Krankenversicherung oder einer Unfallversicherung auch die zu versichernde Person ist. Zum Beispiel können Eltern solche Verträge für ihr Kind abschließen.

Vorvertragliche Anzeigepflicht: Ein Versicherungsnehmer ist verpflichtet, vor Unterschrift eines Vertrags dem Versicherungsunternehmen sämtliche ihm bekannten Umstände zu nennen, die Einfluss auf das Eintreten eines Versicherungsfalls haben könnten.

Wartezeit: Bei bestimmten Versicherungsverträgen kommt der Versicherer nicht vom ersten Tag nach der Unterschrift für Schäden auf, sondern er zahlt erst nach Ablauf einer vertraglich festgelegten Wartezeit. Sie beträgt zum Beispiel bei Zahnzusatzversicherungen acht Monate.

Widerruf: Nachdem der Kunde einen Versicherungsvertrag unterschrieben hat, hat er bei den meisten Versicherungen 14 Tage Zeit, ihn zu widerrufen. Für Lebensversicherungen gilt eine Widerrufsfrist von 30 Tagen. Die Frist beginnt, sobald der Kunde sämtliche Vertragsunterlagen sowie eine ausreichende Widerrufsbelehrung erhalten hat.

Musterbriefe

Verträge innerhalb der Frist widerrufen

Sie können einen Versicherungsvertrag 14 Tage lang widerrufen. Haben Sie eine Lebens- oder Rentenversicherung abgeschlossen, beträgt die Widerrufsfrist 30 Tage. Bei allen Versicherungsverträgen beginnt die Frist zu laufen, sobald Sie sämtliche Vertragsunterlagen erhalten haben. Dazu gehören die Police (Versicherungsschein), die Vertragsbedingungen, das Produktinformationsblatt und die Widerrufsbelehrung.

Fehlt eine ausführliche Widerrufsbelehrung, ist der Widerruf auch nach Ablauf der Fristen noch möglich. Das Widerrufsrecht besteht nicht bei Verträgen mit einer Laufzeit von unter einem Monat.

Musterbrief

(Absender) (Adresse)

(Versicherungsunternehmen) (Adresse)

(Wohnort), (Datum)

Versicherungsschein-Nummer (Nummer)

Widerruf des Vertrags

Sehr geehrte Damen und Herren,

mit diesem Schreiben widerrufe ich fristgerecht den oben genannten Versicherungsvertrag. Bitte bestätigen Sie mir den Widerruf schriftlich.

(Optional:) Ebenso widerrufe ich die auf dem Antragsformular erteilte Einzugsermächtigung für mein Konto (Kontodaten).

Ich bitte sehr darum, von der Übersendung weiterer Unterlagen abzusehen.

Mit freundlichen Grüßen

(Unterschrift)

Ordentliche Kündigung von Versicherungsverträgen

Versicherungsnehmer können sich von ihren vorhandenen Verträgen trennen. Sie haben ein ordentliches Kündigungsrecht. Wann und wie sie dieses in Anspruch nehmen können, hängt von der Laufzeit des Vertrags ab und von der vereinbarten Kündigungsfrist.

Haben Sie zum Beispiel einen Jahresvertrag für eine Auslandsreise-Krankenversicherung am 1. November abgeschlossen, können Sie ihn in der Regel zum 31. Oktober des Folgejahres kündigen.

Verträge, die länger als drei Jahre laufen, können Sie erstmals nach drei Jahren kündigen, danach jeweils zum Ende des Versicherungsjahres.

Musterbrief

(Absender) (Adresse)

(Versicherungsunternehmen) (Adresse)

(Wohnort), (Datum)

Versicherungsschein-Nummer (Nummer)

Kündigung des Vertrags

Sehr geehrte Damen und Herren,

mit diesem Schreiben kündige ich den oben genannten Vertrag fristgerecht zum (Datum). Bitte senden Sie mir eine Schlussabrechnung. Mögliche Rückerstattungsansprüche überweisen Sie bitte bis zum (Datum) auf das Konto mit den folgenden Daten: (Kontodaten).

Bitte bestätigen Sie mir die Kündigung schriftlich.

Mit freundlichen Grüßen

(Unterschrift)

Außerordentliche Kündigung nach einem Schadensfall

Sie müssen nicht immer bis zum nächsten ordentlichen Kündigungstermin warten: Sie haben ein außerordentliches Kündigungsrecht, zum Beispiel, wenn Sie im Schadensfall die Leistungen des Versicherers in Anspruch genommen haben oder wenn der Versicherer nach einem versicherten Schaden nicht im erhofften Umfang aufkommen wollte. Dann können Sie kurz darauf aus dem Vertrag ausscheiden.

Musterbrief

(Absender) (Adresse)

(Versicherungsunternehmen) (Adresse)

(Wohnort), (Datum)

Versicherungsschein-Nummer (Nummer)

Kündigung des Vertrags

Sehr geehrte Damen und Herren,

mit diesem Schreiben kündige ich den oben genannten Versicherungsvertrag außerordentlich mit sofortiger Wirkung/zum Ende des laufenden Versicherungsjahres, also zum (Datum). Anlass ist der Schaden vom (Datum) (Schadensnummer).

Bitte bestätigen Sie mir die Kündigung schriftlich.

Mit freundlichen Grüßen

(Unterschrift)

Außerordentliche Kündigung wegen Beitragserhöhung

Sie können einen Versicherungsvertrag auch außerordentlich kündigen, wenn der Versicherer die Beiträge erhöht, ohne gleichzeitig die Leistungen zu steigern. Oder wenn er bei gleichbleibendem Beitrag Leistungen reduziert. Die Kündigung ist möglich zu dem Termin, zu dem die Beitragssteigerung/Leistungsreduzierung wirksam wird. Wird die Beitragssteigerung beispielsweise am 1. Juli wirksam, kündigen Sie zum 30. Juni.

Das außerordentliche Kündigungsrecht gilt allerdings nicht, wenn im Versicherungsvertrag ausdrücklich eine Dynamisierung von Beiträgen und Leistungen vereinbart wurde.

Musterbrief

(Absender) (Adresse)

(Versicherungsunternehmen) (Adresse)

(Wohnort), (Datum)

Versicherungsschein-Nummer (Nummer)

Kündigung des Vertrags

Sehr geehrte Damen und Herren,

mit diesem Schreiben kündige ich den oben genannten Versicherungsvertrag außerordentlich und fristgerecht zum (Datum). Zu diesem Termin wird Ihre mit dem Schreiben vom (Datum) angekündigte Beitragserhöhung wirksam.

Bitte bestätigen Sie mir die Kündigung schriftlich.

Mit freundlichen Grüßen

(Unterschrift)

Stichwortverzeichnis

© 2015 Stiftung Warentest, Berlin

Stiftung Warentest
Lützowplatz 11–13
10785 Berlin
Telefon 0 30/26 31–0
Fax 0 30/26 31–25 25
www.test.de
email@stiftung-warentest.de

USt-IdNr.: DE 1367 25570

Vorstand: Hubertus Primus
Weitere Mitglieder der Geschäftsleitung:
Dr. Holger Brackemann, Daniel Gläser

Programmleitung: Niclas Dewitz

Autorin: Isabell Pohlmann
Projektleitung/Lektorat: Ursula Rieth
Mitarbeit: Karsten Treber
Korrektorat: Chistoph Nettersheim

Fachliche Unterstützung: Sabine Baierl-Johna,
Beate Bextermöller, Birgit Brümmel, Annegret
Jende, Karin Kuchelmeister, Michael Nischalke,
Dr. Cornelia Nowack, .Jennifer Panhans, Theo
Pischke, Dr. Martin Schulz, Ulrike Steckkönig

Titelentwurf: Josephine Rank, Berlin
Layout: Büro Brendel, Berlin
Grafik, Satz: Sylvia Heisler
Bildredaktion: Anne-Katrin Körbi, Sylvia Heisler
Bildnachweis: fotolia (Titel, S. 155, 177); getty-
images (S. 12, 58, 62); thinkstock (S. 5, 25, 67,
68, 75, 89, 98, 102, 116, 162, 191, U4); f1-online
(Maskot S. 26, ableimages S. 178); Intro/Jürgen
Heinrich (S. 29); istock (S. 52, 109, 140, 146, 158,
171, 194); shutterstock (S. 100); Jens Schicke
(S. 139); argus/Frischmuth (S. 135)
Infografiken/Diagramme: Mario Mensch,
Hamburg (S. 5, 15, 73, 121); René Reichelt (S. 48)

Produktion: Vera Göring
Verlagsherstellung: Rita Brosius (Ltg.),
Susanne Beeh
Litho: tiff.any, Berlin
Druck: BGZ Druckzentrum GmbH, Berlin

ISBN: 978-3-86851-376-9